隋書

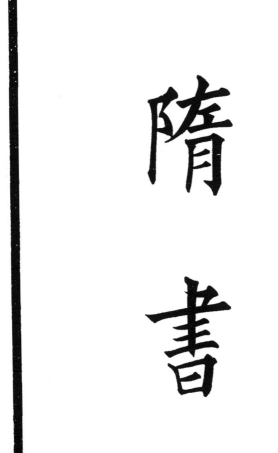

四部備要

史部

中華書局據武英殿本校刊

桐鄉陸費逵總勘

杭縣高時顯
杭縣吳汝霖輯校

杭縣丁輔之監造

唐　特　進　臣　魏　徵　上

列傳第二十六

宇文述 雲定興

宇文述字伯通代郡武川人也本姓破野頭役屬鮮卑俟豆歸後從其主爲宇文氏父盛周上柱國述少驍銳便弓馬年十一時有相者謂述曰公子善自愛後當位極人臣周武帝時以父軍功起家拜開府述性恭謹沈密周大冢宰宇文護甚愛之以本官領護親信及帝親總萬機召爲左宮伯累遷英果中大夫賜爵博陵郡公尋改封濮陽郡公高祖爲丞相尉迥作亂相州述以行軍總管率步騎三千從韋孝寬擊之軍至河陽迥遣將李儁攻懷州述別擊儁軍破之又與諸將擊尉惇於永橋述先鋒陷陣俘馘甚衆平尉迥每戰有功超拜上柱國進爵褒國公賜縑三千匹開皇初拜右衞大將軍平陳之役復以行軍總管率衆三萬自六合而濟時韓擒賀若弼兩軍趣丹陽述進據石頭以爲聲援陳

主既擒而蕭瓛蕭巖據東吳之地擁兵拒守述領行軍總管元契張默言等討
之水陸兼進落叢公燕榮以舟師自海至亦受述節度上下詔曰公鴻勳大業
名高望重奉國之誠久所知悉金陵之寇既已清蕩而吳會之地東路爲遙蕭
巖蕭瓛並在其處公率將戎旅撫慰彼方振揚國威宣布朝化以公明略乘勝
而往風行電掃自當稽服若使干戈不用黎庶獲安方副朕懷公之力也陳永
新侯陳君範自晉陵奔瓛幷軍合勢見述軍且至瓛懼立柵於晉陵城東又絕
塘道留兵拒述瓛自義興入太湖圖掩述後述進破其柵迴兵擊瓛大敗之斬
瓛司馬曹勒义前軍復陷吳州瓛以餘衆保包山燕榮擊破之述進至奉公埭
蕭巖陳君範等以會稽請降述許之二人面縛路左吳會悉平以功拜一子開
府賜物三千段拜安州總管時晉王廣鎮揚州甚善於述欲述近己因奏爲壽
州刺史總管王時陰有奪宗之志請計於述述曰皇太子失愛已久令德不聞
於天下大王仁孝著稱才能蓋世數經將領深有大功主上之與內宮咸所鍾
愛四海之望實歸於大王然廢立者國家之大事處人父子骨肉之間誠非易

謀也然能移主上者唯楊素耳素之謀者唯其弟約述雅知約請朝京師與約相見共圖廢立晉王大悅多齎金寶資述入關述數請約盛陳器玩與之酣暢因而共博每佯不勝所齎金寶盡輸之約所得既多稍以謝述述因曰此晉王之賜令述與公爲歡樂耳約大驚曰何爲者述因爲王申意約然其說退言於素素亦從之於是素每與述謀事晉王與述情好益密命述子士及尚南陽公主前後賞賜不可勝計及晉王爲皇太子以述爲左衞率舊令率官第四品上以述素貴遂進率品爲第三其見重如此煬帝嗣位拜左衞大將軍改封許國公大業三年加開府儀同三司每冬正朝會輒給鼓吹一部從幸榆林時鐵勒契弊歌稜攻敗吐谷渾其部攜散遂遣使請降求救帝令述以兵屯西平之臨羌城撫納降附吐谷渾見述擁強兵懼不敢降遂西遯述領鷹揚郎將梁元禮張峻崔師等追之至曼頭城攻拔之斬三千餘級乘勝至赤水城復拔之其餘黨走屯丘尼川述進擊大破之獲其王公尚書將軍二百人前後虜男女四千口而還渾主南走雪山其故地皆空帝大悅明年從帝西幸巡至金山登燕支

述每爲斥候時渾賊復寇張掖進擊走之還至江都宮勑述與蘇威常典選舉參預朝政述時貴重委任與蘇威等其親愛則過之帝所得遠方貢獻及四時口味輒見班賜中使相望於道述善於供奉俯仰折旋容止便辟宿衛者咸取則焉又有巧思凡有所裝飾皆出人意表數以奇服異物進獻宮掖由是帝彌悅焉時述貴倖言無不從勢傾朝廷左衞將軍張瑾與述連官嘗有評議偶不中意述張目叱之瑾惶懼而走文武百寮莫敢違忤然性貪鄙知人有珍異之物必求取之富商大賈及隴右諸胡子弟述皆接以恩意呼之爲兒由是競加餽遺金寶累積後庭曳羅綺者數百家僮千餘人皆控良馬被服金玉述之寵遇當時莫與爲比及征高麗述爲扶餘道軍將臨發帝謂述曰禮七十者行役以婦人從公宜以家累自隨古稱婦人不入軍謂臨戰時耳至於營壘之閒無所傷也項籍虞姬卽其故事述與九軍至鴨綠水糧盡議欲班師諸將皆異同述又不測帝意會乙支文德來詣其營述先與于文仲俱奉密旨令誘執文德旣而緩縱文德逃歸語在仲文傳述內不自安遂與諸將度水追之時文德見

述軍中多飢色欲疲述衆每鬭便北述一日之中七戰皆捷既恃驟勝又內逼羣議於是遂進東濟薩水去平壤城三十里因山爲營文德復遣使僞降請述曰若旋師者當奉高元朝行在所述見士卒疲敝不可復戰又平壤險固卒難致力遂因其詐而還衆半濟賊擊後軍於是大潰不可禁止九軍敗績一日一夜還至鴨綠水行四百五十里初度遼九軍三十萬五千人及還至遼東城唯二千七百人帝大怒以述等屬吏至東都除名爲民明年帝有事遼東復述官爵待之如初從至遼東與將軍楊義臣率兵復臨鴨綠水會楊玄感作亂帝召述班師令馳驛赴河陽發諸郡兵以討玄感時玄感逼東都聞述軍將至懼而西遯將圖關中述與刑部尚書衛玄左禦衛將軍來護兒武衛將軍屈突通等躡之至閿鄉皇天原與玄感相及述與來護兒列陣當其前遣屈突通以奇兵擊其後大破之遂斬玄感傳首行在所賜物數千段復從東征至懷遠而還突厥之圍鴈門帝懼述請潰圍而出樊子蓋固諫不可帝乃止及圍解車駕次太原議者多勸帝還京師帝有難色述因奏曰從官妻子多在東都便道向洛陽

自潼關而入可也帝從之是歲至東都述又觀望帝意勸幸江都帝大悅述於江都遇疾中使相望帝將親臨視之羣臣苦諫乃止遂遣司宮魏氏問述曰必有不諱欲何所言述二子化及智及時並得罪於家述因奏曰化及臣之長子早預藩邸願陛下哀憐之帝聞泫然曰吾不忘也及薨帝爲之廢朝贈司徒尚書令十郡太守班劍四十人轀輬車前後部鼓吹諡曰恭帝令黃門侍郎裴矩祭以太牢鴻臚監護喪事子化及別有傳

雲定興者附會於述初定興女爲皇太子勇昭訓及勇廢除名配少府定興先得昭訓明珠絡帳私賂於述自是數共交遊定興每時節必有賂遺并以音樂干述述素好著奇服炫耀時人定興爲製馬韉於後角上缺方三寸以露白色世輕薄者爭放學之謂爲許公缺勢又遇天寒定興曰入內宿衞必當耳冷述曰然乃製裌頭巾令深袙耳又學之名爲許公袙勢述大悅曰雲兄所作必能變俗我聞作事可法故不虛也後帝將事四夷大造兵器述薦之因勑少府工匠並取其節度述欲爲之求官謂定興曰兄所製器仗並合上心而不得官者

爲長寧兄弟猶未死耳定與曰此無用物何不勸上殺之述因奏曰房陵諸子年並成立今欲動兵征討若將從駕則守掌爲難若留一處又恐不可進退無用請早處分帝從之因鴆殺長寧又遣以下七弟分配嶺表仍遣間使於路盡殺之五年大閱軍實帝稱甲仗爲佳述奏曰並雲定與之功也擢授少府丞尋代何稠爲少監轉衞尉少卿還左禦衞將軍仍知少府事十一年授左屯衞大將軍凡述所薦達皆至大官趙行樞以太常樂戶家財億計述謂爲兒多受其賄稱其驍勇起家爲折衝郎將

郭衍

郭衍字彥文自云太原介休人也父以舍人從魏武帝入關其後官至侍中衍少驍武善騎射周陳王純引爲左右累遷大都督時齊氏未平衍奉詔於天水募人以鎮東境得樂徙千餘家屯於陝城拜使持節車騎大將軍儀同三司每有寇至輒率所領禦之一歲數告捷頗爲齊人所憚王益親任之建德中周武帝出幸雲陽衍朝於行所時議欲伐齊衍請爲前鋒攻河陰城授儀同大將軍

武帝圍晉州慮齊兵來援令衍從陳王守千里徑又從武帝與齊主大戰於晉州追齊師至高壁敗之仍從平幷州以功加授開府封武強縣公邑一千二百戶賜姓叱羅氏宣政元年爲右中軍熊渠中大夫尉迥之起逆從韋孝寬戰於武陟進戰於相州先是迥遣弟子勤爲青州總管率青齊之衆來助迥迥敗勤與迥子惇祐等欲東奔青州衍將精騎一千追破之執祐于陣勤遂遁走而惇亦逃逸衍至濟州入據其城又擊其餘黨於濟北累戰破之執送京師超授上柱國封武山郡公賞物七千段密勸高祖殺周室諸王早行禪代由是大被親昵開皇元年勑復舊姓爲郭氏突厥犯塞以衍爲行軍總管領兵屯於平涼數歲虜不入徵爲開漕渠大監部率水工鑿渠引渭水經大興城北東至于潼關漕運四百餘里關內賴之名之曰富民渠五年授瀛州刺史遇秋霖大水其屬縣多漂沒民皆上高樹依大冢衍親備船栰幷齎糧拯救之民多獲濟衍先開倉賑卹後始聞奏上大善之選授朔州總管所部有恆安鎮北接蕃境常勞轉運衍乃選沃饒地置屯田歲剩粟萬餘石民免轉輸之勞又築桑乾鎮皆稱旨

十年從晉王廣出鎭揚州遇江表搆逆命衍爲總管領精銳萬人先屯京口於貴洲南與賊戰敗之生擒魁帥大獲舟楫糧儲以充軍實乃討東陽永嘉宣城黟歙諸洞盡平之授蔣州刺史衍臨下甚踞事上姦諂晉王愛暱之宴賜隆厚遷洪州總管王有奪宗之謀託衍心腹遣宇文述以情告之衍大喜曰若所謀事果自可爲皇太子如其不諧亦須據淮海復梁陳之舊副君酒客其如我何王因召衍陰共計議又恐人疑無故來往託以衍妻患癭王妃蕭氏有術能療之以狀奏高祖高祖聽衍共妻向江都往來無度衍又詐稱桂州俚反王乃奏衍行兵討之由是大修甲仗陰養士卒及王入爲太子徵授左監門率轉左宗衞率高祖於仁壽宮將大漸太子與楊素矯詔令衍宇文述領東宮帖上臺宿衞門禁並由之及上崩漢王起逆而京師空虛使衍馳還總兵居守大業元年拜左武衞大將軍帝幸江都令衍統左軍改授光祿大夫又從討吐谷渾出金山道納降二萬餘戶衍能揣上意阿諛順旨帝每謂人曰唯有郭衍心與朕同又嘗勸帝取樂五日一視事無得效高祖空自劬勞帝從之益稱其孝順初新

令行衍封爵從例除六年以恩倖封真定侯七年從往江都卒贈左衛大將軍
賵賜甚厚諡曰襄長子臻武牙郎將次子嗣本孝昌縣令
史臣曰謇謇匪躬爲臣之高節和而不同事君之常道宇文述郭衍以水濟水
如脂如韋便辟足恭柔顏取悅君所謂可亦曰可焉君所謂不亦曰不焉無所
是非不能輕重默默苟容偷安高位甘素餐之責受彼己之譏此固君子所不
爲亦丘明之深恥也

隋書卷六十一

唐　特　進　臣　魏　徵　上

列傳第二十七

王韶

王韶字子相自云太原晉陽人也世居京兆祖諧原州刺史父諒早卒韶幼而方雅頗好奇節有識者異之在周累以軍功官至車騎大將軍儀同三司復轉軍正武帝既拔晉州意欲班師韶諫曰齊失紀綱於茲累世天獎王室一戰而扼其喉加以主昏於上民懼於下取亂侮亡正在今日方欲釋之而去以臣愚固深所未解願陛下圖之帝大悅賜縑一百匹及平齊氏以功進位開府封晉陽縣公邑五百戶賜口馬雜畜以萬計遷內史中大夫宣帝即位拜豐州刺史改封昌樂縣公高祖受禪進爵項城郡公邑二千戶轉靈州刺史加位大將軍晉王廣之鎮幷州也除行臺右僕射賜綵五百匹韶性剛直王甚憚之每事諮詢不致違於法度韶嘗奉使檢行長城其後王穿池起三山韶既還自鎖而諫

王謝而罷之高祖聞而嘉歎賜金百兩幷後宮四人平陳之役以本官爲元帥
府司馬帥師趣河陽與大軍會旣至壽陽與高熲支度軍機無所壅滯及剋金
陵韶卽鎭焉晉王廣班師留韶於石頭防遏委以後事歲餘徵還高祖謂公卿
曰晉王以幼穉出藩遂能剋平吳越綏靜江湖子相之力也於是進位柱國賜
奴婢三百口綿絹五千段開皇十一年上幸幷州以其稱職特加勞勉其後上
謂韶曰自朕至此公鬚鬢漸白無乃憂勞所致柱石之望唯在於公努力勉之
韶辭謝曰臣比衰暮殊不解作官人高祖曰是何意也不解者是未用心耳韶
對曰臣昔在昏季猶且用心況逢明聖敢不罄竭但神化精微非駑蹇所逮加
以今年六十有六桑榆云晚比於疇昔昏忘又多豈敢自寬以速身累恐以衰
暮虧紊朝綱耳上勞而遣之秦王俊爲幷州總管仍爲長史歲餘馳驛入京勞
敝而卒時年六十八高祖甚傷惜之謂秦王使者曰語爾王我前令子相緩來
如何乃遣馳驛殺我子相豈不由汝邪言甚悽愴使有司爲之立宅曰往者何
用宅爲但以表我深心耳又曰子相受我委寄十有餘年終始不易寵章未極

舍我而死乎發言流涕因命取子相封事數十紙傳示羣臣上曰其直言匡正禆益甚多吾每披尋未嘗釋手煬帝卽位追贈司徒尙書令靈幽等十州刺史魏國公子士隆嗣士隆略知書計尤便弓馬慷慨有父風大業之世頗見親重官至備身將軍改封耿公數令討擊山賊往往有捷越王侗稱帝士隆率數千兵自江淮而至會王世充僭號甚禮重之署尙書右僕射士隆憂憤疽發背卒

元巖

元巖字君山河南洛陽人也父禎魏敷州刺史巖好讀書不治章句剛鯁有器局以名節自許少與渤海高熲太原王韶同志友善仕周釋褐宣威將軍武賁給事大冢宰宇文護見而器之以爲中外記室累遷內史中大夫昌國縣伯宣帝嗣位爲政昏暴京兆郡丞樂運乃輿櫬詣朝堂陳帝八失言甚切至帝大怒將戮之朝臣皆恐懼莫有救者巖謂人曰臧洪同日尙可俱死其況比干乎若樂運不免吾將與之俱斃詣閤請見言於帝曰樂運知書奏必死所以不顧身命者欲取後世之名陛下若殺之乃成其名落其術內耳不如勞而遣之以廣

聖度運因獲免後帝將誅烏丸軌嚴不肯署詔御正顏之儀切諫不入嚴進繼
之脫巾頓顙三拜三進帝曰汝欲黨烏丸軌邪嚴曰臣非黨軌正恐濫誅失天
下之望帝怒使閹豎搏其面遂廢于家高祖爲丞相加位開府民部中大夫及
受禪拜兵部尚書進爵平昌郡公邑二千戶嚴性嚴重明達世務每有奏議侃
然正色庭諍面折無所迴避上及公卿皆敬憚之時高祖初卽位每懲周代諸
侯微弱以致滅亡由是分王諸子權侔王室以爲磐石之固遣晉王廣鎮幷州
蜀王秀鎮益州二王年並幼稚於是盛選貞良有重望者爲之寮佐于時嚴與
王韶俱以骨鯁知名物議稱二人才具侔於高熲由是拜嚴爲益州總管長史
韶爲河北道行臺右僕射高祖謂之曰公宰相大器今屈輔我兒如曹參相齊
之意也及嚴到官法令明肅吏民稱焉蜀王性好奢侈嘗欲取獠口以爲閹人
又欲生剖死囚取膽爲藥嚴皆不奉教排閤切諫王輒謝而止憚嚴爲人每循
法度蜀中獄訟嚴所裁斷莫不悅服其有得罪者相謂曰平昌公與吾罪吾何
怨焉上甚嘉之賞賜優洽十三年卒官上悼惜久之益州父老莫不隕涕于今

思之嚴卒之後蜀王竟行其志漸致非法造渾天儀司南車記里鼓凡所被服擬於天子又共妃出獵以彈彈人多捕山獠以充宦者寮佐無能諫止及秀得罪上曰元嚴若在吾兒豈有是乎子弘嗣仕歷給事郎司朝謁者北平通守

劉行本

劉行本沛人也父瓌仕梁歷職清顯行本起家武陵國常侍遇蕭脩以梁州北附遂與叔父璠同歸于周寓居京兆之新豐每以諷讀爲事精力忘疲雖衣食乏絕晏如也性剛烈有不可奪之志周大冢宰宇文護引爲中外府記室武帝親總萬機轉御正中士兼領起居注累遷掌朝下大夫周代故事天子臨軒掌朝典筆硯持至御坐則承御大夫取以進之及行本爲掌朝將進筆於帝承御復欲取之行本抗聲謂承御曰筆不可得帝驚視問之行本言於帝曰臣聞設官分職各有司存臣既不得佩承御刀承御亦焉得取臣筆帝曰然因令二司各行所職及宣帝嗣位多失德行本切諫忤旨出爲河內太守高祖爲丞相尉迥作亂進攻懷州行本率吏民拒之拜儀同賜爵文安縣子及踐阼徵拜諫議

大夫檢校治書侍御史未幾遷黃門侍郎上嘗怒一郎於殿前笞之行本進曰此人素清其過又小願陛下少寬假之上不顧行本於是正當上前曰陛下不以臣不肖置臣左右臣言若是陛下安得不聽臣言若非當致之於理以明國法豈得輕臣而不顧也臣所言非私因置笏於地而退上斂容謝之遂原所笞者于時天下大同四夷內附行本以党項羌密邇封域最爲後服上表劾其使者曰臣聞南蠻遵校尉之統西域仰都護之威比見西羌鼠竊狗盜不父不子無君無臣異類殊方於斯爲下不悟羈縻之惠詎知含養之恩狼戾爲心獨乖正朔使人近至請付推科上奇其志焉雍州別駕元肇言於上曰有一州吏受人餽錢三百文依律合杖一百然臣下車之始與其爲約此吏故違請加徒一年行本駁之曰律令之行並發明詔與民約束今肇乃敢重其教命輕忽憲章欲申己言之必行忘朝廷之大信虧法取威非人臣之禮上嘉之賜絹百匹在職數年拜太子左庶子領治書如故皇太子虛襟敬憚時唐令則亦爲左庶子太子昵狎之每令以絃歌教內人行本責之曰庶子當匡太子以正道何有嬖

昵房帷之間哉令則甚慚而不能改時沛國劉臻平原明克讓魏郡陸爽並以文學爲太子所親行本怒其不能調護每謂三人曰卿等正解讀書耳時左衞率長史夏侯福爲太子所昵嘗於閤內與太子戲福大笑聲聞於外行本在時閤下聞之待其出行本數之曰殿下寬容賜汝顏色汝何物小人敢爲褻慢因付執法者治之數日太子爲福致請乃釋之太子嘗得良馬令福乘而觀之太子甚悅因欲令行本復乘之行本不從正色而進曰至尊置臣於庶子之位者欲令輔導殿下以正道非爲殿下作弄臣也太子慚而止復以本官領大興令權貴憚其方直無敢至門者由是請託路絕法令清簡吏民懷之未幾卒官上甚傷惜之及太子廢上曰嗟乎若使劉行本在勇當不及於此無子

梁毗

梁毗字景和安定烏氏人也祖越魏涇豫洛三州刺史郃陽縣公父茂周滄兗二州刺史毗性剛謇頗有學涉周武帝時舉明經累遷布憲下大夫平齊之役以毗爲行軍總管長史尅并州毗有力焉除爲別駕加儀同三司宣政中封易

陽縣子邑四百戶遷武藏大夫高祖受禪進爵爲侯開皇初置御史官朝廷以毗鯁正拜治書侍御史名爲稱職尋轉太與令遷雍州贊治毗既出憲司復典京邑直道而行無所迴避頗失權貴心由是出爲西寧州刺史改封邯鄲縣侯在州十一年先是蠻夷酋長皆服金冠以金多者爲豪儁由此遞相陵奪每尋干戈邊境略無寧歲毗患之後因諸酋長相率以金遺毗於是置金坐側對之慟哭而謂之曰此物饑不可食寒不可衣汝等以此相滅不可勝數今將此來欲殺我邪一無所納悉以還之於是蠻夷感悟遂不相攻擊高祖聞而善之徵爲散騎常侍大理卿處法平允時人稱之歲餘進位上開府毗見左僕射楊素貴寵擅權百寮震懾恐爲國患因上封事曰臣聞臣無有作威福臣之作威福其害乎而家凶乎而國竊見左僕射越國公素幸遇愈重權勢日隆搢紳之徒屬其視聽忤意者嚴霜夏零阿旨者膏雨冬澍榮枯由其脣吻廢興候其指麾所私皆非忠讜所進咸是親戚子弟布列兼州連縣天下無事容息異圖四海稍虞必爲禍始夫姦臣擅命有漸而來王莽資之於積年桓玄基之於易世而

卒殄漢祀終傾晉祚季孫專魯田氏篡齊皆載典誥非臣臆說陛下若以素爲阿衡臣恐其心未必伊尹也伏願揆鑒古今量爲處置俾洪基永固率土幸甚輕犯天顏伏聽斧鑕高祖大怒命有司禁止親自詰之毗極言曰素旣擅權寵作威作福將領之處殺戮無道又太子及蜀王罪廢之日百寮無不震悚惟素揚眉奮肘喜見容色利國家有事以爲身幸毗發言謇謇有誠亮之節高祖無以屈也乃釋之素自此恩寵漸衰但素任寄隆重多所折挫當時朝士無不慴伏莫有敢與相是非辭氣不撓者獨毗與柳彧及尙書右丞李綱而已後上不復專委於素蓋由察毗之言也煬帝卽位遷刑部尙書幷攝御史大夫事奏劾宇文述私役部兵帝議免述罪毗固諍因忤旨遂令張衡代爲大夫毗憂憤數月而卒帝令吏部尙書牛弘弔之贈縑五百匹子敬眞大業之世爲大理司直時帝欲成光祿大夫魚俱羅之罪令敬眞治其獄遂希旨陷之極刑未幾敬眞有疾見俱羅爲之厲數日而死

柳彧

柳彧字幼文河東解人也七世祖卓隨晉南遷寓居襄陽父仲禮爲梁將敗歸周復家本土彧少好學頗涉經史周大冢宰宇文護引爲中外府記室久而出爲寧州總管掾武帝親總萬機彧詣闕求試帝異之以爲司武中士轉鄭令平齊之後帝大賞從官留京者不預彧上表曰今太平告始信賞宜明酬勳報勞務先有本屠城破邑出自聖規斬將搴旗必由神略若負戈擐甲征扞劬勞至於鎮撫國家宿衛爲重俱稟成算非專己能留從事同功勞須等皇太子以下實有守宗廟之功昔蕭何留守茅土先於平陽穆之居中沒後猶蒙優策不勝管見奉表以聞於是留守並加汎級高祖受禪累遷尚書虞部侍郎以母憂去職未幾起爲屯田侍郎固讓弗許時制三品已上門皆列戟左僕射高熲子弘德封應國公申牒請戟彧判曰僕射之子更不異居父之戟槊已列門外尊有壓卑之義子有避父之禮豈容門外既設內閤又施事竟不行熲聞而歎伏後遷治書侍御史當朝正色甚爲百寮之所敬憚上嘉其婞直謂彧曰大丈夫當立名於世無容容而已賜錢十萬米百石于時刺史多任武將類不稱職彧上

表曰方今天下太平四海清謐共治百姓須任其才昔漢光武一代明哲起自布衣備知情僞與二十八將披荊棘定天下及功成之後無所職任伏見詔書以上柱國和平子爲杞州刺史其人年垂八十鍾鳴漏盡前任趙州闇於職務政由羣小賄賂公行百姓吁嗟歌謠滿道乃云老禾不早殺餘種穢良田古人有云耕當問奴織當問婢此言各有所能也平子弓馬武用是其所長治民莅職非其所解至尊思治無忘寢興如謂優老尚年自可厚賜金帛若令刺舉所損殊大臣死而後已敢不竭誠上善之平子竟免有應州刺史唐君明居母喪娶雍州長史庫狄士文之從父妹彧劾之曰臣聞天地之位既分夫婦之禮斯著君親之義生焉尊卑之教攸設是以孝惟行本禮實身基自國刑家率由斯道竊以愛敬之情因心至切喪紀之重人倫所先君明鑽燧雖改在文無變忽劬勞之痛成燕爾之親冒此苴縗命彼褕翟不義不昵春秋載其將亡無禮無儀詩人欲其遄死士文贊務神州名位通顯整齊風教四方是則棄二姓之重匹違六禮之軌儀請禁錮終身以懲風俗二人竟坐得罪隋承喪亂之後風俗

頹壞或多所矯正上甚嘉之又見上勤於聽受百寮奏請多有煩碎因上疏諫
曰臣聞自古聖帝莫過唐虞象地則天布政施化不爲叢脞是謂欽明語曰天
何言哉四時行焉故知人君出令誡在煩數是以舜任五臣堯諮四岳設官分
職各有司存垂拱無爲天下以治所謂勞於求賢逸於任使又云天子穆穆諸
侯皇皇此言君臣上下體裁有別比見四海一家萬機務廣事無大小咸關聖
聽陛下留心治道無憚疲勞亦由羣官懼罪不能自決取判天旨聞奏過多乃
至營造細小之事出給輕微之物一日之內酬答百司至乃日旰忘食夜分未
寢動以文簿憂勞聖躬伏願思臣至言少減煩務以怡神爲意以養性爲懷思
武王安樂之義念文王勤憂之理若其經國大事非臣下裁斷者伏願詳決自
餘細務責成所司則聖體盡無疆之壽臣下蒙覆育之賜也上覽而嘉之後以
忤旨免未幾復令視事因謂或曰無改爾心以其家貧勅有司爲之築宅因曰
柳或正直士國之寶也其見重如此右僕射楊素當塗顯貴百寮懾憚無敢忤
者嘗以少譴勅送南臺素恃貴坐或牀或從外來見素如此於階下端笏整容

謂素曰奉勅治公之罪素遽下或據案而坐立素於庭辯詰事狀素由是銜之或時方爲上所信任故素未有以中之或見近代以來都邑百姓每至正月十五日作角抵之戲遞相誇競至於糜費財力上奏請禁絕之曰臣聞昔者明主訓民治國率履法度動由禮典非法不服非道不行道路不同男女有別防其邪僻納諸軌度竊見京邑爰見外州每以正月望夜充街塞陌聚戲朋遊鳴鼓聒天燎炬照地人戴獸面男爲女服倡優雜技詭狀異形以穢嫚爲歡娛用鄙褻爲笑樂內外共觀曾不相避高棚跨路廣幕淩雲袨服靚粧車馬塡噎肴醑肆陳絲竹繁會竭貲破產競此一時盡室并孥無問貴賤男女混雜緇素不分穢行因此而生盜賊由斯而起浸以成俗實有由來因循敝風曾無先覺非益於化實損於民請頒行天下並卽禁斷康哉雅頌足美盛德之形容鼓腹行歌自表無爲之至樂敢有犯者請以故違勅論詔可其奏是歲持節巡省河北五十二州奏免長吏贓污不稱職者二百餘人州縣肅然莫不震懼上嘉之賜絹布二百匹氈三十領拜儀同三司歲餘加員外散騎常侍治書如故仁壽初復

持節巡省太原道十九州及還賜絹百五十匹或嘗得博陵李文博所撰治道集十卷蜀王秀遣人求之或送之於秀秀復賜或奴婢十口及秀得罪楊素奏或以內臣交通諸侯除名爲民配戍懷遠鎮行達高陽有詔徵還至晉陽值漢王諒作亂遣使馳召或將與計事或爲使所逼初不知諒反將入城而諒反形已露或度不得免遂詐中惡不食自稱危篤諒怒因之及諒敗楊素奏或心懷兩端以候事變迹雖不反心實同逆坐徙敦煌楊素卒後乃自申理有詔徵還京師卒於道有子紹爲介休令

趙綽

趙綽河東人也性質直剛毅在周初爲天官府史以恭謹恪勤擢授夏官府下士稍以明幹見知累遷內史中士父艱去職哀毀骨立世稱其孝既免喪又爲掌教中士高祖爲丞相知其清正引爲錄事參軍尋遷掌朝大夫從行軍總管是云暉擊叛蠻以功拜儀同賜物千段高祖受禪授大理丞處法平允考績連最轉大理正尋遷尙書都官侍郎未幾轉刑部侍郎治梁士彥等獄賜物三百

段奴婢十口馬二十匹每有奏讞正色侃然上嘉之漸見親重上以盜賊不禁將重其法綽進諫曰陛下行堯舜之道多存寬宥況律者天下之大信其可失乎上忻然納之因謂綽曰若更有聞見宜數陳之也遷大理少卿故陳將蕭摩訶其子世略在江南作亂摩訶當從坐上曰世略年未二十亦何能爲以其名將之子爲人所逼耳因赦摩訶綽固諫不可上不能奪欲綽去而赦之固命綽退食綽曰臣奏獄未決不敢退朝上曰大理其爲朕特赦摩訶也因命左右釋之刑部侍郎辛亶嘗衣緋褌俗云利於官上以爲厭蠱將斬之綽曰據法不當死臣不敢奉詔上怒甚謂綽曰卿惜辛亶而不自惜也命左僕射高熲將綽殺之綽曰陛下寧可殺臣不得殺辛亶至朝堂解衣當斬上使人謂綽曰竟何如對曰執法一心不敢惜死上拂衣而入良久乃釋之明日謝綽勞勉之賜物三百段時上禁行惡錢有二人在市以惡錢易好者武候執以聞上令悉斬之綽進諫曰此人坐當杖殺之非法上曰不關卿事綽曰陛下不以臣愚暗置在法司欲妄殺人豈得不關臣事上曰撼大木不動者當退對曰臣望感天心何論

動木上復曰毀羹者熱則置之天子之威欲相挫耶綽拜而益前訶之不肯退
上遂入治書侍御史柳彧復上奏切諫上乃止上以綽有誠直之心每引入閤
中或遇上與皇后同榻卽呼綽坐評論得失前後賞賜萬計其後進位開府贈
其父爲蔡州刺史時河東薛胄爲大理卿俱名平恕然胄斷獄以情而綽守法
俱爲稱職上每謂綽曰朕於卿無所愛惜但卿骨相不當貴耳仁壽中卒官時
年六十三上爲之流涕中使弔祭鴻臚監護喪事有二子元方元襲

裴肅

裴肅字神封河東聞喜人也父俠周民部大夫肅少剛正有局度少與安定梁
毗同志友善仕周釋褐給事中士累遷御正下大夫以行軍長史從韋孝寬征
淮南屬高祖爲丞相肅聞而歎曰武帝以雄才定六合墳土未乾而一朝遷革
豈天道歟高祖聞之甚不悅由是廢于家開皇五年授膳部侍郎後二歲遷朔
州總管長史轉貝州長史俱有能名仁壽中肅見皇太子勇蜀王秀左僕射高
熲俱廢黜遣使上書曰臣聞事君之道有犯無隱愚情所懷敢不聞奏竊是高

頗以天挺良才元勳佐命陛下光寵亦已優隆但鬼瞰高明世疵俊異側目求其長短者豈可勝道哉願陛下錄其大功忘其小過臣又聞之古先聖帝教而不誅陛下至慈度越前聖二庶人得罪已久寧無革心願陛下弘君父之慈顧天性之義各封小國觀其所爲若能遷善漸更增益如或不悛貶削非晚今者自新之路永絕愧悔之心莫見豈不哀哉書奏上謂楊素曰裴肅憂我家事此亦至誠也於是徵肅入朝皇太子聞之謂左庶子張衡曰使勇自新欲何爲也衡曰觀肅之意欲令如吳太伯漢東海王耳皇太子甚不悅頃之肅至京師見上于含章殿上謂肅曰吾貴爲天子富有四海後宮寵幸不過數人自勇以下並皆同母非爲憎愛輕事廢立因言勇不可復收之意既而罷遣之未幾上崩煬帝嗣位不得調者久之肅亦杜門不出後執政者以嶺表荒遐遂希旨授肅永平郡丞甚得民夷心歲餘卒時年六十二夷獠思之爲立廟於鄣江之浦有子尚賢

史臣曰猛獸之處山林藜藿爲之不採正臣之立朝廷姦邪爲之折謀皆志在

匪躬義形于色豈惟綱紀由其隆替抑亦社稷繫以存亡者也晉蜀二王帝之愛子擅以權寵莫拘憲令求其恭肅不亦難乎元巖王韶任當彼相並見嚴憚莫敢爲非謇諤之風有足稱矣行本正色於房陵梁毗抗言於楊素直辭鯁氣懔焉可想趙綽之居大理囹圄無寃柳彧之處憲臺姦邪自肅然不畏彊禦梁毗其有焉邦之司直行本柳彧近之矣裴肅朝不坐宴不預忠誠慷慨犯忤龍鱗固知嫠婦憂宗周之亡處女悲太子之少非徒語也方諸前載有闇纂之風焉

隋書卷六十二

唐　特　進　臣　魏　徵　上

列傳第二十八

樊子蓋

樊子蓋字華宗廬江人也祖道則梁越州刺史父儒侯景之亂奔于齊官至仁州刺史子蓋解褐武興王行參軍出爲愼縣令東汝北陳二郡太守員外散騎常侍封富陽縣侯邑五百戶周武帝平齊授儀同三司治郢州刺史高祖受禪以儀同領鄉兵後除樅陽太守平陳之役以功加上開府改封上蔡縣伯食邑七百戶賜物三千段粟九千斛拜辰州刺史俄轉嵩州刺史母憂去職未幾起授齊州刺史固讓不許其年轉循州總管許以便宜從事十八年入朝奏嶺南地圖賜以良馬雜物加統四州令還任所遣光祿少卿柳謇之餞於霸上煬帝卽位徵還京師轉涼州刺史子蓋言於帝曰臣一居嶺表十載於茲犬馬之情不勝戀戀願趨走闕庭萬死無恨帝賜物三百段慰諭遣之授銀青光祿大夫

武威太守以善政聞大業三年入朝帝引之內殿特蒙褒美乃下詔曰設官之道必在用賢安人之術莫如善政龔汲振德化於前張杜垂清風於後共治天下實資良守子蓋幹局通敏操履清潔自剖符四服愛惠爲先撫道有方寬猛得所處脂膏不潤其質酌貪泉豈渝其性故能治績克彰課最之首凡厥在位莫匪王臣若能人思奉職各展其効朕將冕旒垂拱何憂不治哉於是進位金紫光祿大夫賜物千段太守如故五年車駕西巡將入吐谷渾子蓋以彼多瘴氣獻青木香以禦霧露及帝還謂之曰人道公清定如此不子蓋謝曰臣安敢言清止是小心不敢納賄耳由此賜之口味百餘斛又下詔曰導德齊禮寔惟共治懲惡勸善用明黜陟朕親巡河右觀省人風所歷郡縣訪採治績罕遵法度多蹈刑網而金紫光祿大夫武威太守樊子蓋執操清絜處涅不渝立身雅正臨人以簡威惠兼舉寬猛相資故能畏而愛之不嚴斯治實字人之盛績有國之良臣宜加褒顯以弘獎勵可右光祿大夫太守如故賜縑千匹粟麥二千斛子蓋又自陳曰臣自南裔卽適西垂常爲外臣未居內職不得陪屬車奉丹

陛溘死邊城沒有遺恨惟陛下察之帝曰公侍朕則一人而已委以西方則萬人之敵宜識此心六年帝避暑隴川宮又云欲幸河西子蓋傾望鑾輿願巡郡境帝知之下詔曰卿夙懷恭順深執誠心聞朕西巡欣然望幸丹款之至甚有可嘉宜保此純誠克終其美是歲朝於江都宮帝謂之曰富貴不還故鄉真衣繡夜行耳敕廬江郡設三千人會賜米麥六千石使謁墳墓宴故老當時榮之還除民部尚書時處羅可汗及高昌王款塞復以子蓋檢校武威太守應接二蕃遼東之役徵攝左武衞將軍出長岑道後以宿衞不行進授左光祿大夫尚書如故其年帝還東都以子蓋爲涿郡留守九年車駕復幸遼東命子蓋爲東都留守屬楊玄感作逆來逼王城子蓋遣河南贊治裴弘策逆擊之返爲所敗遂斬弘策以狥國子祭酒楊汪小有不恭子蓋又將斬之汪拜謝頓首流血久乃釋免於是三軍莫不戰慄將吏無敢仰視玄感每盡銳攻城子蓋徐設備禦至輒摧破故久不能克會來護兒等救至玄感解去子蓋凡所誅殺者數萬人又檢校河南內史車駕至高陽追詣行在所既而引見帝逆勞之曰昔高祖留

蕭何於關西光武委寇恂以河內公其人也子蓋謝曰臣任重器小寧可竊譬兩賢但以陛下威靈小盜不足除耳進位光祿大夫封建安侯尚書如故賜縑三千匹女樂五十人子蓋固讓優詔不許帝顧謂子蓋曰朕遣越王留守東都示以皇枝盤石社稷大事終以委公特宜持重戈甲五百人而後出此亦勇夫重閉之義也無賴不軌者便誅鋤之凡可施行無勞形迹今爲公別造玉麟符以代銅獸又指越代二王曰今以二孫委公與衞文昇耳宜選貞良宿德有方幅者教習之動靜之節宜思其可於是賜以良田甲第十年冬車駕還東都帝謂子蓋曰玄感之反神明故以彰公赤心耳析珪進爵宜有令謨是日下詔進爵爲濟公言其功濟天下特爲立名無此郡國也賜縑三千匹奴婢二十口後與蘇威宇文述陪宴積翠亭帝親以金杯屬子蓋酒曰良算嘉謀俟公後動即以此杯賜公用爲永年之瑞并綺羅百匹十一年從駕汾陽宮至于鴈門車駕爲突厥所圍頻戰不利帝欲以精騎潰圍而出子蓋諫曰陛下萬乘之主豈宜輕脫一朝狼狽雖悔不追未若守城以挫其銳四面徵兵可立而待陛下亦何

所慮乃欲身自突圍因垂泣願蹔停遼東之役以慰衆望聖躬親出慰撫厚爲勳格人心自奮不足爲憂帝從之其後援兵稍至虜乃引去納言蘇威追論勳格太重宜在斟酌子蓋執奏不宜失信帝曰公欲收物情邪子蓋默然不敢對從駕還東都時絳郡賊敬槃陀柴保昌等阻兵數萬汾晉苦之詔令子蓋進討于時人物殷阜子蓋善惡無所分別汾水之北村塢盡焚之百姓大駭相率爲盜其有歸首者無少長悉坑之擁數萬之衆經年不能破賊有詔徵還又將兵擊宜陽賊以疾停卒于京第時年七十有二上悲傷者久之顧謂黃門侍郎裴矩曰子蓋臨終有何語矩對曰子蓋病篤深恨鴈門之恥帝聞而歎息令百官就弔賜縑三百匹米五百斛贈開府儀同三司諡曰景會葬者萬餘人武威民吏聞其死莫不嗟痛立碑頌德子蓋無他權略在軍持重未嘗負敗臨民明察下莫敢欺然嚴酷少恩果於殺戮臨終之日見斷頭鬼前後重沓爲之厲云

史祥

史祥字世休朔方人也父寧周少司徒祥少有文武才幹仕周太子車右中士

襲爵武遂縣公高祖踐阼拜儀同領交州事進爵陽城郡公祥在州頗有惠政
後數年轉驃騎將軍伐陳之役從宜陽公王世積以舟師出九江道先鋒與陳
人合戰破之進拔江州上聞而大悅下詔曰朕以陳叔寶世爲僭逆挻虐生民
故命諸軍救彼塗炭小寇狼狽顧恃江湖之險遂敢汎舟檝擬抗王師公親率
所部應機奮擊沉溺俘獲厥功甚茂又聞帥旅進取江州行軍總管襄邑公賀
若弼既獲京口新義公韓擒尋剋姑熟驃騎既渡江岸所在横行晉王兵馬即
入建業清蕩吳越旦夕非遠驃騎高才壯志是朕所知善爲經略以取大賞使
富貴功名永垂竹帛也進位上開府尋拜蘄州總管未幾徵拜左領軍右將軍
後以行軍總管從晉王廣擊突厥於靈武破之還右衞將軍仁壽中率兵屯弘
化以備胡煬帝時在東宮遺祥書曰將軍總戎塞表胡虜清塵秣馬休兵猶事
校獵足使李廣慙勇魏尚媿能冠彼二賢獨在吾子昔余濫舉推轂治兵振皇
靈於塞外驅犬羊乎大漠于時同行軍旅契闊戎旃望龍城而銜冠眄狼居而
發憤將軍英圖不世猛氣無前但物不遂心僶俛從事每一思此我勞如何將

軍宿心素志早同膠漆久而敬之方成魚水近者陪隨鑾駕言旋上京本卽述職南蕃宣條下國不悟皇鑒曲發備位少陽戰戰兢兢如臨冰谷至如建節邊境征伐四方褰帷作牧綏撫百姓上稟成規下盡臣節是所願也是所甘心仰慕前修庶得自效謬其入守神器元良萬國身輕負重何以克堪所望故人匡其不逮比監國多暇養疾閑宮厭北閣之端居罷南皮之馳射博望之苑旣乏名賢飛蓋之園理乖終宴親朋遠矣琴書寂然想望吾賢疢如疾首祥答書曰行人戾止奉所賜況恩紀綢繆形於文墨不悟飛雪增冰之地忽載三陽毳幙韋韝之鄉俄聞九奏精駭思越莫知啓處祥少不學軍旅長遇升平幸以先人緒餘備職宿衛懼駑蹇無致遠之用朽薄非折衝之材豈欲追蹤古人語其優劣曩者王師薄伐天人受脤絕漠揚旌威震海外當此之時猛將如雲謀夫如雨至若祥者列於卒伍預聞指蹤之規得免逗遛之責循涯揣分實爲幸甚爰以情喻雷陳慕方劉葛信聖人之屈己非庸人之擬議何則川澤之大汙潦攸歸松柏之高蔦蘿斯託微心眷眷孟侯所知也仰惟體元良之德煥重離之暉

三善克修萬邦以正斯固道高周誦契叶商皓豈在管蠡所能窺測伏承監國多暇養德怡神咀嚼六經逍遙百氏追西園之愛客眷南皮之出遊疇昔之恩無忘造次祥自忝式遏載罹寒暑身在邊隅情馳魏闕每至清風夕起朗月孤照想鳴葭之啓路思託乘於後車塞表京華山川悠遠瞻望浮雲伏增潸結太子甚親遇之煬帝即位漢王諒發兵作亂遣其將綦良自滏口徇黎陽塞白馬津余公理自太行下河內帝以祥爲行軍總管軍於河陰久不得濟祥謂軍吏曰余公理輕而無謀才用素不足稱又新得志謂其衆可恃恃衆必驕且河北人先不習兵所謂擁市人而戰以吾籌之不足圖也乃令軍中修攻具公理使諜知之果屯兵於河陽內城以備祥祥於是艤船南岸公理聚甲以當之祥乃簡精銳於下流潛渡公理率衆拒之東趣黎陽討綦良等良列陣以待兵未接良棄軍而走於是其衆大潰祥縱兵乘之殺萬餘人進位上大將軍賜縑綵七千段女妓十人良馬二十匹轉太僕卿帝嘗賜祥詩曰伯奭朝寄重夏侯親遇深貴耳唯聞古賤目詎知今早摽勁草質久有背淮心掃逆黎山外振旅河之

陰功已書王府留情太僕箴祥上表辭謝帝降手詔曰昔歲勞公問罪河朔賊爾日塞兩關之路據倉阻河百姓脅從人亦衆矣公竭誠奮勇一舉剋定詩不云乎喪亂既平既安且寧非英才大略其孰能與於此邪故聊示所懷亦何謝也尋遷鴻臚卿時突厥啓民可汗請朝帝遣祥迎接之從征吐谷渾祥率衆出閭道擊虜破之俘男女千餘口賜奴婢六十人馬二百匹進位左光祿大夫拜左驍衞將軍及遼東之役出蹋頓道不利而還由是除名爲民俄拜燕郡太守被賊高開道所圍祥稱疾不視事及城陷開道甚禮之會開道與羅藝通和送祥於涿郡卒於塗有子義隆永年令祥兄雲字世高弟威字世武並有幹局雲官至萊州刺史武平縣公威官至武賁郎將武當縣公

元壽

元壽字長壽河南洛陽人也祖敦魏侍中邵陵王父寶周涼州刺史壽少孤性仁孝九歲喪父哀毀骨立宗族鄉黨咸異之事母以孝聞及長方直頗涉經史周武成初封隆城縣侯邑千戶保定四年改封儀隴縣侯授儀同三司開皇初

議伐陳以壽有思理奉使於淮浦監修船艦以強濟見稱四年參督漕渠之役授尙書主爵侍郎八年從晉王伐陳除行臺左丞兼領元帥府屬及平陳拜尙書左丞高祖嘗出苑觀射文武並從焉開府蕭摩訶妻患且死奏請遣子向江南收其家產御史見而不言壽奏劾之曰臣聞天道不言功成四序聖皇垂拱任在百司御史之官義存糾察直繩莫舉憲典誰寄今月五日鑾輿徙蹕親臨射苑開府儀同三司蕭摩訶幸廁朝行預觀盛禮奏稱請遣子世略暫往江南重收家產妻安遇患彌留有日安若長逝世略不合此行竊以人倫之義伉儷爲重資愛之道烏鳥弗虧摩訶遠念資財近忘匹好又命其子捨危惙之母爲聚斂之行一言纔發名教頓盡而兼殿內侍御史臣韓微之等親所聞見竟不彈糾若知非不舉事涉阿縱如不以爲非豈關理識謹按儀同三司太子左庶子檢校治書侍御史臣劉行本出入宮省備蒙任遇攝職憲臺時月稍久庶能整肅纓冕澄清風教而在法司虧失憲體瓶罄罍恥何所逃愆臣謬膺朝寄忝居左轄無容寢嘿謹以狀聞其行本微之等請付大理上嘉納之尋授太常少

卿數年拜基州刺史在任有公廉之稱入爲太府少卿進位開府煬帝嗣位漢王諒舉兵反左僕射楊素爲行軍元帥壽爲長史壽每遇賊爲士卒先以功授大將軍遷太府卿四年拜內史令從帝西討吐谷渾壽率衆屯金山東西連營三百餘里以圍渾主及還拜右光祿大夫七年兼左翊衞將軍從征遼東行至涿郡遇疾卒時年六十三帝悼惜焉哭之甚慟贈尙書右僕射光祿大夫謚曰景子敏頗有才辯而輕險多詐壽卒後帝追思之擢敏爲守內史舍人而交通博徒數漏泄省中語化及之反也敏創其謀僞授內史侍郎爲沈光所殺

楊義臣

楊義臣代人也本姓尉遲氏父崇仕周爲儀同大將軍以兵鎭恆山時高祖甚親待之及爲丞相尉迥作亂崇以宗族之故自囚於獄遣使請罪高祖下書慰諭之即令馳驛入朝恆置左右開皇初封秦興縣公歲餘從行軍總管達奚長儒擊突厥於周盤力戰而死贈大將軍豫州刺史以義臣襲崇官爵時義臣尙幼養於宮中年未弱冠奉詔宿衞如千牛者數年賞賜甚厚上嘗從容言及恩

舊顧義臣嗟歎久之因下詔曰朕受命之初羣凶未定明識之士有足可懷尉義臣與尉迥本同骨肉旣狂悖作亂鄴城其父崇時在常山典司兵甲與迥鄰接又是至親知逆順之理識天人之意卽陳丹款慮染惡徒自執有司請歸相府及北夷內侵橫戈制敵輕生重義馬革言旋操表存亡事貫幽顯雖高官大賞延及於世未足表松筠之志彰節義之門義臣可賜姓楊氏賜錢三萬貫酒三十斛米麥各百斛編之屬籍爲皇太孫未幾拜陝州刺史義臣性謹厚能馳射有將領之才由是上甚重之其後突厥達頭可汗犯塞以行軍總管率步騎三萬出白道與賊遇戰大破之明年突厥又寇邊鴈門馬邑多被其患義臣擊之虜遂出塞因而追之至大斤山與虜相遇時太平公史萬歲軍亦至義臣與萬歲合軍擊虜大破之萬歲爲楊素所陷而死義臣功竟不錄仁壽初拜朔州總管賜以御甲煬帝嗣位漢王諒作亂幷州時代州總管李景爲漢王將喬鍾葵所圍詔義臣救之義臣率馬步二萬夜出西陘遲明行數十里鍾葵覘見義臣兵少悉衆拒之鍾葵亞將王拔驍勇善用矟射之者不能中每以數騎陷陳

義臣患之募能當拔者車騎將軍楊思恩請當之義臣見思恩氣貌雄勇顧之曰壯士也賜以巵酒思恩望見拔立於陳後投觴於地策馬赴之再往不剋義臣復選騎士十餘人從之思恩遂突擊殺數人直至拔麾下短兵方接所從騎士退思恩爲拔所殺拔遂乘之義臣軍北者十餘里於是購得思恩屍義臣哭之甚慟三軍莫不下泣所從騎士皆腰斬義臣自以兵少悉取軍中牛驢得數千頭復令兵數百人人持一鼓潛驅之澗谷閒出其不意義臣晡後復與鍾葵軍戰兵初合命驅牛驢者疾進一時鳴鼓塵埃張天鍾葵軍不知以爲伏兵發因而大潰縱擊破之以功進位上大將軍賜物二千段雜綵五百段女妓十人良馬二十四尋授相州刺史後三歲徵爲宗正卿未幾轉太僕卿從征吐谷渾令義臣屯琵琶峽連營八十里南接元壽北連段文振合圍渾主於覆袁川其後復征遼東以軍將指肅愼道至鴨綠水與乙支文德戰每爲先鋒一日七捷後與諸軍俱敗竟坐免俄而復位明年以爲軍副與大將軍宇文述趣平壤至鴨綠水會楊玄感作亂班師檢校趙郡太守妖賊向海公聚衆作亂寇扶風安

定閭義臣奉詔擊平之尋從帝復征遼東進位左光祿大夫時渤海高士達清河張金稱並相聚爲盜衆已數萬攻陷郡縣帝遣將軍段達討之不能剋詔義臣率遼東還兵數萬擊之大破士達斬金稱又收合降賊入豆子䴚討格謙擒之以狀聞奏帝惡其威名遽追入朝賊由是復盛義臣以功進位光祿大夫尋拜禮部尚書未幾卒官

衞玄

衞玄字文昇河南洛陽人也祖悅魏司農卿父摽侍中左武衞大將軍玄少有器識周武帝在蕃引爲記室遷給事上士襲爵興勢公食邑四千戸轉宣納下大夫武帝親總萬機拜益州總管長史賜以萬釘寶帶稍遷開府儀同三司太府中大夫治內史事仍領京兆尹稱爲強濟宣帝時以忤旨免官高祖作相檢校熊州事和州蠻反玄以行軍總管擊平之及高祖受禪遷淮州總管進封同軌郡公坐事免未幾拜嵐州刺史會起長城之役詔玄監督之俄檢校朔州總管事後爲衞尉少卿仁壽初山獠作亂出爲資州刺史以鎭撫之玄既到官時

獠攻圍大牢鎭玄單騎造其營謂羣獠曰我是刺史銜天子詔安養汝等勿驚懼也諸賊莫敢動於是說以利害渠帥感悅解兵而去前後歸附者十餘萬口高祖大悅賜縑二千匹除遂州總管仍令劍南安撫煬帝卽位復徵爲衞尉卿夷獠攀戀數百里不絕玄曉之曰天子詔徵不可久住因與之訣夷獠各揮涕而去歲餘遷工部尚書其後拜魏郡太守尚書如故帝謂玄曰魏郡名都衝要之所民多姦宄是用煩公此郡去都道理非遠宜數往來詢謀朝政賜物五百段而遣之未幾拜右候衞大將軍檢校左候衞事大業八年轉刑部尚書遼東之役檢校右禦衞大將軍率師出增地道時諸軍多不利玄獨全衆而還拜金紫光祿大夫九年車駕幸遼東使玄與代王侑留守京師拜爲京兆內史尚書如故許以便宜從事勑代王待以師傅之禮會楊玄感圍逼東都玄率步騎七萬援之至華陰掘楊素冢焚其骸骨夷其塋域示士卒以必死旣出潼關議者恐崤函有伏兵請於陝縣沿流東下直趣河陽以攻其背玄曰以吾度之此計非豎子所及於是鼓行而進旣度函谷卒如所量於是遣武賁郎將張峻爲疑

軍於南道玄以大兵直趣城北玄感逆拒之且戰且行屯軍金谷於軍中埽地
而祭高祖曰刑部尙書京兆內史臣衞文昇敢昭告于高祖文皇帝之靈自皇
家啓運三十餘年武功文德漸被海外楊玄感孤負聖恩躬爲虵豕蜂飛蟻聚
犯我王略臣二世受恩一心事主董率熊羆志梟兇逆若社稷靈長宜令醜徒
冰碎如或大運去矣幸使老臣先死詞氣抑揚三軍莫不涕咽時衆寡不敵與
賊頻戰不利死傷大半玄感盡銳來攻玄苦戰賊稍却進屯北芒會宇文述來
護兒等援兵至玄感懼而西遯玄遣通議大夫斛斯萬善監門直閣龐玉前鋒
追之及于閿鄉與宇文述等合擊破之車駕至高陽徵詣行在所帝勞之曰社
稷之臣也使朕無西顧之憂乃下詔曰近者妖氛充斥擾動關河文昇率勵義
勇應機響赴表裏奮擊摧破兇醜宜升榮命式弘賞典可右光祿大夫賜以良
田甲第資物鉅萬還鎮京師帝謂之曰關右之任一委於公公安社稷乃安公
危社稷亦危出入須有兵衞坐臥恆宜自牢勇夫重閉此其義也今特給千兵
以充侍從賜以玉麟符十一年詔玄安撫關中時盜賊蜂起百姓饑饉玄竟不

能救恤而官方壞亂貨賄公行玄自以年老上表乞骸骨帝使內史舍人封德彝馳諭之曰京師國本王業所基宗廟園陵所在藉公耆舊臥以鎮之朕爲國計義無相許故遣德彝口陳指意玄乃止義師入關自知不能守憂懼稱疾不知政事城陷歸于家義寧中卒時年七十七子孝則官至通事舍人兵部承務郎早卒

劉權

劉權字世略彭城豐人也祖軌齊羅州刺史權少有俠氣重然諾藏亡匿死吏不敢過門後更折節好學動循法度初爲州主簿仕齊釋褐奉朝請行臺郎中及齊滅周武帝以爲假淮州刺史高祖受禪以車騎將軍領鄉兵後從晉王廣平陳以功進授開府儀同三司賜物三千段宋國公賀若弼甚禮之開皇十二年拜蘇州刺史賜爵宗城縣公于時江南初平物情尚擾權撫以恩信甚得民和煬帝嗣位拜衛尉卿進位銀青光祿大夫大業五年從征吐谷渾權率衆出伊吾道與賊相遇擊走之逐北至青海虜獲千餘口乘勝至伏俟城帝復令權

過曼頭赤水置河源郡積石鎮大開屯田留鎮西境在邊五載諸羌懷附貢賦歲入吐谷渾餘燼遠遯道路無壅徵拜司農卿加位金紫光祿大夫尋爲南海太守行至鄱陽會羣盜起不得進詔令權召募討之權率兵與賊相遇不與戰先乘單舸詣賊營說以利害羣賊感悅一時降附帝聞而嘉之既至南海甚有異政數歲遇盜賊羣起數來攻郡豪帥多願推權爲首權竟盡力固守以拒之子世徹又密遣人齎書詣權稱四方擾亂英雄並起時不可失諷令舉兵權召集佐寮對斬其使竟無異圖守之以死卒官時年七十世徹倜儻不羈頗爲時人所許大業末羣雄並起世徹所至之處輒爲所忌多拘禁之後竟爲兗州賊帥徐圓朗所殺權從父烈字子將美容儀有器局官至鷹揚郎將有子德威知名於世

史臣曰子蓋雅有幹局質性嚴敏見義而勇臨機能斷保全都邑勳亦懋哉楊諒干紀史祥著獨克之効羣盜侵擾義臣致三捷之功此皆名重當年聲流後葉者也元壽彈奏行本有意存夫名教然其計功稱伐猶居義臣之後端揆之

贈不已優乎文昇東都解圍頗亦宣力西京居守政以賄成鄙哉鄙哉夫何足數劉權淮楚舊族早著雄名屬擾攘之辰居尉佗之地遂能拒子邪計無所覬覦雖謝勤王之謀足爲守節之士矣

隋書卷六十三

隋書卷六十三考證

樊子蓋傳又收合降賊入豆子䴚討格謙擒之以狀聞奏帝惡其威名遽追入朝賊由是復盛○臣映斗按此格謙已爲楊義臣所擒而王充傳又載䱷次人格謙爲盜數年兵十餘萬在豆子䴚中充帥師破斬之威振羣賊云云同一格謙在豆子䴚中兩傳所載互異詎因楊義臣被追入朝格謙乘間逸去賊由是復盛後爲王充破斬耶元本䴚訛䴚按水經注𤄈水北歷土山山悉鹽坑箋曰坑當作䴚或訛作䴚省作坈又作䴚並非又元本討訛詩南監本討格謙訛作將格殺今並從北史正之

隋書卷六十三考證

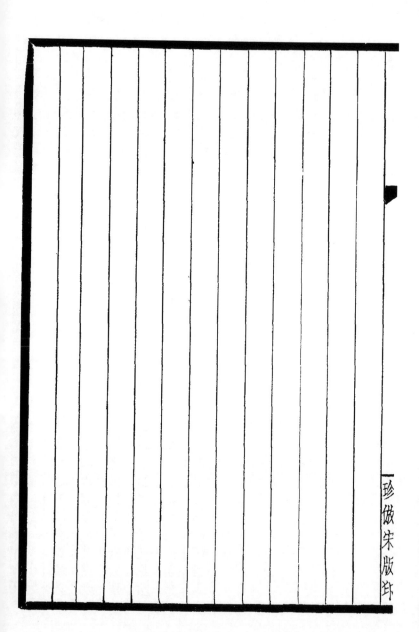

隋書卷六十四

唐　特　進　臣　魏　徵　上

列傳第二十九

李圓通

李圓通京兆涇陽人也父景以軍士隸武元皇帝因與家僮黑女私生圓通景不之認由是孤賤給使高祖家及爲隋國公擢授參軍事初高祖少時每𩐎賓客恆令圓通監廚圓通性嚴整左右婢僕咸所敬憚唯世子乳母恃寵輕之賓客未供每有干請圓通不許或輒持去圓通大怒叱廚人搵之數十叫呼之聲徹於閤內僚吏左右代其失色賓去之後高祖具知之召圓通命坐賜食從此獨善之以爲堪當大任高祖作相賜封懷昌男久之授帥都督進爵新安子委以心膂圓通多力勁捷長於武用周氏諸王素憚高祖每伺高祖之隙圖爲不利賴圓通保護獲免者數矣高祖深感之由是參預政事授相國外兵曹仍領左親信尋授上儀同高祖受禪拜內史侍郎領左衞長史進爵爲伯歷左右庶

子給事黃門侍郎尚書左丞攝刑部尚書深被任信後以左丞領左翊衞驃騎將軍伐陳之役圓通以行軍總管從楊素出信州道以功進位大將軍進封萬安縣侯拜揚州總管長史尋轉幷州總管長史秦孝王仁柔自善少斷決府中事多決於圓通入爲司農卿治粟內史遷刑部尚書後數歲復爲幷州長史孝王以奢侈得罪圓通亦坐免官尋檢校刑部尚書事仁壽中以勳舊進爵郡公煬帝嗣位拜兵部尚書帝幸揚州以圓通留守京師判宇文述田以還民述訴其受賂帝怒而徵之見帝於雒陽坐是免官圓通憂懼發疾而卒贈柱國封爵悉如故子孝常大業末爲華陰令

陳茂

陳茂河東猗氏人也家世寒微質直恭謹爲州里所敬高祖爲隋國公引爲寮佐遇待與圓通等每令典家事未嘗不稱旨高祖善之後從高祖與齊師戰于晉州賊甚盛高祖將挑戰茂固止不得因捉馬鞚高祖忿之拔刀斫其額流血被面詞氣不撓高祖感而謝之厚加禮敬其後官至上士高祖爲丞相委以心

贊及受禪拜給事黃門侍郎封魏城縣男每典機密在官十餘年轉益州總管司馬遷太府卿進爵爲伯後數載卒官子政嗣政字弘道倜儻有文武大略善鍾律便弓馬少養宮中年十七爲太子千牛備身時京師大俠劉居士重政才氣數從之遊圓通子孝常與政相善並與居士交結及居士下獄誅政及孝常當從坐上以功臣子擿之二百而赦之由是不得調煬帝時授協律郎遷通事謁者兵曹承務郎帝美其才甚重之字文化及之亂也以爲太常卿後歸大唐卒於梁州總管

張定和

張定和字處謐京兆萬年人也少貧賤有志節初爲侍官會平陳之役定和當從征無以自給其妻有嫁時衣服定和將鬻之妻靳固不與定和於是遂行以功拜儀同賜帛千匹遂棄其妻是後數以軍功加上開府驃騎將軍從上柱國李充擊突厥先登陷陳虜刺之中頸定和以草塞瘡而戰神氣自若虜遂敗走上聞而壯之遣使者齎藥馳詣定和所勞問之進位柱國封武安縣侯賞物二

千段良馬二匹金百兩煬帝嗣位拜宜州刺史尋轉河內太守頗有惠政歲餘徵拜左屯衛大將軍從帝征吐谷渾至覆袁川時吐谷渾主與數騎而遁其名王詐爲渾主保車我真山帝命定和率師擊之既與賊相遇輕其衆少呼之令降賊不肯下定和不被甲挺身登山賊伏兵於巖谷之下發矢中之而斃其亞將柳武建擊賊悉斬之帝爲流涕贈光祿大夫時舊爵例除於是復封武安侯謚曰壯武贈絹千匹米千石子世立嗣尋拜爲光祿大夫

張奫

張奫字文懿自云清河人也家於淮陰好讀兵書尤便刀楯周世鄉人郭子翼竊引陳寇奫父雙欲率子弟擊之猶豫未決奫贊成其謀竟以破賊由是以勇決知名起家州主簿高祖作相授大都督領鄉兵賀若弼之鎮壽春也恆爲間諜平陳之役頗有功焉進位開府儀同三司封文安縣子邑八百戶賜物二千五百段粟二千五百石歲餘率水軍破逆賊笮子游於京口薛子建於和州徵入朝拜大將軍高祖命升御坐而宴之謂奫曰卿可爲朕兒朕爲卿父今日聚

集示無外也其後賜綺羅千匹綠沉甲獸文具裝尋從楊素征江表別破高智惠於會稽吳世華於臨海進位上大將軍賜奴婢六十口縑綵二百匹歷撫顯齊三州刺史俱有能名開皇十八年爲行軍總管從漢王諒征遼東諸軍多物故瓛衆獨全高祖善之賜物二百五十段仁壽中遷潭州總管在職三年卒有子孝廉

麥鐵杖

麥鐵杖始興人也驍勇有膂力日行五百里走及奔馬性疎誕使酒好交遊重信義每以漁獵爲事不治產業陳大建中結聚爲羣盜廣州刺史歐陽頠俘之以獻沒爲官戶配執御傘每罷朝後行百餘里夜至南徐州踰城而入行光火劫盜旦還及時仍又執傘如此者十餘度物主識之州以狀奏朝士見鐵杖每旦恆在不之信也後數告變尚書蔡徵曰此可驗耳於仗下時購以百金求人送詔書與南徐州刺史鐵杖出應募齎勑而往明旦及奏事帝曰信然爲盜明矣惜其勇捷誡而釋之陳亡後徙居清流縣遇江東反楊素遣鐵杖頭戴草束

夜浮渡江覘賊中消息具知還報後復更往爲賊所擒逆帥李稜遣兵仗三十人衞之縛送高智慧行至庱亭衞者憩食哀其餒解手以給其餐鐵杖取賊刀亂斬衞者殺之皆盡悉割其鼻懷之以歸素大奇之後敘戰勳不及鐵杖遇素馳驛歸于京師鐵杖步追之每夜則同宿素見而悟特奏授儀同三司以不識書放還鄉里成陽公李徹稱其驍武開皇十六年徵至京師除車騎將軍仍從楊素北征突厥加上開府煬帝卽位漢王諒反於幷州又從楊素擊之每戰先登進位柱國尋除萊州刺史無治名後轉汝南太守稍習法令羣盜屏跡後因朝集考功郎竇威嘲之曰麥是何姓鐵杖應口對曰麥豆不殊那忽相怪威赧然無以應之時人以爲敏慧尋除右屯衞大將軍帝待之逾密鐵杖自以荷恩深重每懷竭命之志及遼東之役請爲前鋒顧謂醫者吳景賢曰大丈夫性命自有所在豈能艾炷灸頞瓜蔕歕鼻治黃不差而臥死兒女手中乎將度遼謂其三子曰阿奴當備淺色黃衫吾荷國恩今是死日我既被殺爾當富貴唯誠與孝爾其勉之及濟橋未成去東岸尚數丈賊大至鐵杖跳上岸與賊戰死武

賁郎將錢士雄孟金义亦死之左右更無及者帝爲之流涕購得其屍下詔曰鐵杖志氣驍果夙著勳庸陪麾問罪先登陷陳節高義烈身殞功存興言至誠追懷傷悼宜賚殊榮用彰飾德可贈光祿大夫宿國公謚曰武烈子孟才嗣尋授光祿大夫孟才有二弟仲才季才俱拜正議大夫賵贈鉅萬賜輼輬車給前後部羽葆鼓吹平壤道敗將宇文述等百餘人皆爲執紼王公已下送至郊外士雄贈左光祿大夫右屯衞將軍武強侯謚曰剛子傑嗣金义贈右光祿大夫子善誼襲官孟才字智稜果烈有父風帝以孟才死節將子恩賜殊厚拜武賁郎將及江都之難慨然有復讎之志與武牙郎錢傑素交友二人相謂曰吾等世荷國恩門著誠節今賊臣弒逆社稷淪亡無節可紀何面目視息世間哉於是流涕扼腕遂相與謀糾合恩舊欲於顯福宮邀擊宇文化及事臨發陳藩之子謙知其謀而告之與其黨沈光俱爲化及所害忠義之士哀焉

沈光

沈光字總持吳興人也父君道仕陳吏部侍郎陳滅家于長安皇太子勇引署

學士後爲漢王諒府掾諒敗除名光少驍捷善戲馬爲天下之最略綜書紀微有詞藻常慕立功名不拘小節家甚貧窶父兄竝以傭書爲事光獨跅弛交通輕俠爲京師惡少年之所朋附人多贍遺得以養親每致甘食美服未嘗困匱初建禪定寺其中幡竿高十餘丈適遇繩絕非人力所及諸僧患之光見而謂僧曰可持繩來當相爲上耳諸僧驚喜因取而與之光以口銜索拍竿而上直至龍頭繫繩畢手足皆放透空而下以掌拒地倒行數十步觀者駭悅莫不嗟異時人號爲肉飛仙大業中煬帝徵天下驍果之士以伐遼左光預焉同類數萬人皆出其下光將詣行在所賓客送至灞上者百餘騎光酹酒而誓曰是行也若不能建立功名當死於高麗不復與諸君相見矣及從帝攻遼東以衝梯擊城竿長十五丈光升其端臨城與賊戰短兵接殺十數人賊競擊之而墜未及於地適遇竿有垂絙光接而復上帝望見壯異之馳召與語大悅卽日拜朝請大夫賜寶刀良馬恆致左右親顧漸密未幾以爲折衝郎將賞遇優重帝每推食解衣以賜之同輩莫與爲比光自以荷恩深重思懷竭節及江都之難潛

構義勇將爲帝復讎先是帝寵昵官奴名爲給使宇文化及以光驍勇方任之令其總統營於禁內時孟才錢傑等陰圖化及因謂光曰我等荷國厚恩不能死難以衛社稷斯則古人之所耻也今又俛首事讎受其驅率有靦面目何用生爲吾必欲殺之死無所恨公義士也肯從我乎光泣下霑衿曰是所望於將軍也僕領給使數百人並荷先帝恩遇今在化及內營以此復讎如鷹鸇之逐鳥雀萬世之功在此一舉願將軍勉之孟才爲將軍領江淮之衆數千人期以營將發時晨起襲化及光語洩陳謙告其事化及大懼曰此麥鐵杖子也及沈光者並勇決不可當須避其鋒是夜即與腹心走出營外留人告司馬德戡等遣領兵馬逮捕孟才光聞營內諠聲知事發不及被甲即襲化及營空無所獲值舍人元敏數而斬之遇德戡兵入四面圍合光大呼潰圍給使齊奮斬首數十級賊皆披靡德戡輒復遣騎持弓弩翼而射之光身無介胄遂爲所害麾下數百人皆鬬而死一無降者時年二十八壯士聞之莫不爲之隕涕

來護兒

來護兒字崇善江都人也幼而卓詭好立奇節初讀詩至擊鼓其鏜踊躍用兵羔裘豹飾孔武有力捨書而歎曰大丈夫在世當如是會爲國滅賊以取功名安能區區久事隴畝羣輩驚其言而壯其志護兒所住白土村密邇江岸于時江南尚阻賀若弼之鎮壽州也常令護兒爲間諜授大都督平陳之役護兒有功焉進位上開府從楊素擊高智慧于浙江而賊據岸爲營周亘百餘里船艦被江鼓譟而進素令護兒率數百輕艓徑登江岸直掩其營破之時賊前與素戰不勝歸無所據因而潰散智慧將逃于海護兒追至泉州智慧窮蹙遁走閩越進位大將軍除泉州刺史時有盛道延擁兵作亂侵擾州境護兒進擊破之又從蒲山公李寬破汪文進於黟歙進位柱國仁壽三年除瀛州刺史賜爵黃縣公邑三千戶尋加上柱國除右禦衛將軍煬帝卽位遷右驍衛大將軍帝甚親重之大業六年從駕江都賜物千段令上先人冢宴父老州里榮之數歲轉右翊衛大將軍遼東之役護兒率樓船指滄海入自浿水去平壤六十里與高麗相遇進擊大破之乘勝直造城下破其郛郭於是縱軍大掠稍失部伍高元

弟建武募敢死士五百人邀擊之護兒因却屯營海浦以待期會後知宇文述等敗遂班師明年又出滄海道師次東萊會楊玄感作逆黎陽進逼鞏雒護兒勒兵與宇文述等擊破之封榮國公邑二千戶十年又帥師度海至卑奢城高麗舉國來戰護兒大破之斬首千餘級將趣平壤高元震懼遣使執叛臣斛斯政詣遼東城下上表請降帝許之遣人持節詔護兒旋師護兒集衆曰三度出兵未能平賊此還也不可重來今高麗困弊野無青草以我衆戰不日尅之吾欲進兵徑圍平壤取其僞主獻捷而歸答表請行不肯奉詔長史崔君肅固爭不許護兒曰賊勢破矣專以相任自足辦之吾在閫外事合專決豈容千里稟聽成規俄頃之間動失機會勞而無功故其宜也吾甯征得高元還而獲譴捨此成功所不能矣君肅告衆曰若從元帥違拒詔書必當聞奏皆獲罪也諸將懼盡勸還方始奉詔十三年轉爲左翊衞大將軍進位開府儀同三司任委逾密前後賞賜不可勝計江都之難宇文化及忌而害之長子楷以父軍功授散騎郎朝散大夫楷弟弘仕至果毅郎將金紫光祿大夫弘弟整武賁郎將右光

祿大夫整尤驍勇善撫士衆討擊羣盜所向皆捷諸賊甚憚之爲作歌曰長白山頭百戰場十十五五把長槍不畏官軍十萬衆只畏榮公第六郎化及反皆遇害唯少子恆濟獲免

魚俱羅

魚俱羅馮翊下邽人也身長八尺膂力絶人聲氣雄壯言聞數百步弱冠爲親衛累遷大都督從晉王廣平陳以功拜開府賜物一千五百段未幾沈玄懀高智慧等作亂江南楊素以俱羅壯勇請與同行每戰有功加上開府高唐縣公拜疊州總管以母憂去職還至扶風會楊素率兵將出靈州道擊突厥路逢俱羅大悅遂奏與同行及遇賊俱羅與數騎奔擊瞋目大呼所當皆披靡出左入右往返若飛以功進位柱國拜豐州總管初突厥數入境爲寇俱羅輒擒斬之自是突厥畏懼屏迹不敢畜牧於塞上初煬帝在藩俱羅弟贊以左右從累遷大都督及帝嗣位拜車騎將軍贊性凶暴虐其部下令左右炙肉遇不中意以籤刺瞎其眼有溫酒不適者立斷其舌帝以贊藩邸之舊不忍加誅謂近臣曰

弟既如此兄亦可知因召俱羅譴責之出贊於獄令自爲計贊至家飲藥而死帝恐俱羅不自安慮生邊患轉爲安州刺史歲餘遷趙郡太守後因朝集至東都與將軍梁伯隱有舊數相往來又從郡多將雜物以貢獻帝不受因遺權貴御史劾俱羅以郡將交通內臣帝大怒與伯隱俱坐除名未幾越巂飛山蠻作亂侵掠郡境詔俱羅白衣領將幷率蜀郡都尉段鍾葵討平之大業九年重征高麗以俱羅爲碣石道軍將及還江南劉元進作亂詔俱羅將兵向會稽諸郡逐捕之于時百姓思亂從盜如市俱羅擊賊帥朱燮管崇等戰無不捷然賊勢浸盛敗而復聚俱羅度賊非歲月可平諸子並在京洛又見天下漸亂終恐道路隔絕于時東都饑饉穀食踊貴俱羅遣家僕將船米至東都糶之益市財貨潛迎諸子朝廷微知之恐其有異志發使案驗使者至前後察問不得其罪帝復令大理司直梁敬真就鎖將詣東都俱羅相表異人目有重瞳陰爲帝之所忌敬真希旨奏俱羅師徒敗衂於是斬東都市家口籍沒

陳稜

陳稜字長威廬江襄安人也祖碩以漁釣自給父峴少驍勇事章大寶爲帳內部曲告大寶反授譙州刺史陳滅廢于家高智慧汪文進等作亂江南廬江豪傑亦舉兵相應以峴舊將共推爲主峴欲拒之稜謂峴曰衆亂既作拒之禍且及己不如僞從別爲後計峴然之時柱國李徹軍至當塗峴潛使稜至徹所請爲內應徹上其事拜上大將軍宣州刺史封譙郡公邑一千戶詔徹應接之徹軍未至謀洩爲其黨所殺稜僅以獲免上以其父之故拜開府尋領鄉兵煬帝即位授驃騎將軍大業三年拜武賁郎將後三歲與朝請大夫張鎮周發東陽兵萬餘人自義安汎海擊流求國月餘而至流求人初見船艦以爲商旅往往詣軍中貿易稜率衆登岸遣鎮周爲先鋒其主歡斯渴剌兜遣兵拒戰鎮周頻擊破之稜進至低沒檀洞其小王歡斯老模率兵拒戰稜擊敗之斬老模其日霧雨晦冥將士皆懼稜刑白馬以祭海神既而開霽分爲五軍趣其都邑渴剌兜率衆數千逆拒稜遣鎮周又先鋒擊走之稜乘勝逐北至其柵渴剌兜背柵而陣稜盡銳擊之從辰至未苦鬬不息渴剌兜自以軍疲引入柵稜遂塡塹攻

破其柵斬渴剌兜獲其子烏槌虜男女數千而歸帝大悅進稜位右光祿大夫武賁如故鎮周金紫光祿大夫遼東之役以宿衞遷左光祿大夫明年帝復征遼東稜爲東萊留守楊玄感之作亂也稜率衆萬餘人擊平黎陽斬玄感所署刺史元務本尋奉詔於江南營戰艦至彭城賊帥孟讓衆將十萬據都梁宮阻淮爲固稜潛於下流而濟至江都率兵襲讓破之以功進位光祿大夫賜爵信安侯後帝幸江都宮俄而李子通據海陵左才相掠淮北杜伏威屯六合衆各數萬帝遣稜率宿衞兵擊之往往克捷超拜右禦衞將軍復度清江擊宣城賊俄而帝以弒崩宇文化及引軍北上召稜守江都稜集衆縞素爲煬帝發喪備儀衞改葬於吳公臺下衰杖送喪慟感行路論者深義之稜後爲李子通所陷奔杜伏威伏威忌之尋而見害

王辯 斛斯萬善

王辯字警略馮翊蒲城人也祖訓以行商致富魏世出粟助給軍糧爲假清河太守辯少習兵書尤善騎射慷慨有大志在周以軍功授帥都督開皇初遷大

都督仁壽中遷車騎將軍漢王諒之作亂也從楊素討平之賜爵武寧縣男邑三百戶後三歲遷尙舍奉御從征吐谷渾拜朝請大夫數年轉鷹揚郎將遼東之役以功加通議大夫尋遷武賁郎將及山東盜賊起上谷魏刀兒自號歷山飛衆十餘萬刦掠燕趙帝引辯升御榻問以方略辯論取賊形勢帝稱善曰誠如此計賊何足憂也於是發從行步騎三千擊敗之賜黃金二百兩明年渤海賊帥高士達自號東海公衆以萬數復令辯擊之屢挫其銳帝在江都宮聞而馳召之及引見禮賜甚厚復令往信都經略士達於是復戰破之優詔褒顯時賊帥郝孝德孫宣雅時季康竇建德魏刀兒等往往屯聚大至十萬小至數千寇掠河北辯進兵擊之所往皆捷深爲羣賊所憚及翟讓寇徐豫辯進頻擊走之讓尋與李密屯據洛口倉辯與王世充討密阻洛水相持經年辯率諸將攻敗密因薄其營戰破外柵密諸營已有潰者乘勝將入城世充不知恐將士勞倦於是鳴角收兵翻爲密走所乘官軍大潰不可救止辯至洛水橋已壞不得度遂涉水至中流爲溺人所引墜馬辯時身被重甲敗兵前後相蹈藉不能復

上馬竟溺死焉時年五十六三軍莫不痛惜之河南斛斯萬善驍勇果毅與辯齊名大業中從衛玄討楊玄感頻戰有功及玄感敗走萬善與數騎追及之玄感窘迫自殺由是知名拜武賁郎將突厥始畢之圍鴈門也萬善奮擊之所向皆破每賊至獨出當其鋒或下馬坐地引強弓射賊所中皆殪由是突厥莫敢逼城十許日竟退萬善之力也其後頻討羣盜累遷至將軍時有將軍鹿愿范貴馮孝慈俱爲將帥數從征討並有名於世然事皆亡失故史官無所述焉

史臣曰楚漢未分絳灌所以宣力曹劉競逐關張所以立名然則名立資草昧之初力宣候經綸之會攀附鱗翼世有之矣圓通護兒之輩定和鐵杖之倫皆一時之壯士困於貧賤當其鬱抑未遇亦安知其有鴻鵠之志哉終能振拔汙泥之中騰躍風雲之上符馬革之願快生平之心非遇其時焉能至於此也俱羅欲加之罪非其咎釁王辯殞身効敵志實勤王陳稜縞素發喪哀感行路義之所動固已深乎孟才錢傑沈光等感恩懷舊臨難忘生雖功無所成其志有可稱矣

隋書卷六十四

隋書卷六十四考證

來護兒傳遼東之役護兒率樓船指滄海入自浿水○監本浿訛湏按前漢地理志浿水出遼東塞外西南至樂浪縣西入海十三州志浿水縣在樂浪東北從改浿

隋書卷六十四考證

唐　特　進　臣　魏　徵　上

列傳第三十

周羅睺

周羅睺字公布九江潯陽人也父法暠仕梁冠軍將軍始興太守通直散騎常侍南康內史臨蒸縣侯羅睺年十五善騎射好鷹狗任俠放蕩收聚亡命陰習兵書從祖景彥誡之曰吾世恭謹汝獨放縱難以保家若不喪身必將滅吾族羅睺終不改陳宣帝時以軍功授開遠將軍句容令後從大都督吳明徹與齊師戰於江陽爲流矢中其左目齊師圍明徹於宿預也諸軍相顧莫有鬬心羅睺躍馬突進莫不披靡太僕卿蕭摩訶因而副之斬獲不可勝計進師徐州與周將梁士彥戰於彭城摩訶臨陣墮馬羅睺進救拔摩訶於重圍之內勇冠三軍明徹之敗也羅睺全衆而歸拜光遠將軍鍾離太守十一年授使持節都督霍州諸軍事平山賊十二洞除右軍將軍始安縣伯邑四百戶總管檢校揚州

內外諸軍事賜金銀三千兩盡散之將士分賞驍雄陳宣帝深歎美之出爲晉陵太守進爵爲侯增封一千戶除太僕卿增封并前一千六百戶尋除雄信將軍使持節都督豫章十郡諸軍事豫章內史獄訟庭決不關吏手民懷其惠立碑頌德焉至德中除持節都督南州諸軍事江州司馬吳世興密奏羅睺甚得人心擁衆嶺表意在難測陳主惑焉蕭摩訶魯廣達等保明之外有知者或勸其反羅睺拒絕之軍還除太子左衞率信任逾重時參宴席陳主曰周左率武將詩每前成文士何爲後也都官尚書孔範對曰周羅睺執筆製詩還如上馬入陣不在人後自是益見親禮出督湘州諸軍事還拜散騎常侍晉王廣之伐陳也都督巴峽緣江諸軍事以拒秦王俊軍不得度相持踰月遇丹陽陷陳主被擒上江猶不下晉王廣遣陳主手書命之羅睺與諸將大臨三日放兵士散然後迺降高祖慰諭之許以富貴羅睺垂泣而對曰臣荷陳氏厚遇本朝淪亡無節可紀陛下所賜獲全爲幸富貴榮祿非臣所望高祖甚器之賀若弼謂之曰聞公郢漢捉兵卽知揚州可得王師利涉果如所量羅睺答曰若得與公周

旋勝負未知可也其年秋拜上儀同三司鼓吹羽儀送之于宅先是陳裨將羊翔歸降于我使爲鄉導位至上開府班在羅睺上韓擒於朝堂戲之曰不知機變立在羊翔之下能無媿乎羅睺答曰昔在江南久承令聞謂公天下節士今日所言殊匪誠臣之論擒有媿色其年冬除豳州刺史俄轉涇州刺史母憂去職未朞復起授豳州刺史並有能名十八年起遼東之役徵爲水軍總管自東萊汎海趣平壤城遭風船多飄沒無功而還十九年突厥達頭可汗犯塞從楊素擊之虜衆甚盛羅睺白素曰賊陣未整請擊之素許焉與輕勇二十騎直衝虜陣從申至酉短兵屢接大破之進位大將軍仁壽元年爲東宮右虞候率賜爵義寧郡公食邑一千五百戶俄轉右衛率煬帝卽位授右武候大將軍漢王諒反詔副楊素討平之進授上大將軍其年冬帝幸雒陽陳主卒羅睺請一臨哭帝許之縗絰送至墓所葬還釋服而後入朝帝甚嘉尙世論稱其有禮時諒餘黨據晉絳等三州未下詔羅睺行絳晉呂三州諸軍事進兵圍之爲流矢所中卒于師時年六十四送柩還京行數里無故輿馬自止策之不動有飄風旋

遠焉絳州長史郭雅稽顙兕曰公恨小寇未平邪尋卽除殄無爲戀恨於是風靜馬行見者莫不悲歎其年秋七月子仲隱夢見羅睺曰我明日當戰其靈坐所有弓箭刀劍無故自動若人帶持之狀絳州城陷是其日也贈柱國右翊衞大將軍諡曰壯贈物千段子仲安官至上開府

周法尙

周法尙字德邁汝南安城人也祖靈起梁直閤將軍義陽太守廬桂二州刺史父炅定州刺史平北將軍法尙少果勁有風槩好讀兵書年十八爲陳始興王中兵參軍尋加伏波將軍其父卒後監定州事督父本兵數有戰功遷使持節貞毅將軍散騎常侍領齊昌郡事封山陰縣侯邑五千戶以其兄武昌縣公法僧代爲定州刺史法尙與長沙王叔堅不相能叔堅言其將反陳宣帝執禁法僧發兵欲取法尙其下將吏皆勸之歸北法尙猶豫未決長史殷文則曰樂毅所以辭燕良由不獲已事勢如此請早裁之法尙遂歸於周宣帝甚優寵之拜開府順州刺史封歸義縣公邑千戶賜良馬五匹女妓五人綵物五百段加以

金帶陳將樊猛濟江討之法尚遣部曲督韓明詐爲背己奔于陳僞告猛曰法尚部兵不願降北人皆竊議盡欲叛還若得軍來必無鬬者自當於陳倒戈耳猛以爲然引師急進法尚乃陽爲畏懼自保於江曲猛陳兵挑戰法尚先伏輕舸於浦中又伏精銳於古村之北自張旗幟迎流拒之戰數合僞退登岸投古村猛捨舟逐之法尚又疾走行數里與村北軍合復前擊猛猛退走赴船既而浦中伏舸取其舟檝建周旗幟猛於是大敗僅以身免虜八千人高祖爲丞相司馬消難作亂陰遣上開府段珣率兵陽爲助守因欲奪其城法尚覺其詐閉門不納珣遂圍之于時倉卒兵散在外因率吏士五百人守拒二十日外無救援自度力不能支遂拔所領棄城遁走消難虜其母弟及家累三百人歸于陳高祖受禪拜巴州刺史破三鵶叛蠻於鐵山復從柱國王誼擊走陳寇還衡州總管四州諸軍事改封譙郡公邑二千戶後上幸洛陽召之及引見賜金鈿酒鍾一雙綵五百段良馬十五匹奴婢三百口給鼓吹一部法尚固辭上曰公有大功於國特給鼓吹者欲令公鄉人知朕之寵公也固與之歲餘轉黃州總管

上降密詔使經略江南伺候動靜及伐陳之役以行軍總管隸秦孝王率舟師三萬出于樊口陳城州刺史熊門超出師拒戰擊破之擒超於陳轉鄂州刺史尋遷永州總管安集嶺南賜縑五百段良馬五匹仍給黄州兵三千五百人爲帳內陳桂州刺史錢季卿南康內史柳璿西衡州刺史鄧暠陽山太守毛爽等前後詣法尚降陳定州刺史呂子廓據山洞反法尚引兵踰嶺子廓兵衆日散與千餘人走保巖嶮其左右斬之而降賜綵五百段奴婢五十口并銀甕寶帶良馬十匹十年尋轉桂州總管仍爲嶺南安撫大使後數年入朝以本官宿衞賜綵三百段米五百石絹五百疋未幾桂州人李光仕舉兵作亂令法尚與上柱國王世積討之法尚馳往桂州發嶺南兵世積出岳州徵嶺北兵俱會于尹州光仕來逆戰擊走之世積所部多遇瘴不能進頓于衡州法尚獨討之光仕帥勁兵保白石洞法尚捕得其弟光略光度大獲家口其黨有來降附輒以妻子還之居旬日降者數千人法尚遣兵列陣以當光仕親率奇兵蔽林設伏兩陣始交法尚馳擊其柵柵中人皆走散光仕大潰追斬之賜奴婢百五十口黄

金百五十兩銀百五十斤仁壽中遂州獠叛復以行軍總管討平之嶲州烏蠻叛攻陷州城詔令法尙便道擊之軍將至賊棄州城敗走山谷閒法尙捕不能得於是遣使慰諭假以官號僞班師日行二十里軍再舍潛遣人覘之知其首領盡歸柵聚飲相賀法尙選步騎數千人襲擊破之獲其渠帥數十人虜男女萬餘口賜奴婢百口物三百段蜀馬二十匹軍還檢校潞州事煬帝嗣位轉雲州刺史後三歲轉定襄太守進位金紫光祿大夫時帝幸榆林法尙朝于行宮內史令元壽言於帝曰漢武出塞旌旗千里今御營之外請分爲二十四軍日別遣一軍發相去三十里旗幟相望鉦鼓相聞首尾連注千里不絕此亦出師之盛者也法尙曰不然兵亘千里動閒山川卒有不虞四分五裂腹心有事首尾未知道阻且長難以相救雖是故事此乃取敗之道也帝不懌曰卿意以爲如何法尙曰結爲方陣四面外距六宮及百官家口並住其閒若有變起當頭分抗內引奇兵出外奮擊車爲壁壘重設鉤陳此與據城理亦何異若戰而捷抽騎追奔或戰不利屯營自守臣謂牢固萬全之策也帝曰善因拜左武衞將

軍賜良馬一匹絹三百疋明年黔安夷向思多反殺將軍鹿愿圍太守蕭造法尚與將軍李景分路討之法尚擊思多于清江破之斬首三千級還從討吐谷渾法尚別出松州道逐捕亡散至於清海賜奴婢一百口物二百段馬七十匹出為敦煌太守尋領會寧太守遼東之役以舟師指朝鮮道會楊玄感反與將軍宇文述來護兒等破之以功進右光祿大夫賜物九百段時有齊郡人王薄孟讓等舉兵為盜衆十餘萬保長白山頻戰每挫其銳賜奴婢百口明年復臨滄海在軍疾甚謂長史崔君肅曰吾再臨滄海未能利涉時不我與將辭人世立志不果命也如何言畢而終時年五十九贈武衛大將軍謚曰僖有子六人長子紹基靈壽令少子紹範最知名

李景

李景字道興天水休官人也父超周應戎二州刺史景容貌奇偉膂力過人美鬚髯驍勇善射平齊之役頗有力焉授儀同三司以平尉迥進位開府賜爵平寇縣公邑千五百戶開皇九年以行軍總管從王世積伐陳陷陣有功進位上

開府賜奴婢六十口物千五百段及高智慧等作亂江南復以行軍總管從楊素擊之別平倉嶺還授鄜州刺史十七年遼東之役爲馬軍總管及還配事漢王高祖奇其壯武使袒而觀之曰卿相表當位極人臣尋從史萬歲擊突厥於大斤山別路邀賊大破之後與上明公楊紀送義成公主於突厥至恆安遇突厥來寇時代州總管韓洪爲虜所敗景率所領數百人援之力戰三日殺虜甚衆賜物二千段授韓州刺史以事王故不之官仁壽中檢校代州總管漢王諒作亂并州景發兵拒之諒遣劉暠襲景戰於城東升樓射之無不應弦而倒選壯士擊之斬獲略盡諒復遣嵐州刺史喬鍾葵率勁勇三萬攻之景戰士不過數千加以城池不固爲賊衝擊崩毀相繼景且戰且築士卒皆殊死戰屢挫賊鋒司馬馮孝慈司法參軍呂玉並驍勇善戰儀同三司侯莫陳乂多謀畫工拒守之術景知將士可用其後推誠於此三人無所關預唯在閤持重時出撫循而已月餘朔州總管楊義臣以兵來援合擊大破之先是景府內井中甃上生花如蓮并有龍見時變爲鐵馬甲士又有神人長數丈見於城下其跡長四尺

五寸景問巫對曰此是不祥之物來食人血耳景大怒推出之旬日而兵至死者數萬焉景尋被徵入京進位柱國拜右武衛大將軍賜縑九千匹女樂一部加以珍物景智略非所長而忠直爲時所許帝甚信之擊叛蠻向思多破之賜奴婢八十口明年擊吐谷渾於青海破之進位光祿大夫賜奴婢六十口縑一千匹五年車駕西巡至天水景獻食於帝帝曰公主人也賜坐齊王暕之上至隴川宮帝將大獵景與左武衛大將軍郭衍俱有難言爲人所奏帝大怒令左右搏之竟以坐免歲餘復位與宇文述等參軍選舉明年攻高麗武厲城破之賜爵苑丘侯物一千段八年出渾瀰道九年復出遼東及旋師以景爲殿高麗追兵大至景擊走之賚物三千段進爵滑國公楊玄感之反也朝臣子弟多預焉而景獨無關涉帝曰公誠直天然我之梁棟也賜以美女帝每呼李大將軍而不名其見重如此十二年帝令景營遼東戰具於北平賜御馬一匹名師子驄會幽州賊楊仲緒率衆萬餘人來攻北平景督兵擊破之斬仲緒于時盜賊蜂起道路隔絕景遂召募以備不虞武賁郎將羅藝與景有隙遂誣景將反帝

遣其子慰諭之曰縱人言公闚天闕據京都吾無疑也後爲高開道所圍獨守孤城外無聲援歲餘士卒患脚腫而死者十將六七景撫循之一無離叛遼東軍資多在其所粟帛山積旣逢離亂景無所私焉及帝崩於江都遼西太守鄧暠率兵救之遂歸柳城後將還幽州在道遇賊見害契丹靺鞨素感其恩聞之莫不流涕幽燕人士于今傷惜之有子世謨

慕容三藏

慕容三藏燕人也父紹宗齊尚書左僕射東南道大行臺三藏幼聰明多武略頗有父風仕齊釋褐太尉府參軍事尋遷備身都督武平初襲爵燕郡公邑八百戶其年敗周師於孝水又敗陳師於壽陽轉武衞將軍又敗周師於河陽授武衞大將軍又轉右衞將軍別封范陽縣公食邑千戶周師入鄴也齊後主失守東遁委三藏等留守鄴宮齊之王公以下皆降三藏猶率麾下抗拒周師及齊平武帝引見恩禮甚厚詔曰三藏父子誠節著聞宜加榮秩授開府儀同大將軍其年稽胡叛令三藏討平之開皇元年授吳州刺史九年奉詔持節涼州

道黜陟大使其年嶺南酋長王仲宣反圍廣州詔令柱國襄陽公韋洸爲行軍總管三藏爲副至廣州與賊交戰洸爲流矢所中卒詔令三藏檢校廣州道行軍事十年賊衆四面攻圍三藏固守月餘城中糧少矢盡三藏以爲不可持久遂自率驍銳夜出突圍擊之賊衆敗散廣州獲全以功授大將軍賜奴婢百口加以金銀雜物十二年授廓州刺史州極西界與吐谷渾鄰接姦宄犯法者皆還配彼州流人多有逃逸及三藏至招納綏撫百姓愛悅繈負日至吏民歌頌之高祖聞其能屢有勞問其年當州畜產繁孳獲醍醐奉獻賚物百段十三年州界連雲山響稱萬年者三詔頒郡國仍遣使醮於山所其日景雲浮於上雉閒兎馴壇側使還具以聞上大悅十五年授疊州總管黨項羌時有翻叛三藏隨便討平之部內夷夏咸得安輯仁壽元年改封河內縣男大業元年授知州刺史三年轉任淮南郡太守所在有惠政其年改授金紫光祿大夫大業七年卒三藏從子遐爲澶水丞漢王反抗節不從以誠節聞

薛世雄

薛世雄字世英本河東汾陰人也其先寓居關中父回字道弘仕周官至涇州刺史開皇初封舞陰郡公領曹渠監以年老致事終於家世雄爲兒童時與羣輩遊戲輒畫地爲城郭令諸兒爲攻守之勢有不從令者世雄輒撻之諸兒畏憚莫不齊整其父見而奇之謂人曰此兒當興吾家矣年十七從周武帝平齊以功拜師都督開皇時數有戰功累遷儀同三司右親衞車騎將軍煬帝嗣位番禺夷獠相聚爲亂詔世雄討平之遷右監門郎將從帝征吐谷渾進位通議大夫世雄性廉謹凡所行軍破敵之處秋毫無犯帝由是嘉之帝嘗從容謂羣臣曰我欲舉好人未知諸君識不羣臣咸曰臣等何能測聖心帝曰我欲舉者薛世雄羣臣皆稱善帝復曰世雄廉正節槩有古人之風於是超拜右翊衞將軍歲餘以世雄爲玉門道行軍大將與突厥啓民可汗連兵擊伊吾師次玉門啓民可汗背約兵不至世雄孤軍度磧伊吾初謂隋軍不能至皆不設備及聞世雄兵已度磧大懼請降詣軍門上牛酒世雄遂於漢舊伊吾城東築城號新伊吾留銀青光祿大夫王威以甲卒千餘人戍之而還天子大悅進位正議大

夫賜物二千段遼東之役以世雄爲沃沮道軍將與宇文述同敗績於平壤還次白石山爲賊所圍百餘重四面矢下如雨世雄以羸師爲方陣選勁騎二百先犯之賊稍却因而縱擊遂破之而還所亡失多竟坐免明年帝復征遼東拜右候衛將軍兵指蹋頓道軍至烏骨城會楊玄感作亂班師帝至柳城以世雄爲東北道大使行燕郡太守鎮懷遠于時突厥頗爲寇盜緣邊諸郡多苦之詔世雄發十二郡士馬巡塞而還十年復從帝至遼東還左禦衛大將軍仍領涿郡留守未幾李密逼東都中原騷動詔世雄率幽薊精兵將擊之軍次河間營於郡城南河間諸縣並集兵依世雄大軍爲營欲討竇建德建德將家口逭自選精銳數百夜來襲之先犯河間兵潰奔世雄營時遇雰霧晦冥莫相辨識軍不得成列皆騰柵而走於是大敗世雄與左右數十騎遁入河間城慚恚發病歸於涿郡未幾而卒時年六十三有子萬述萬淑萬鈞萬徹並以驍武知名

王仁恭

王仁恭字元實天水上邽人也祖建周鳳州刺史父猛鄯州刺史仁恭少剛毅

修謹工騎射弱冠州補主簿秦孝王引爲記室轉長道令遷車騎將軍從楊素擊突厥於靈武以功拜上開府賜物三千段以驃騎將軍典蜀王軍事山獠作亂蜀王命仁恭討破之賜奴婢三百口及蜀王以罪廢官屬多罹其患上以仁恭素質直置而不問煬帝嗣位漢王諒舉兵反從楊素擊平之以功進位大將軍拜呂州刺史賜帛四千匹女妓十人歲餘轉衞州刺史尋改爲汲郡太守有能名徵入朝帝呼上殿勞勉之賜雜綵六百段良馬二匹遷信都太守汲郡吏民扣馬號哭於道數日不得出境其得人情如此遼東之役以仁恭爲軍將及帝班師仁恭爲殿遇賊擊走之進授左光祿大夫賜絹六千段馬四十匹明年復以軍將指扶餘道帝謂之曰往者諸軍多不利公獨以一軍破賊古人云敗軍之將不可以言勇諸將其可任乎今委公爲前軍當副所望也賜良馬十匹黃金百兩仁恭遂進軍至新城賊數萬背城結陣仁恭率勁騎一千擊破之賊嬰城拒守仁恭四面攻圍帝聞而大悅遣舍人詣軍勞問賜以珍物進授光祿大夫賜絹五千匹會楊玄感作亂其兄子武賁郎將仲伯預焉仁恭由是坐免

尋而突厥屢爲寇患帝以仁恭宿將頗有戰功詔復本官領馬邑太守其年始畢可汗率騎數萬來寇馬邑復令二特勤將兵南過時郡兵不滿三千仁恭簡精銳逆擊破之其二特勤衆亦潰仁恭縱兵乘之獲數千級斬二特勤帝大悅賜縑三千匹其後突厥復入定襄仁恭率兵四千掩擊斬千餘級大獲六畜而歸于時天下大亂百姓饑餒道路隔絶仁恭頗改舊節受納貨賄又不敢輒開倉廩賑卹百姓其麾下校尉劉武周與仁恭侍婢姦通恐事泄將爲亂每宣言郡中曰父老妻子凍餒塡委溝壑而王府君閉倉不救百姓是何理也以此激怒衆吏民頗怨之其後仁恭正坐廳事武周率其徒數十人大呼而入因害之時年六十武周於是開倉賑給郡內皆從之自稱天子署置百官轉攻傍郡

權武

權武字武拼天水人也祖超魏秦州刺史父襲慶周開府從武元皇帝與齊師戰于并州被圍百餘重襲慶力戰矢盡短兵接戰殺傷甚衆刀稍皆折脫冑擲地向賊大罵曰何不來斫頭也賊遂殺之武以忠臣子起家拜開府襲爵齊郡

公邑千二百戶武少果勁勇力絶人能重甲上馬嘗倒投於井未及泉復躍而出其拳捷如此從王謙破齊服龍等五城增邑八百戶平齊之役攻陷邵州別下六城以功增邑三百戶宣帝時拜勁捷左旅上大夫進位上開府高祖爲丞相引置左右及受禪增邑五百戶後六歲拜淅州刺史伐陳之役以行軍總管從晉王出六合還拜豫州刺史在職數年以創業之舊進位大將軍檢校潭州總管其年桂州人李世賢作亂武以行軍總管與武候大將軍虞慶則擊平之慶則以罪誅功竟不錄復還于州多造金帶遺嶺南酋領其人復答以寶物武皆納之由是致富後武晚生一子與親客宴集酒酣遂擅赦所部內獄囚武常以南越邊遠治從其俗務適便宜不依律令而每言當今法急官不可爲上令有司案其事皆驗上大怒命斬之武於獄中上書言其父爲武元皇帝戰死於馬前以此求哀由是除名爲民仁壽中復拜大將軍封邑如舊未幾授太子右衞率煬帝卽位拜右武衞大將軍坐事免授桂州刺史俄轉始安太守久之徵拜右屯衞大將軍尋坐事除名卒于家有子弘

吐萬緒

吐萬緒字長緒代郡鮮卑人也父通周郢州刺史緒少有武略在周起家撫軍將軍襲爵元壽縣公數從征伐累遷大將軍少司武高祖受禪拜襄州總管進封穀城郡公邑二千五百戸尋轉青州總管頗有治名歲餘突厥寇邊朝廷以緒有威略徙爲朔州總管甚爲北夷所憚其後高祖潛有吞陳之志轉徐州總管令修戰具及大舉濟江以緒領行軍總管與西河公紇豆陵洪景屯兵江北及陳平拜夏州總管晉王廣之在藩也頗見親遇及爲太子引爲左虞侯率煬帝嗣位漢王諒時鎮幷州帝恐其爲變拜緒晉絳二州刺史馳傳之官緒未出關諒已遣兵據蒲坂斷河橋緒不得進詔緒率兵從楊素擊破之拜左武候將軍大業初轉光祿卿賀若弼之遇讒也引緒爲證緒明其無罪由是免官歲餘守東平太守未幾帝幸江都路經其境迎謁道傍帝命升龍舟緒因頓首陳謝往事帝大悅拜金紫光祿大夫太守如故遼東之役請爲先鋒帝嘉之拜左屯衞大將軍率馬步數萬指蓋馬道及班師留鎮懷遠進位左光祿大夫時劉元

進作亂江南以兵攻潤州帝徵緒討之緒率衆至楊子津元進自茅浦將度江緒勒兵擊走緒因濟江背水爲柵明旦元進來攻又大挫之賊解潤州圍而去緒進屯曲阿元進復結柵拒緒挑之元進出戰陣未整緒以騎突之賊衆遂潰赴江水而死者數萬元進挺身夜遁歸保其壘僞署僕射朱燮管崇等屯於毗陵連營百餘里緒乘勢進擊復破之賊退保黃山緒進軍圍之賊窮蹙請降元進朱燮僅以身免於陣斬管崇及其將軍陸顗等五千餘人收其子女二萬餘口送江都宮進解會稽圍元進復據建安帝令進討之緒以士卒疲敝請息甲待至來春帝不悅密令求緒罪失有司奏緒怯懦違詔於是除名爲民配防建安尋有詔徵詣行在所緒鬱鬱不得志還至永嘉發疾而卒

董純

董純字德厚隴西成紀人也祖和魏太子左衞率父昇周柱國純少有膂力便弓馬在周仕歷司御上士典馭下大夫封固始縣男邑二百戶從武帝平齊以功拜儀同進爵大興縣侯增邑通前八百戶高祖受禪進爵漢曲縣公累遷驃

騎將軍後以軍功進位上開府開皇末以勞舊擢拜左衛將軍尋改封順政縣公漢王諒作亂幷州以純爲行軍總管河北道安撫副使從楊素擊平之以功拜柱國進爵爲郡公增邑二千戸轉左備身將軍賜女妓十人縑綵五千匹數年轉左驍衛將軍彭城留守齊王暕之得罪也純坐與交通帝庭譴之曰汝階緣宿衞以至大官何乃附傍吾兒欲相離間也純曰臣本微賤下才過蒙奬擢先帝察臣小心寵踰涯分陛下重加收採位至將軍欲竭餘年報國恩耳比數至齊王者徒以先帝先后往在仁壽宮置元德太子及齊王於膝上謂臣曰汝好看此二兒勿忘吾言也臣奉詔之後每於休暇出入未嘗不詣王所臣謂不敢忘先帝之言于時陛下亦侍先帝之側帝改容曰誠有斯旨於是捨之後數日出爲汶山太守歲餘突厥寇邊朝廷以純宿將轉爲榆林太守虜有至境純輒擊却之會彭城賊帥張大彪宗世模等衆至數萬保懸薄山寇掠徐兗帝令純討之純初閉營不與戰賊屢挑之不出賊以純爲怯不設備縱兵大掠純選精銳擊之合戰於昌慮大破之斬首萬餘級築爲京觀賊魏麒麟衆萬餘人據

單父純進擊又破之及帝重征遼東復以純爲彭城留守東海賊彭孝才衆數千掠懷仁縣轉入沂水保五不及山純以精兵擊之擒孝才於陣車裂之餘黨各散時百姓思亂盜賊日益純雖頻戰克捷所在蜂起有人譖純怯懦不能平賊帝大怒遣使鎖純詣東郡有司見帝怒甚遂希旨致純死罪竟伏誅

趙才

趙才字孝才張掖酒泉人也祖隗魏銀青光祿大夫樂浪太守父壽周順政太守才少驍武便弓馬性粗悍無威儀周世爲輿正上士高祖受禪屢以軍功遷上儀同三司配事晉王及王爲太子拜右虞候率煬帝卽位轉左備身驃騎後遷右驍衞將軍帝以才藩邸舊臣漸見親待才亦恪勤匪懈所在有聲歲餘轉右候衞將軍從征吐谷渾以爲行軍總管率衞尉卿劉權兵部侍郎明雅等出合河道與賊相遇擊破之以功進位金紫光祿大夫及遼東之役再出碣石道還授左候衞將軍俄遷右候衞大將軍時帝每有巡幸才恆爲斥候肅遏姦非無所迴避在塗遇公卿妻子有違禁者才輒醜言大罵多所援及時人雖患其

不遜然才守正無如之何十年駕幸汾陽宮以才留守東都十二年帝在洛陽將幸江都才見四海土崩恐爲社稷之患自以荷恩深重無容坐看亡敗於是入諫曰今百姓疲勞府藏空竭盜賊蜂起禁令不行願陛下還京師安兆庶臣雖愚蔽敢以死請帝大怒以才屬吏旬日帝意頗解乃令出之帝遂幸江都待遇踰暱時江都糧盡將士離心內史侍郎虞世基祕書監袁充等多勸帝幸丹陽帝廷議其事才極陳入京之策世基盛言度江之便常默然無言才與世基相忿而出宇文化及弑逆之際才時在苑北化及遣驍果席德方矯詔追之才聞詔而出德方命其徒執之以詣化及化及謂才曰今日之事秖得如此幸勿爲懷才嘿然不對化及忿才無言將殺之三日乃釋以本官從事鬱鬱不得志才嘗對化及宴飲請勸其同謀逆者一十八人楊士覽等酒化及許之才執杯曰十八人止可一度作勿復餘處更爲諸人默然不對行至聊城遇疾俄而化及爲竇建德所破才復見虜心彌不平數日而卒時年七十三仁壽大業間有蘭興浴賀蘭蕃俱爲武候將軍剛嚴正直不避強禦咸以稱職知名

史臣曰羅睺法尚李景世雄慕容三藏並以驍武之姿當有事之日致茲富貴自取之也仁恭初在汲郡以清能顯達後居馬邑以貪怯敗亡鮮克有終惜矣吐萬緒董純各以立效當年取斯高秩緒請息兵見責純遭譖毀被誅大業之季盜可盡乎淫刑暴逞能不及焉趙才雖人而無儀志在強直固拒世基之議可謂不苟同矣權武素無行檢不拘刑憲終取黜辱宜哉

隋書卷六十五

隋書卷六十五考證

慕容三藏傳百姓愛悅繈負日至○按前漢食貨志臧繈千萬作繈注錢貫也論語襁負其子而至矣作襁博物志襁褓負兒衣織縷爲之廣八尺長二尺以約小兒於背李奇曰絡也又史記衛將軍傳青子在繈褓中葢繦與襁通

隋書卷六十五考證

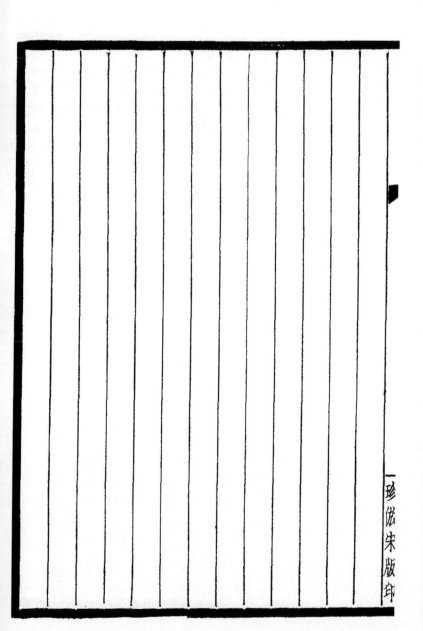

唐 特 進 臣 魏 徵 上

列傳第三十一

李諤

李諤字士恢趙郡人也好學解屬文仕齊爲中書舍人有口辯每接對陳使周武帝平齊拜天官都上士諤見高祖有奇表深自結納及高祖爲丞相甚見親待訪以得失于時兵革屢動國用虛耗諤上重穀論以諷焉高祖深納之及受禪歷比部考功二曹侍郎賜爵南和伯諤性公方明達世務爲時論所推遷治書侍御史上謂羣臣曰朕昔爲大司馬每求外職李諤陳十二策苦勸不許朕遂決意在內今此事業諤之力也賜物二千段諤見禮教凋敝公卿薨亡其愛妾侍婢子孫輒嫁賣之遂成風俗諤上書曰臣聞追遠慎終民德歸厚三年無改方稱爲孝如聞朝臣之內有父祖亡沒日月未久子孫無賴便分其妓妾嫁賣取財有一於茲實損風化妾雖微賤親承衣履服斬三年古今通式豈容遽

褫衰絰強傳鉛華泣辭靈几之前送付佗人之室凡在見者猶致傷心況乎人
子能堪斯忍復有朝廷重臣位望通貴平生交舊情若弟兄及其亡沒杳同行
路朝聞其死夕規其妾方便求娉以得為限無廉恥之心棄友朋之義且居家
理治可移於官既不正私何能贊務上覽而嘉之五品以上妻妾不得改醮始
於此也諤又以屬文之家體尚輕薄遞相師效流宕忘反於是上書曰臣聞古
先哲王之化民也必變其視聽防其嗜欲塞其邪放之心示以淳和之路五教
六行為訓民之本詩書禮易為道義之門故能家復孝慈人知禮讓正俗調風
莫大於此其有上書獻賦制誄鐫銘皆以褒德序賢明勳證理苟非懲勸義不
徒然降及後代風教漸落魏之三祖更尚文詞忽君人之大道好雕蟲之小藝
下之從上有同影響競騁文華遂成風俗江左齊梁其弊彌甚貴賤賢愚唯務
吟詠遂復遺理存異尋虛逐微競一韻之奇爭一字之巧連篇累牘不出月露
之形積案盈箱唯是風雲之狀世俗以此相高朝廷據茲擢士祿利之路既開
愛尚之情愈篤於是閭里童昏貴遊總丱未窺六甲先製五言至如羲皇舜禹

之典伊傅周孔之說不復關心何嘗入耳以傲誕爲清虛以緣情爲勳績指儒素爲古拙用詞賦爲君子故文筆日繁其政日亂良由棄大聖之軌模搆無用以爲用也損本逐末流徧華壤遞相師祖久而愈扇及大隋受命聖道聿興屏出輕浮遏止華僞自非懷經抱質志道依仁不得引預搢紳參廁纓冕開皇四年普詔天下公私文翰並宜實錄其年九月泗州刺史司馬幼之文表華豔付所司治罪自是公卿大臣咸知正路莫不鑽仰墳集棄絶華綺擇先王之令典行大道於茲世如聞外州遠縣仍踵敝風選吏舉人未遵典則至有宗黨稱孝鄉曲歸仁學必典謨交不苟合則擯落私門不加收齒其學不稽古逐俗隨時作輕薄之篇章結朋黨而求譽則選充吏職舉送天朝蓋由縣令刺史未行風教猶挾私情不存公道臣既忝憲司職當糾察若聞風即劾恐挂網者多請勒諸司普加搜訪有如此者具狀送臺諤又以當官者好自矜伐復上奏曰臣聞舜戒禹云汝惟不矜天下莫與汝爭能汝惟不伐天下莫與汝爭功言偃又云事君數斯辱矣朋友數斯疏矣此皆先哲之格言後王之軌轍然則人臣之道

陳力濟時雖勤比大禹功如師望亦不得厚自矜伐上要君父況復功無足紀勤不補過而敢自陳勳績輕干聽覽世之喪道極於周代下無廉恥上使之然用人唯信其口取士不觀其行矜誇自大便以幹濟蒙擢謙恭靜退多以恬嘿見遺是以通表陳誠先論己之功狀承顏敷奏亦道臣最用心自衒自媒都無慚恥之色強干橫請唯以乾沒爲能自隋受命此風頓改耕夫販婦無不革心況乃大臣仍遵敝俗如聞刺史入京朝覲乃有自陳勾檢之功諠訴階墀之側言辭不遜高自稱譽上黷冕旒特爲難恕凡如此輩具狀送臺明加罪黜以懲風軌上以譔前後所奏頒示天下四海靡然向風深革其弊譔在職數年務存大體不尚嚴猛由是無剛謇之譽而潛有匡正多矣邳公蘇威以臨道店舍乃求利之徒事業汙雜非敦本之義遂奏高祖約遣歸農有願依舊者所在州縣錄附市籍仍撤毀舊店並令遠道限以時日正值冬寒莫敢陳訴譔因別使見其如此以爲四民有業各附所安逆旅之與旗亭自古非同一槩即附市籍於理不可且行旅之所依託豈容一朝而廢徒爲勞擾於事非宜遂專決之並令

依舊使還詣闕然後奏聞高祖善之曰體國之臣當如此矣以年老出拜通州刺史甚有惠政民夷悅服後三歲卒官有子四人大體大鈞並官至尚書郎世子大方襲爵最有材品大業初判內史舍人帝方欲任之遇卒

鮑宏

鮑宏字潤身東海郯人也父機以才學知名事梁官至治書侍御史宏七歲而孤爲兄泉之所愛育年十二能屬文嘗和湘東王繹詩繹嗟賞不已引爲中記室遷鎭南府諮議尚書水部郎轉通直散騎侍郎江陵既平歸于周明帝甚禮之引爲麟趾殿學士累遷遂伯下大夫與杜子暉聘于陳謀伐齊也陳遂出兵江北以侵齊帝嘗同宏取齊之策宏對云我強齊弱勢不相侔齊主昵近小人政刑日紊至尊仁惠慈恕法令嚴明事等建瓴何憂不剋但先皇往日出師雒陽彼有其備每不剋捷如臣計者進兵汾潞直掩晉陽出其不虞以爲上策帝從之及定山東除少御正賜爵平遙縣伯邑六百戶加上儀同高祖作相奉使山南會王謙舉兵於蜀路次潼州爲謙將達奚惎所執逼送成都竟不屈節謙

敗之後馳傳入京高祖嘉之賜以金帶及受禪加開府除利州刺史進爵爲公轉邛州刺史秩滿還京時有尉義臣者其父崇不從尉迥後復與突厥戰死上嘉之將賜姓爲金氏訪及羣下宏對曰昔項伯不同項羽漢高賜姓劉氏秦真父能死難魏武賜姓曹氏如臣愚見請賜以皇族高祖曰善因賜義臣姓爲楊氏後授均州刺史以目疾免卒於家時年九十六初周武帝勑宏修皇室譜一部分爲帝緒疏屬賜姓三篇有集十卷行於世

裴政

裴政字德表河東聞喜人也高祖壽孫從宋武帝徙家于壽陽歷前軍長史廬江太守祖邃梁侍中左衞將軍豫州大都督父之禮廷尉卿政幼明敏博聞強記達於時政爲當時所稱年十五辟邵陵王府法曹參軍事轉起部郎枝江令湘東王之臨荊州也召爲宣惠府記室尋除通直散騎侍郎侯景作亂加壯武將軍帥師隨建寧侯王琳進討之擒賊率宋子仙獻于荊州及平侯景先鋒入建鄴以軍功連最封夷陵侯徵授給事黃門侍郎復帥師副王琳拒蕭紀破之

於硤口加平越中郎將鎮南府長史及周師圍荊州琳自桂州來赴難次于長沙政請從間道先報元帝至百里洲爲周人所獲蕭詧謂政曰我武皇帝之孫也不可爲爾君乎爾亦何煩殉身於七父若從我計則貴及子孫如或不然分腰領矣政詭曰唯命詧鏁之送至城下使謂元帝曰王僧辯聞臺城被圍已自爲帝王琳孤弱不復能來政許之既而告城中曰援兵大至各思自勉吾以閒使被擒當以碎身報國監者擊其口終不易辭詧怒命趣行戮蔡大業諫曰此民望也若殺之則荊州不可下矣因得釋會江陵陷與城中朝士俱送于京師周文帝聞其忠授員外散騎侍郎引事相府命與盧辯依周禮建六卿設公卿大夫士并撰次朝儀車服器用多遵古禮革漢魏之法事並施行尋授刑部下大夫轉少司憲政明習故事又參定周律能飲酒至數斗不亂簿案盈几剖決如流用法寬平無有冤濫囚徒犯極刑者乃許其妻子入獄就之至冬將行決皆曰裴大夫致我於死死無所恨其處法詳平如此又善鍾律嘗與長孫紹遠論樂語在音律志宣帝時以忤旨免職高祖攝政召復本官開皇元年轉率更

令加位上儀同三司詔與蘇威等修定律令政採魏晉刑典下至齊梁沿革輕
重取其折衷同撰著者十有餘人凡疑滯不通皆取決於政進位散騎常侍轉
左庶子多所匡正見稱純慤東宮凡有大事皆以委之右庶子劉榮性甚專固
時武職交番通事舍人趙元愷作辭見帳未及成太子有旨再三催促榮語元
愷云但爾口奏不須造帳及奏太子問曰名帳安在元愷曰稟承劉榮不聽造
帳太子卽以詰榮榮便拒諱云無此語太子付政推問未及奏狀有附榮者先
言於太子曰政欲陷榮推事不實太子召責之政奏曰凡推事有兩一察情一
據證審其曲直以定是非臣察劉榮位高任重縱令實語元愷蓋是纖介之愆
計理而論不須隱諱又察元愷受制於榮豈敢以無端之言妄相點累二人之
情理正相似元愷引左衞率崔蒨等爲證蒨等款狀悉與元愷符同察情既敵
須以證定臣謂榮語元愷事必非虛太子亦不罪榮而稱政平直政好面折人
短而退無後言時雲定與數入侍太子爲奇服異器進奉後宮又緣女寵來往
無節政數切諫太子不納政因謂定與曰公所爲者不合禮度又元妃暴薨道

路籍籍此於太子非令名也願公自引退不然將及禍定與怒以告太子太子
銜疎政由是出爲襄州總管妻子不之官所受秩奉散給僚吏民有犯罪者陰
悉知之或竟歲不發至再三犯乃因都會時於獄中召出親案其罪五人處死
流徙者甚衆合境惶懾令行禁止小民蘇息稱爲神明爾後不修囹圄殆無爭
訟卒官年八十九著承聖降錄十卷及太子廢高祖追憶之曰向遣裴政劉行
本在共匡弼之猶應不令至此子南金仕至膳部郎

柳莊

柳莊字思敬河東解人也祖季遠梁司徒從事中郎父遐霍州刺史莊少有遠
量博覽墳籍兼善辭令濟陽蔡大寶有重名於江左時爲岳陽王蕭詧諮議見
莊便歎曰襄陽水鏡復在於茲矣大寶遂以女妻之俄而詧辟爲參軍轉法曹
及詧稱帝還署中書舍人歷給事黃門侍郎吏部郎中鴻臚卿及高祖輔政蕭
巋令莊奉書入關時三方構難高祖懼巋有異志及莊還謂莊曰孤昔以開府
從役江陵深蒙梁主殊眷今主幼時艱猥蒙顧託中夜自省實懷慙懼梁主奕

業重光委誠朝廷而今已後方見松筠之節君還本國幸申孤此意於梁主也
遂執莊手而別時梁之將帥咸潛請興師與尉迥等爲連衡之勢進可以盡節
於周氏退可以席卷山南唯巋疑爲不可會莊至自長安具申高祖結託之意
遂言於巋曰昔袁紹劉表王淩諸葛誕之徒並一時之雄傑也及據要害之地
擁哮闞之羣功業莫建而禍不旋踵者良由魏武晉氏挾天子保京都仗大義
以爲名故能取威定霸今尉迥雖曰舊將昏耄已甚消難王謙常人之下者非
有匡合之才況山東庸蜀從化日近周室之恩未洽在朝將相多爲身計競効
節於楊氏以臣料之迥等終當覆滅隋公必移周國未若保境息民以觀其變
巋深以爲然衆議遂止未幾消難奔陳迥及謙相次就戮巋謂莊曰近者若從
衆人之言社稷已不守矣高祖踐阼莊又入朝高祖深慰勉之及爲晉王廣納
妃于梁莊因是往來四五反前後賜物數千段蕭琮嗣位遷太府卿及梁國廢
授開府儀同三司尋除給事黃門侍郎幷賜以田宅莊明習舊章雅達政事凡
所駁正帝莫不稱善蘇威爲納言重莊器識常奏帝云江南人有學業者多不

習世務習世務者又無學業能兼之者不過於柳莊高熲亦與莊甚厚莊與陳茂同官不能降意茂見上及朝臣多屬意於莊心每不平常謂莊爲輕己帝與茂有舊曲被引召數陳莊短經歷數載譖愬頗行尚書省嘗奏犯罪人依法合流而上處以大辟莊奏曰臣聞張釋之有言法者天子所與天下共也今法如是更重之是法不信於民心方今海內無事正是示信之時伏願陛下思釋之之言則天下幸甚帝不從由是忤旨俄屬尚藥進丸藥不稱旨茂因密奏莊不親監臨帝遂怒十一年徐璒等反於江南以行軍總管長史隨軍討之璒平即授饒州刺史甚有治名後數載卒官年六十二

源師

源師字踐言河南雒陽人也父文宗有重名於齊開皇初終於莒州刺史師早有聲望起家司空府參軍事稍遷尚書左外兵郎中又攝祠部後屬孟夏以龍見請雩時高阿那肱爲相謂眞龍出見大驚喜問龍所在師整容報曰此是龍星初見依禮當雩祭郊壇非謂眞龍別有所降阿那肱忿然作色曰何乃干知

星宿祭竟不行師出而竊歎曰國家大事在祀與戎禮既廢也何能久乎齊亡無日矣七年周武帝平齊授司賦上士高祖受禪除魏州刺史入爲尚書考功侍郎仍攝吏部朝章國憲多所參定十七年歷尚書左右丞以明幹著稱時蜀王秀頗違法度乃以師爲益州總管司馬俄而秀被徵秀恐京師有變將謝病不行師數勸之不可違命秀作色曰此自我家事何預卿也師垂涕對曰師荷國厚恩忝參府幕僚吏之節敢不盡心但比年以來國家多故秦孝王寢疾奄至薨殂庶人二十年太子相次淪廢聖上之情何以堪處而有勅追王已淹時月今乃遷延未去百姓不識王心儻生異議內外疑駭發雷霆之詔降一介之使王何以自明願王自計之秀乃從徵秀廢之後益州官屬多相連坐師以此獲免後加儀同三司煬帝卽位拜大理少卿帝在顯仁宮勅宮外衞士不得輒離所守有一主帥私令衞士出外帝付大理繩之師據律奏徒帝令斬之師奏曰此人罪誠難恕若陛下初便殺之自可不關文墨既付有司義歸恆典脫宿衞近侍者更有此犯將何以加之帝乃止轉刑部侍郎師居職強明有口辯而

無廉平之稱未幾卒官有子崑玉

郎茂

郎茂字蔚之恆山新市人也父基齊潁川太守茂少敏慧七歲誦騷雅日千餘言十五師事國子博士河間權會受詩易三禮及玄象刑名之學又就國子助教長樂張率禮受三傳羣言至忘寢食家人恐茂成病恆節其燈燭及長稱爲學者頗解屬文年十九丁父憂居喪過禮仕齊解褐司空府行參軍會陳使傅縡來聘令茂接對之後奉詔於祕書省刊定載籍遷保城令有能名百姓爲立清德頌及周武平齊上柱國王誼薦之授陳州戶曹屬高祖爲亳州總管見而悅之命掌書記時周武帝爲象經高祖從容謂茂曰人主之所爲也感天地動鬼神而象經多糺法將何以致治茂竊歎曰此言豈常人所及也乃陰自結納高祖亦親禮之後還家爲州主簿高祖爲丞相以書召之言及疇昔甚歡授衞州司錄有能名尋除衞國令時有繫囚二百茂親自究審數日釋免者百餘人歷年辭訟不詣州省魏州刺史元暉謂茂曰長史言衞國民不敢申訴者畏明

府耳茂進曰民猶水也法令爲隄防隄防不固必致奔突苟無決溢使君何患
哉暉無以應之有民張元預與從父弟思蘭不睦丞尉請加嚴法茂曰元預兄
弟本相憎疾又坐得罪彌益其忿非化民之意也於是遣縣中耆舊更往敦諭
道路不絶元預等各生感悔詣縣頓首請罪茂曉之以義遂相親睦稱爲友悌
茂自延州長史轉太常丞遷民部侍郎時尙書右僕射蘇威立條章每歲責民
間五品不遜或答者乃云管內無五品之家不相應領類多如此又爲餘糧簿
擬有無相贍茂以爲繁紆不急皆奏罷之數歲以母憂去職未期起令視事又
奏身死王事者子不退田品官年老不減地皆發於茂茂性明敏剖決無滯當
時以吏幹見稱仁壽初以本官領大興令煬帝卽位遷雍州司馬尋轉太常少
卿後二歲拜尙書左丞參掌選事茂工法理爲世所稱時工部尙書宇文愷右
翊衞大將軍于仲文競河東銀窟茂奏劾之曰臣聞貴賤殊禮士農異業所以
人知局分家識廉恥宇文愷位望已隆祿賜優厚拔葵去織寂爾無聞求利下
交曾無愧色宇仲文大將宿衞近臣趨侍階庭朝夕聞道虞芮之風抑而不慕

分銖之利知而必爭何以貽範庶寮示民軌物若不糾繩將虧政教愷與仲文竟坐得罪茂撰州郡圖經一百卷奏之賜帛三百段以書付祕府于時帝每巡幸王綱已紊法令多失茂既先朝舊臣明習世事然善自謀身無謇諤之節見帝忌刻不敢措言唯竊歎而已以年老上表乞骸骨不許會帝親征遼東以茂爲晉陽宮留守其年恆山贊治王文同與茂有隙奏茂朋黨附下罔上詔遣納言蘇威御史大夫裴蘊雜治之茂素與二人不平因深文巧詆成其罪狀帝大怒及其弟司隸別駕楚之皆除名爲民徙且末郡茂怡然受命不以爲憂在途作登壠賦以自慰詞義可觀復附表自陳帝頗悟十年追還京兆歲餘而卒時年七十五有子知年

高構

高構字孝基北海人也性滑稽多智辯給過人好讀書工吏事弱冠州補主簿仕齊河南王參軍事歷徐州司馬蘭陵平原二郡太守齊滅後周武帝以爲許州司馬高祖受禪轉冀州司馬甚有能名徵拜比部侍郎尋轉民部時內史侍

郎晉平東與兄子長茂爭嫡尚書省不能斷朝臣三議不決構斷而合理上以爲能召入內殿勞之曰我聞尚書郎上應列宿觀卿才識方知古人之言信矣嫡庶者禮教之所重我讀卿判數徧詞理愜當意所不能及賜米百石由是知名尋遷雍州司馬以明斷見稱歲餘轉吏部侍郎號爲稱職復徙雍州司馬坐事左轉盩厔令甚有治名上善之復拜雍州司馬又爲吏部侍郎以公事免煬帝立召令復位時爲吏部者多以不稱職去官唯構最有能名前後典選之官皆出其下時人以構好劇談頗謂輕薄然其內懷方雅特爲吏部尚書牛弘所重後以老病解職弘時典選凡將有所擢用輒遣人就第問其可不河東薛道衡才高當世每稱構有清鑒所爲文筆必先以草呈構而後出之構有所詆訶道衡未嘗不嗟伏大業七年終于家時年七十二所舉杜如晦房玄齡等後皆自致公輔論者稱構有知人之鑒開元中昌黎豆盧實爲黃門侍郎稱爲愼密河東裴術爲右丞多所糾正河內士燮平原東方舉安定皇甫聿道俱爲刑部並執法平允弘農劉士龍清河房山基爲考功河東裴鏡民爲兵部並稱明幹

京兆韋焜爲民曹屢進讜言南陽韓則爲延州長史甚有惠政此等事行遺闕皆有吏幹爲當時所稱

張虔威

張虔威字元敬清河東武城人也父晏之齊北徐州刺史虔威性聰敏涉獵羣書其世父喬之謂人曰虔威吾家千里駒也年十二州補主簿十八爲太尉中兵參軍後累遷太常丞及齊亡仕周爲宣納中士高祖得政引爲相府典籤開皇初晉王廣出鎭幷州盛選僚佐以虔威爲刑獄參軍累遷爲屬王甚美其才與河內張衡俱見禮重晉邸稱爲二張焉及王爲太子遷員外散騎侍郎太子內舍人煬帝即位授內史舍人儀同三司尋以藩邸之舊加開府尋拜謁者大夫從幸江都以本官攝江都贊治稱爲幹理虔威嘗在塗見一遺囊恐其主求失因令左右負之而行後數日物主來認悉以付之淮南太守楊綝嘗與十餘人同來謁見帝問虔威曰其首立者爲誰虔威下殿就視而答曰淮南太守楊綝帝謂虔威曰卿爲謁者大夫而乃不識參見人何也虔威對曰臣非不識楊

綝但慮不審所以不敢輕對石建數馬足蓋愼之至也帝甚嘉之其廉愼皆此類也于時帝數巡幸百姓疲敝虔威因上封事以諫帝不悅自此見疎未幾卒官有子爽任至蘭陵令虔威弟虔雄亦有才器秦孝王俊爲秦州總管選爲法曹參軍王嘗親案囚徒虔雄誤不持狀口對百餘人皆盡事情同輩莫不歎服後歷壽春陽城二縣令俱有治績

榮毗 兄建緒

榮毗字子諶北平無終人也父權魏兵部尚書毗少剛鯁有局量涉獵羣言仕周釋褐漢王記室轉內史下士開皇中累遷殿內監時以華陰多盜賊妙選長吏楊素薦毗爲華州長史世號爲能素之田宅多在華陰左右放縱毗以法繩之無所寬貸毗因朝集素謂之曰素之舉卿適以自罰也毗答曰奉法一心者但恐累公所舉素笑曰前者戲耳卿之奉法素之望也時晉王在揚州每令人密覘京師消息遣張衡於路次往往置馬坊以畜牧爲辭實給私人也州縣莫敢違毗獨遏絕其事上聞而嘉之賚絹百匹轉蒲州司馬漢王諒之反也河東

豪傑以城應諒刺史丘和覺遁歸關中長史渤海高義明謂毗曰河東要害國之東門若失之則爲難不細城中雖復恟恟非悉反也但收桀黠者十餘人斬之自當立定耳毗然之義明馳馬追和將與協計至城西門爲反者所殺毗亦被執及諒平拜治書侍御史帝謂之曰今日之舉馬坊之事也無改汝心帝亦敬之毗在朝侃然正色爲百寮所憚後以母憂去職歲餘起令視事尋卒官贈鴻臚少卿毗兄建緒性甚亮直兼有學業仕周爲載師下大夫儀同三司及平齊之始留鎮鄴城因著齊紀三十卷建緒與高祖有舊及爲丞相加位開府拜息州刺史將之官時高祖陰有禪代之計因謂建緒曰且躊躇當共取富貴建緒自以周之大夫因義形於色曰明公此旨非僕所聞高祖不悅建緒遂行開皇初來朝上謂之曰卿亦悔不建緒稽首曰臣位非徐廣情類楊彪上笑曰朕雖不解書語亦知卿此言不遜也歷始洪二州刺史俱有能名

陸知命

陸知命字仲通吳郡富春人也父敖陳散騎常侍知命性好學通識大體以貞

介自持釋褐陳始興王行參軍後歷太學博士南獄正及陳滅歸于家會高智慧等作亂于江左晉王廣鎮江都以其三吳之望召令諷諭反者知命說下賊十七城得其渠帥陳正緒蕭思行等三百餘人以功拜儀同三司賜以田宅復用其弟恪爲汧陽令知命以恪非百里才上表陳讓朝廷許之時見天下一統知命勸高祖都洛陽因上太平頌以諷焉文多不載數年不得調詣朝堂上表請使高麗曰臣聞聖人當扆物色匑蕘匹夫奔踶或陳狂瞽伏願蹔輟旒纊覽臣所謁昔軒轅馭曆旣緩夙沙之誅虞舜握圖猶稽有苗之伐陛下當百代之末膺千載之期四海廓清三邊底定唯高麗小豎狼顧燕垂王度含弘每懷遵養者良由惡殺好生欲諭之以德也臣請以一節宣示皇風使彼君臣面縛闕下書奏天子異之歲餘授普寧鎮將人或言其正直者由是待詔於御史臺煬帝嗣位拜治書侍御史侃然正色爲百寮所憚帝甚敬之後坐事免歲餘復職時齊王暕頗驕縱暱近小人知命奏劾之暕竟得罪百寮震慄遼東之役爲東暆道受降使者卒於師時年六十七贈御史大夫

房彥謙

房彥謙字孝沖本清河人也七世祖諶仕燕太尉掾隨慕容氏遷于齊子孫因家焉世爲燕姓高祖法壽魏青冀二州刺史壯武侯曾祖伯祖齊郡平原二郡太守祖翼宋安太守並世襲爵壯武侯父熊釋褐州主簿行清河廣川二郡守彥謙早孤不識父爲母兄之所鞠養長兄彥雅雅有清鑒以彥謙天性穎悟每奇之親教讀書年七歲誦數萬言爲宗黨所異十五出後叔父子貞事所繼母有踰本生子貞哀之撫養甚厚後丁所繼母憂勺飲不入口者五日事伯父樂陵太守豹竭盡心力每四時珍果口弗先嘗遇期服之戚必蔬食終禮宗從取則焉其後受學于博士尹琳手不釋卷遂通涉五經解屬文工草隸雅有詞辯風槩高人年十八屬廣寧王孝珩爲齊州刺史辟爲主簿時禁網疎闊州郡之職尤多縱弛及彥謙在職清簡守法州境肅然莫不敬憚及周師入鄴齊主東奔以彥謙爲齊州治中彥謙痛本朝傾覆將糾率忠義潛謀匡輔事不果而止齊亡歸于家周帝遣柱國辛遵爲齊州刺史爲賊帥輔帶劍所執彥謙以書諭

之帶劍慚懼送遵還州諸賊並各歸首及高祖受禪之後遂優遊鄉曲誓無仕
心開皇七年刺史韋藝固薦之不得已而應命吏部尚書盧愷一見重之擢授
承奉郎俄遷監察御史後屬陳平奉詔安撫泉括等十州以銜命稱旨賜物百
段米百石衣一襲奴婢七口遷秦州總管錄事參軍嘗因朝集時左僕射高熲
定考課彥謙謂熲曰書稱三載考績黜陟幽明唐虞以降代有其法黜陟合理
褒貶無虧便是進必得賢退皆不肖如或舛謬法乃虛設比見諸州考校執見
不同進退多少參差不類況復愛憎肆意致乖平坦清介孤直未必高名卑諂
巧宦翻居上等直爲真僞混淆是非瞀亂宰貴既不精練斟酌取捨曾經驅使
者多以蒙識獲成未歷臺省者皆爲不知被退又四方懸遠難可詳悉唯量準
人數半破半成徒計官員之少多莫顧善惡之衆寡欲求允當其道無由明公
鑒達幽微平心遇物今所考校必無阿枉脫有前件數事未審何以裁之唯願
遠布耳目精加採訪褒秋毫之善貶纖介之惡非直有光至治亦足標奬賢能
詞氣侃然觀者屬目熲爲之動容深見嗟賞因歷問河西隴右官人景行彥謙

對之如響頻顧謂諸州總管刺史曰與公言不如獨與秦州考使語後數日頻言於上上弗能用以秩滿遷長葛令甚有惠化百姓號爲慈父仁壽中上令持節使者巡行州縣察長吏能不以彥謙爲天下第一超授鄀州司馬吏民號哭相謂曰房明府今去吾屬何用生爲其後百姓思之立碑頌德鄀州久無刺史州務皆歸彥謙名有異政內史侍郎薛道衡一代文宗位望清顯所與交結皆海內名賢重彥謙爲人深加友敬及兼襄州總管辭翰往來交錯道路煬帝嗣位道衡轉牧番州路經彥謙所留連數日屑涕而別黃門侍郎張衡亦與彥謙相善于時帝營東都窮極侈麗天下失望又漢王構逆罹罪者多彥謙見衡當塗而不能匡救以書諭之曰竊聞賞者所以勸善刑者所以懲惡故疏賤之人有善必賞尊貴之戚犯惡必刑未有罰則避親賞則遺賤者也今諸州刺史受委宰牧善惡之間上達本朝懾憚憲章不敢怠慢國家祗承靈命作民父母刑賞曲直升聞于天寅畏照臨亦宜謹肅故文王云我其夙夜畏天之威以此而論雖州國有殊高下懸邈然憂民愼法其理一也至如并州釁逆須有甄明若

楊諒實以詔命不通慮宗社危逼徵兵聚衆非爲干紀則當原其本情議其刑罰上副聖主友于之意下曉愚民疑惑之心若審知內外無虞嗣后纂統而好亂樂禍妄有覬覦則管蔡之誅當在於諒同惡相濟無所逃罪梟懸孥戮國有常刑其間乃有情非協同力不自固或被擁逼淪陷凶威遂使籍沒流移恐爲冤濫恢恢天網豈其然乎罪疑從輕斯義安在昔叔向寘鬻獄之死晉國所嘉釋之斷犯蹕之刑漢文稱善羊舌寧不愛弟廷尉非苟違君但以執法無私不容輕重且聖人大寶是曰神器苟非天命不可妄得故蚩尤項籍之驍勇伊尹霍光之權勢李老孔丘之才智呂望孫武之兵術吳楚連磐石之據產祿承母后之基不應歷運之兆終無帝王之位況乎蕞爾一隅蜂扇蟻聚楊諒之愚鄙羣小之凶慝而欲憑陵畿甸覬幸非望者哉開闢以降書契云及帝皇之跡可得而詳自非積德累仁豐功厚利孰能道洽幽顯義感靈祇是以古之哲王昧旦丕顯履冰在念御朽競懷逮叔世驕荒曾無戒懼肆於民上騁嗜奔慾不可具載請略陳之曩者齊陳二國並居大位自謂與天地合德日月齊明罔念憂

虞不恤刑政近臣懷寵稱善而隱惡史官曲筆掩瑕而錄美是以民庶呼嗟終閉塞於視聽公卿虛譽日敷陳於左右法網嚴密刑辟日多徭役煩興老幼疲苦昔鄭有子產齊有晏嬰楚有叔敖晉有士會凡此小國尚足名臣齊陳之疆豈無良佐但以執政壅蔽懷私徇軀忘國憂家外同內忌設有正直之士才堪幹持於己非宜即加擯壓倘遇諂佞之輩行多穢匿於我有益遽蒙薦舉以此求賢何從而至夫賢材者非尚膂力豈繫文華唯須正身負載確乎不動譬棟之處屋如骨之在身所謂棟梁骨鯁之材也齊陳不任骨鯁信近讒諛天高聽卑監其淫僻故總收神器歸我大隋向使二國祗敬上玄惠恤鰥寡委任方直斥遠浮華卑菲爲心惻隱爲務河朔彊富江湖險隔各保其業民不思亂泰山之固弗可動也然而寢臥積薪宴安鴆毒遂使禾黍生廟霧露沾衣弔影撫心何嗟及矣故詩云殷之未喪師克配上帝宜鑒于殷駿命不易萬機之事何者不須熟慮哉伏惟皇帝望雲就日仁孝夙彰錫社分珪大成規矩及總統淮海盛德日新當璧之符遐邇僉屬纘歷甫爾寬仁已布率土蒼生翹足而喜幷州

之亂變起倉卒職由楊諒詭惑詿誤吏民非有構怨本朝棄德從賊者也而有司將帥稱其願反非止誣陷良善亦恐大點皇猷足下宿當重寄早預心膂粵自藩邸柱石見知方當書名竹帛傳芳萬古稷契伊呂彼獨何人既屬明時須存謇諤立當世之大誠作將來之憲範豈容曲順人主以愛虧刑又使脅從之徒橫貽罪譴忝蒙眷遇輒寫微誠野人愚瞽不知忌諱銜得書歎息而不敢奏聞彥謙知王綱不振遂去官隱居不仕將結構蒙山之下以求其志會置司隸官盛選天下知名之士朝廷以彥謙公方宿著時望所歸徵授司隸刺史彥謙亦慨然有澄清天下之志凡所薦舉皆人倫表式其有彈射當之者曾無怨言司隸別駕劉炫陵上侮下訐以爲直刺史憚之皆爲之拜唯彥謙執志不撓亢禮長揖有識嘉之炫亦不敢爲恨大業九年從駕度遼監扶餘道軍其後隋政漸亂朝廷靡然莫不變節彥謙直道守常介然孤立頗爲執政者之所嫉出爲涇陽令未幾終于官時年六十九彥謙居家每子姪定省常爲講說督勉之亹亹不倦家有舊業資產素殷又前後居官所得俸祿皆以周卹親友家無餘財

車服器用務存素儉自少及長一言一行未嘗涉私雖致屢空怡然自得嘗從容獨笑顧謂其子玄齡曰人皆因祿富我獨以官貧所遺子孫在於清白耳所有文筆恢廓閑雅有古人之深致又善草隸人有得其尺牘者皆寶翫之太原王邵北海高構蓚縣李綱河東柳彧薛孺皆一時知名雅澹之士彥謙並與爲友雖冠蓋成列而門無雜賓體資文雅深達政務有識者咸以遠大許之初開皇中平陳之後天下一統論者咸云將致太平彥謙私謂所親趙郡李少通曰主上性多忌剋不納諫爭太子卑弱諸王擅威在朝唯行苛酷之政未施弘大之體天下雖安方憂危亂少通初謂不然及仁壽大業之際其言皆驗大唐馭宇追贈徐州都督臨淄縣公謚曰定

史臣曰大廈云構非一木之枝帝王之功非一士之略長短殊用大小異宜楶棁棟梁莫可棄也李諤等或文能遵義或才足幹時識用顯於當年故事留於臺閣參之有隋多士取其開物成務皆廊廟之榱桷亦北辰之衆星也

隋書卷六十六

隋書卷六十七

唐　特　進　臣　魏　徵　上

列傳第三十二

虞世基

虞世基字茂世會稽餘姚人也父荔陳太子中庶子世基幼沉靜喜愠不形於色博學有高才兼善草隸陳中書令孔奐見而歎曰南金之貴屬在斯人少傅徐陵聞其名召之世基不往後因公會陵一見而奇之顧謂朝士曰當今潘陸也因以弟女妻焉仕陳釋褐建安王法曹參軍事歷祠部殿中二曹郎太子中舍人遷中庶子散騎常侍尚書左丞陳主嘗於莫府山校獵令世基作講武賦於坐奏之曰夫翫居常者未可論匡濟之功應變通者然後見帝王之略何則化有文質進讓殊風世或澆淳解張累務雖復順紀合符之后望雲就日之君且修戰於版泉亦治兵於丹浦是知文德武功蓋因時而並用經邦創制固與俗而推移所以樹鴻名垂大訓拱揖百靈包舉六合其唯聖人乎鶉火之歲皇

上御宇之四年也萬物交泰九有乂安俗躋仁壽民資日用然而足食足兵猶
載懷於履薄可久可大尙懍乎於御朽至如昆吾遠賮肅眘奇賝史不絶書府
無虛月貝冑雍弧之用犀渠闕鞏之殷鑄名劍於尙方積琱戈於武庫熊羆百
萬貔豹千羣利盡五材威加四海爰於農隙有事春蒐舍爵策勳觀使臣之以
禮沮勸賞罰迺示民以知禁盛矣哉信百王之不易千載之一時也昔上林從
幸相如於是頌德長楊校獵子雲退而爲賦雖則體物緣情不同年而語矣英
聲茂實蓋可得而言焉其辭曰惟則天以稽古統資始於羣分膺籙圖而出震
樹司牧以爲君既濟寬而濟猛亦乃武而乃文北怨勞乎殷履南伐盛於唐勛
彼周干與夏戚粤可得而前聞我大陳之創業乃撥亂而爲武戡定艱難平壹
區宇從喋喋之樂推爰蒼蒼而再補故累仁以積德諒重規而襲矩惟皇帝之
休烈體徇齊之睿哲敷九疇而咸敘奄四海而有截既搜揚於帝難又文思之
安安幽明請吏俊乂在官御璇璣而七政辨朝玉帛而萬國歡昧旦丕顯未明
思治道藏往而知來功參天而兩地運聖人之上德盡生民之能事於是禮暢

樂和刑清政肅西鼎析支東漸蟠木磬圖諜而效社漏川泉而禔福在靈祇而必臻亦何思而不服雖致治之隆平猶戒國而強兵選羽林於六郡詔蹶張於五營兼折衝而餘勇咸重義而輕生遂乃因農隙以教民在春蒐而習戰命司馬以示法帥掌固而清甸導旬始以前驅伏鉤陳而後殿抗鳥旌於析羽飾魚文於被練爾乃華軒按鑾玉虬齊鞅屯左矩以啓行擊右鍾而傳響交雲罕之掩映紛劍騎而來往指攝提於斗極洞閶闔之弘敞跨玄武而東臨款黃山而北上隱圓闕之迢遞居方澤之塏爽于斯時也青春晚候朝陽明岫日月光華煙雲吐秀澄波瀾於江海靜氛埃於宇宙乘輿乃御太一之玉堂授軍令於紫房蘊龍韜之妙笇誓武旅於戎場銳金顏於庸蜀躪鐵騎於漁陽彀神弩而持滿彎矢弧而並張曳紅旗之正正振夔鼓之鏜鏜八陳肅而成列六軍儼以相望拒飛梯於縈帶聳樓車於武岡或掉鞅而直指乍交綏而弗傷裁應變而蛇擊俄蹈厲以鷹揚中小枝於戟刃徹蹲札於甲裳聊七縱於孟獲乃兩禽於卞莊始軒軒而鶴舉遂離離以鴈行振川谷而橫八表蕩海岳而耀三光諒窈冥

之不測羌進退而難常亦有投石扛鼎超乘挾輈衝冠聳劍鐵楯銅頭熊渠殪兕武勇操牛雖任鄙與賁育故無得而爲仇九攻既決三略已周鳴鐲振響風卷電收於是勇爵班金奏設登元凱而陪位命方邵而就列三獻式序八音未闋舞干戚而有豫聽鼓鞞而載悅俾挾纊與投醪咸忘軀而殉節方席卷而橫行見王師之有征登燕山而戮封豕臨瀚海而斬長鯨望雲亭而載蹕禮升中而告成實皇王之神武信蕩蕩而難名者也陳主嘉之賜馬一匹及陳滅歸國爲通直郎直內史省貧無產業每傭書養親怏怏不平嘗爲五言詩以見意情理悽切世以爲工作者莫不吟詠未幾拜內史舍人煬帝即位顧遇彌隆祕書監河東柳顧言博學有才罕所推謝至是與世基相見歎曰海內當共推此一人非吾儕所及也俄遷內史侍郎以母憂去職哀毀骨立有詔起令視事拜見之日殆不能起帝令左右扶之哀其羸瘠詔令進肉世基食輒悲哽不能下帝使謂之曰方相委任當爲國惜身前後敦勸者數矣帝重其才親禮逾厚專典機密與納言蘇威左翊衛大將軍宇文述黃門侍郎裴矩御史大夫裴蘊等參

掌朝政于時天下多事四方表奏日有百數帝方凝重事不庭決入閤之後始召世基口授節度世基至省方為勑書日且百紙無所遺謬其精審如是遼東之役進位金紫光祿大夫後從幸鴈門帝為突厥所圍戰士多敗世基勸帝重為賞格親自撫循又下詔停遼東之事帝從之師乃復振及圍解勳格不行又下伐遼之詔由是言其詐衆朝野離心帝幸江都次鞏縣世基以盜賊日盛請發兵屯洛口倉以備不虞帝不從但荅云卿是書生定猶恇怯于時天下大亂世基知帝不可諫止又以高熲張衡等相繼誅戮懼禍及己雖居近侍唯諾取容不敢忤意盜賊日甚郡縣多沒世基知帝惡數聞之後有告敗者乃抑損表狀不以實聞是後外閒有變帝弗之知也嘗遣太僕楊義臣捕盜於河北降賊數十萬列狀上聞帝歎曰我初不聞賊頓如此義臣降賊何多也世基對曰鼠竊雖多未足為慮義臣剋之擁兵不少久在閫外此最非宜帝曰卿言是也遽追義臣放其兵散又越王侗遣太常丞元善達閒行賊中詣江都奏事稱李密有衆百萬圍逼京都賊據洛口倉城內無食若陛下速還烏合必散不然者東

都決沒因歔欷嗚咽帝為之改容世基見帝色憂進曰越王年小此輩誑之若如所言善達何緣來至帝乃勃然怒曰善達小人敢廷辱我因使經賊中向東陽催運善達遂為羣盜所殺此後外人杜口莫敢以賊聞奏世基貌沉審言多合意是以特見親愛朝臣無與為比其繼室孫氏性驕淫世基惑之恣其奢靡雕飾器服無復素士之風孫復攜前夫子夏侯儼入世基舍而頑鄙無賴為其聚斂鬻官賣獄賄賂公行其門如市金寶盈積其弟世南素國士而清貧不立未曾有所贍由是為論者所譏朝野咸共疾怨宇文化及殺逆也世基乃見害焉長子肅好學多才藝時人稱有家風弱冠早沒肅弟熙大業末為符璽郎次子柔晦並宣義郎化及將亂之夕宗人虞伋知而告熙曰事勢以然吾將濟卿南度且得免禍同死何益熙謂伋曰棄父背君求生何地感尊之懷自此訣矣及難作兄弟競請先死行刑人於是先世基殺之

裴蘊

裴蘊河東聞喜人也祖之平梁衛將軍父忌陳都官尚書與吳明徹同沒于周

賜爵江夏郡公在隋十餘年而卒蘊性明辯有吏幹在陳仕歷直閤將軍興寧令蘊以其父在北陰奉表於高祖請爲內應及陳平上悉閱江南衣冠之士次至蘊上以爲夙有向化之心超授儀同左僕射高熲不悟上旨進諫曰裴蘊無功於國寵踰倫輩臣未見其可上又加蘊上儀同熲復進諫上曰可加開府熲乃不敢復言卽日拜開府儀同三司禮賜優洽歷洋直棣三州刺史俱有能名大業初考績連最煬帝聞其善政徵爲太常少卿初高祖不好聲技遣牛弘定樂非正聲清商及九部四儛之色皆罷遣從民至是蘊揣知帝意奏括天下周齊梁陳樂家子弟皆爲樂戶其六品已下至於民庶有善音樂及倡優百戲者皆直太常是後異技淫聲咸萃樂府皆置博士弟子遞相教傳增益樂人至三萬餘帝大悅遷民部侍郎于時猶承高祖和平之後禁網疏闊戶口多漏或年及成丁猶詐爲小未至於老已免租賦蘊歷爲刺史素知其情因是條奏皆令貌閱若一人不實則官司解職鄉正里長皆遠流配又許民相告若糾得一丁者令被糾之家代輸賦役是歲大業五年也諸郡計帳進丁二十四萬三千新

附口六十四萬一千二百帝臨朝覽狀謂百官曰前代無好人致此罔冒今進民戶口皆從實者全由裴蘊一人用心古語云得賢而治驗之信矣由是漸見親委拜京兆贊治發擿纖毫吏民慴憚未幾擢授御史大夫與裴矩虞世基參掌機密蘊善候伺人主微意若欲罪者則曲法順情鍛成其罪所欲宥者則附從輕典因而釋之是後大小之獄皆以付蘊憲部大理莫敢與奪必稟承進止然後決斷蘊亦機辯所論法理言若懸河或重或輕皆由其口剖析明敏時人不能致詰楊玄感之反也帝遣蘊推其黨與謂蘊曰玄感一呼而從者十萬益知天下人不欲多多卽相聚爲盜耳不盡加誅則後無以勸蘊由是乃峻法治之所戮者數萬人皆籍沒其家帝大稱善賜奴婢十五口司隸大夫薛道衡以忤意獲譴蘊知帝惡之乃奏曰道衡負才恃舊有無君之心見詔書每下便腹非私議推惡於國妄造禍端論其罪名似如隱昧源其情意深爲悖逆帝曰然我少時與此人相隨行役輕我童穉共高熲賀若弼等外擅威權自知罪當誣謗及我卽位懷不自安賴天下無事未得反耳公論其逆妙體本心於是誅道

衡又帝問蘇威以討遼之策威不願帝復行且欲令帝知天下多賊乃詭答曰
今者之役不願發兵但詔赦羣盜自可得數十萬遣關內奴賊及山東歷山飛
張金稱等頭別爲一軍出遼西道諸河南賊王薄孟讓等十餘頭並給舟楫浮
滄海道必喜於免罪競務立功一歲之閒可滅高麗矣帝不懌曰我去尚猶未
克鼠竊安能濟乎威出後蘊奏曰此大不遜天下何處有許多賊帝悟曰老革
多姦將賊脅我欲搭其口但隱忍之誠極難耐蘊知上意遣張行本奏威罪惡
帝付蘊推鞫之乃處其死帝曰未忍便殺遂父子及孫三世並除名蘊又欲重
己權勢令虞世基奏罷司隸刺史以下官屬增置御史百餘人於是引致姦黠
共爲朋黨郡縣有不附者陰中之于時軍國多務凡是與師動衆京都留守及
與諸蕃互市皆令御史監之賓客附隸徧於郡國侵擾百姓帝弗之知也以度
遼之役進位銀青光祿大夫及司馬德戡將爲亂江陽長張惠紹夜馳告之蘊
共惠紹謀欲矯詔發郭下兵民盡取榮公護兒節度收在外逆黨宇文化及等
仍發羽林殿脚遣范富婁等入自西苑取梁公蕭鉅及燕王處分扣門援帝謀

議已定遣報虞世基世基疑反者不實抑其計須臾難作蘊歎曰謀及播郎竟誤人事遂見害子愔爲尙輦直長亦同日死

裴矩

裴矩字弘大河東聞喜人也祖他魏郡官尙書父訥之齊太子舍人矩襁褓而孤及長好學頗愛文藻有智數世父讓之謂矩曰觀汝神識足成才士欲求宦達當資幹世之務矩始留情世事齊北平王貞爲司州牧辟爲兵曹從事轉高平王文學及齊亡不得調高祖爲定州總管召補記室甚親敬之以母憂去職高祖作相遣使者馳召之參相府記室事及受禪遷給事郎奏舍人事伐陳之役領元帥記室既破丹陽晉王廣令矩與高熲收陳圖籍明年奉詔巡撫嶺南未行而高智慧汪文進等相聚作亂吳越道閉上難遣矩行矩請速進上許之行至南康得兵數千人時俚帥王仲宣逼廣州遣其所部將周師舉圍東衡州矩與大將軍鹿愿赴之賊立九柵屯大庾嶺共爲聲援矩進擊破之賊懼釋東衡州據愿長嶺又擊破之遂斬師舉進軍自南海援廣州仲宣懼而潰散矩所

綏集者二十餘州又承制署其渠帥爲刺史縣令及還報上大悅命升殿勞苦之顧謂高熲楊素曰韋洸將二萬兵不能早度嶺朕每患其兵少裴矩以三千弊卒徑至南康有臣若此朕亦何憂以功拜開府賜爵聞喜縣公賚物二千段除民部侍郎尋遷內史侍郎時突厥強盛都藍可汗妻大義公主卽宇文氏之女也由是數爲邊患後因公主與從胡私通長孫晟先發其事矩請出使說都藍顯戮宇文氏上從之竟如其言公主見殺後都藍與突利可汗構難屢犯亭鄣詔太平公史萬歲爲行軍總管出定襄道以矩爲行軍長史破達頭可汗於塞外萬歲被誅功竟不錄上以啓民可汗初附令矩撫慰之還爲尚書左丞其年文獻皇后崩太常舊無儀注矩與牛弘據齊禮參定之轉吏部侍郎名爲稱職煬帝卽位營建東都矩職修府省九旬而就時西域諸蕃多至張掖與中國交市帝令矩掌其事矩知帝方勤遠略諸商胡至者矩誘令言其國俗山川險易撰西域圖記三卷入朝奏之其序曰臣聞禹定九州導河不踰積石秦兼六國設防止及臨洮故知西胡雜種僻居遐裔禮教之所不及書典之所罕傳自

漢氏與基開拓河右始稱名號者有三十六國其後分立乃五十五王仍置校尉都護以存招撫然叛服不恆屢經征戰後漢之世頻廢此官雖大宛以來略知戶數而諸國山川未有名目至如姓氏風土服章物產全無纂錄世所弗聞復以春秋遞謝年代久遠兼并誅討互有興亡或地是故邦改從今號或人非舊類因襲昔名兼復部民交錯封疆移改戎狄音殊事難窮驗于闐之北葱嶺以東考于前史三十餘國其後更相屠滅僅有十存自餘淪沒掃地俱盡空有丘墟不可記識皇上膺天育物無隔華夷率土黔黎莫不慕化風行所及日入以來職貢皆通無遠不至臣既因撫納監知關市尋討書傳訪採胡人或有所疑即譯衆口依其本國服飾儀形王及庶人各顯容止即丹青模寫爲西域圖記共成三卷合四十四國仍別造地圖窮其要害從西頃以去北海之南縱橫所亘將二萬里諒由富商大賈周遊經涉故諸國之事罔不徧知復有幽荒遠地卒訪難曉不可憑虛是以致闕而二漢相踵西域爲傳戶民數十即稱國王徒有名號乃乖其實今者所編皆餘千戶利盡西海多產珍異其山居之屬非

有國名及部落小者多亦不載發自敦煌至于西海凡爲三道各有襟帶北道從伊吾經蒲類海鐵勒部突厥可汗庭度北流河水至拂菻國達于西海其中道從高昌焉耆龜茲疏勒度葱嶺又經鏺汗蘇對沙那國康國曹國何國大小安國穆國至波斯達于西海其南道從鄯善于闐朱俱波喝槃陀度葱嶺又經護密吐火羅挹怛忛延漕國至北婆羅門達于西海其三道諸國亦各自有路南北交通其東女國南婆羅門國等並隨其所往諸處得達故知伊吾高昌鄯善並西域之門戶也總湊敦煌是其咽喉之地以國家威德將士驍雄汎濛汜而揚旌越崑崙而躍馬易如反掌何往不至但突厥吐渾分領羌胡之國爲其擁遏故朝貢不通今並因商人密送誠款引領翹首願爲臣妾聖情含養澤及普天服而撫之務存安輯故皇華遣使弗動兵車諸蕃既從渾厥可滅混一戎夏其在茲乎不有所記無以表威化之遠也帝大悅賜物五百段每日引矩至御坐親問西方之事矩盛言胡中多諸寶物吐谷渾易可并吞帝由是甘心將通西域四夷經略咸以委之轉民部侍郎未視事遷黃門侍郎帝復令矩往張

披引致西蕃至者十餘國大業三年帝有事於恆岳咸來助祭帝將巡河右復令矩往敦煌矩遣使說高昌王麴伯雅及伊吾吐屯設等啗以厚利導使入朝及帝西巡次燕支山高昌王伊吾設等及西蕃胡二十七國謁於道左皆令佩金玉被錦罽焚香奏樂歌儛諠譟復令武威張掖士女盛飾縱觀騎乘塡咽周亙數十里以示中國之盛帝見而大悅竟破吐谷渾拓地數千里並遣兵戍之每歲委輸巨億萬計諸蕃懾懼朝貢相續帝謂矩有綏懷之略進位銀青光祿大夫其冬帝至東都矩以蠻夷朝貢者多諷帝令都下大戲徵四方奇技異藝陳於端門街衣錦綺珥金翠者以十數萬又勒百官及民士女列坐棚閣而縱觀焉皆被服鮮麗終月乃罷又令三市店肆皆設帷帳盛列酒食遣掌蕃率蠻夷與民貿易所至之處悉令邀延就坐醉飽而散蠻夷嗟歎謂中國爲神仙帝稱其至誠顧謂宇文述牛弘曰裴矩大識朕意凡所陳奏皆朕之成算未發之頃矩輒以聞自非奉國用心孰能若是帝遣將軍薛世雄城伊吾令矩共往經略矩諷諭西域諸國曰天子爲蕃人交易懸遠所以城伊吾耳咸以爲然不復

來競及還賜錢四十萬矩又白狀令反間射匱潛攻處羅語在突厥傳後處羅
爲射匱所迫竟隨使者入朝帝大悅賜矩以貂裘及西域珍器從帝巡于塞北
幸啓民帳時高麗遣使先通于突厥啓民不敢隱引之見帝矩因奏狀曰高麗
之地本孤竹國也周代以之封于箕子漢世分爲三郡晉氏亦統遼東今乃不
臣別爲外域故先帝疾焉欲征之久矣但以楊諒不肖師出無功當陛下之時
安得不事使此冠帶之境仍爲蠻貊之列乎今其使者朝於突厥親見啓民合
國從化必懼皇靈之遠暢慮後伏之先亡脅令入朝當可致也帝曰如何矩曰
請面詔其使放還本國遣語其王令速朝覲不然者當率突厥即日誅之帝納
焉高元不用命始建征遼之策王師臨遼以本官領武賁郎將明年復從至遼
東兵部侍郎斛斯政亡入高麗帝令矩兼掌兵事以前後度遼之役進位右光
祿大夫于時皇綱不振人皆變節左翊衞大將軍宇文述內史侍郎虞世基等
用事文武多以賄聞唯矩守常無贓穢之響以是爲世所稱還至涿郡帝以楊
玄感初平令矩安集隴右因之會寧存問曷薩那部落遣闕達度設寇吐谷渾

頻有虜獲部落致富還而奏狀帝大賞之後從師至懷遠鎭詔護北蕃軍事矩
以始畢可汗部衆漸盛獻策分其勢將以宗女嫁其弟叱吉設拜爲南面可汗
叱吉不敢受始畢聞而漸怨矩又言於帝曰突厥本淳易可離間但由其內多
有羣胡盡皆桀黠教導之耳臣聞史蜀胡悉尤多姦計幸於始畢請誘殺之帝
曰善矩因遣人告胡悉曰天子大出珍物今在馬邑欲共蕃內多作交關若前
來者卽得好物胡悉貪而信之不告始畢率其部落盡驅六畜星馳爭進冀先
互市矩伏兵馬邑下誘而斬之詔報始畢曰史蜀胡悉忽領部落走來至此云
背可汗請我容納突厥既是我臣彼有背叛我當共殺今已斬之故令往報始
畢亦知其狀由是不朝十一年帝北巡狩始畢率騎數十萬圍帝於鴈門詔令
矩與虞世基每宿朝堂以待顧問及圍解從至東都屬射匱可汗遣其猶子率
西蕃諸胡朝貢詔矩醼接之尋從幸江都宮時四方盜賊蜂起郡縣上奏者不
可勝計矩言之帝怒遣矩詣京師接候蕃客以疾不行及義兵入關帝令虞世
基就宅問矩方略矩曰太原有變京畿不靜遙爲處分恐失事機唯願鑾輿早

還方可平定矩復起視事俄而驍衛大將軍屈突通敗問至矩以聞帝失色矩素勤謹未嘗忤物又見天下方亂恐爲身禍其待遇人多過其所望故雖至廝役皆得其歡心時從駕驍果數有逃散帝憂之以問矩矩荅曰方今車駕留此已經二年驍果之徒盡無家口人無匹合則不能久安臣請聽兵士於此納室帝大喜曰公定多智此奇計也因令矩檢校爲將士等娶妻矩召江都境內寡婦及未嫁女皆集宮監又召將帥及兵等恣其所取因聽自首先有姦通婦女及尼女冠等並即配之由是驍果等悅咸相謂曰裴公之惠也宇文化及之亂矩晨起將朝至坊門遇逆黨數人控矩馬詣孟景所賊皆曰不關裴黃門既而化及從百餘騎至矩迎拜化及慰諭之令矩參定儀注推秦王子浩爲帝以矩爲侍內隨化及至河北及僭帝位以矩爲尚書右僕射加光祿大夫封蔡國公爲河北道安撫大使及宇文氏敗爲竇建德所獲以矩隋代舊臣遇之甚厚復以爲吏部尚書尋轉尚書右僕射專掌選事建德起自羣盜未有節文矩爲制定朝儀旬月之間憲章頗備擬於王者建德大悅每諮訪焉及建德度河討孟

海公矩與曹旦等於洛州留守建德敗於武牢羣帥未知所屬曹旦長史李公淹大唐使人魏徵等說旦及齊善行令歸順旦等從之乃令矩與徵公淹領旦及八璽舉山東之地歸于大唐授左庶子轉詹事民部尚書

史臣曰世基初以雅澹著名兼以文華見重亡國羈旅特蒙任遇參機衡之職預帷幄之謀國危未嘗思安君昏不能納諫方更鬻官賣獄黷貨無厭顛隕厥身亦其所也裴蘊素懷姦險巧於附會作威作福唯利是視滅亡之禍其可免乎裴矩學涉經史頗有幹局至於一勤匪懈夙夜在公求諸古人殆未之有與聞政事多歷歲年雖處危亂之中未虧廉謹之節美矣然承望風旨與時消息使高昌入朝伊吾獻地聚糧且末師出玉門關右騷然頗亦矩之由也

隋書卷六十七

隋書卷六十七考證

裴矩傳必懼皐靈之遠暢慮後伏之先亡○伏當作服

隋書卷六十七考證

隋書卷六十八

唐　特　進　臣　魏　徵　上

列傳第三十三

宇文愷

宇文愷字安樂杞國公忻之弟也在周以功臣子年三歲賜爵雙泉伯七歲進封安平郡公邑二千戶愷少有器局家世武將諸兄並以弓馬自達愷獨好學博覽書記解屬文多伎藝號爲名父公子初爲千牛累遷御正中大夫儀同三司高祖爲丞相加上開府中大夫及踐阼誅宇文氏愷初亦在殺中以其與周本別兄忻有功於國使人馳赦之僅而得免後拜營宗廟副監太子左庶子廟成別封甑山縣公邑千戶及遷都上以愷有巧思詔領營新都副監高熲雖總大綱凡所規畫皆出於愷後決渭水達河以通運漕詔愷總督其事後拜萊州刺史甚有能名兄忻被誅除名於家久不得調會朝廷以魯班故道久絕不行令愷修復之既而上建仁壽宮訪可任者右僕射楊素言愷有巧思上然之於

是檢校將作大匠歲餘拜仁壽宮監授儀同三司尋爲將作少監文獻皇后崩愷與楊素營山陵事上善之復爵安平郡公邑千戶煬帝卽位遷都洛陽以愷爲營東都副監尋遷將作大匠愷揣帝心在宏侈於是東京制度窮極壯麗帝大悅之進位開府拜工部尚書及長城之役詔愷規度之時帝北巡欲誇戎狄令愷爲大帳其下坐數千人帝大悅賜物千段又造觀風行殿上容侍衛者數百人離合爲之下施輪軸推移倏忽有若神功戎狄見之莫不驚駭帝彌悅焉前後賞賚不可勝紀自永嘉之亂明堂廢絕隋有天下將復古制議者紛然皆不能決愷博考羣籍奏明堂議表曰臣聞在天成象房心爲布政之宮在地成形景午居正陽之位觀雲告月順生殺之序五室九宮統人神之際金口木舌發令兆民玉瓚黃琮式嚴宗祀何嘗不矜莊扆宁盡妙思於規摹凝晬冕旒致子來於矩矱伏惟皇帝陛下提衡握契御辯乘乾咸五登三復上皇之化流凶去暴丕下武之緒用百姓之異心驅一代以同域康哉康哉民無能而名矣故使天符地寶吐醴飛甘造物資生澄源反朴九圍清謐四表削平襲我衣冠齊

其文軌茫茫上玄陳珪璧之敬肅肅清廟感霜露之誠正金奏九韶六莖之樂定石渠五官三雍之禮乃卜瀍西爰謀洛食辨方面勢仰稟神謀敷土濬川爲民立極兼聿遵先言表置明堂爰詔下臣占星揆日於是採嵩山之祕簡披汶水之靈圖訪通議於殘亡購冬官於散逸總集衆論勒成一家昔張衡渾象以三分爲一度裴秀輿地以二寸爲千里臣之此圖用一分爲一尺推而演之冀輪奐有序而經構之旨議者殊途或以綺井爲重屋或以圓楣爲隆棟各以臆說事不經見今錄其疑難爲之通釋皆出證據以相發明議曰臣愷謹案淮南子曰昔者神農之治天下也甘雨以時五穀蕃植春生夏長秋收冬藏月省時考終歲獻貢以時嘗穀祀於明堂明堂之制有蓋而無四方風雨不能襲燥濕不能傷遷延而入之臣愷以爲上古朴略剏立典刑尚書帝命驗曰帝者承天立五府以尊天重象赤曰文祖黃曰神斗白曰顯紀黑曰玄矩蒼曰靈府注云唐虞之天府夏之世室殷之重屋周之明堂皆同矣尸子曰有虞氏曰總章周官考工記曰夏后氏世室堂脩二七博四脩一注云脩南北之深也夏度以步

今堂脩十四步其博益以四分脩之一則明堂博十七步半也臣愷按三王之世夏最爲古從質尙文理應漸就寬大何因夏室乃大殷堂相形爲論理恐不爾記云堂脩七博四脩若夏度以步則應脩七步注云今堂脩十四步乃是增益記文殷周二堂獨無加字便是其義類例不同山東禮本輒加二七之字何得殷無加尋之文周闕增筵之義研覈其趣或是不然讎校古書並無二字此乃桑閒俗儒信情加減黃圖議云夏后氏益其堂之大一百四十四尺周人明堂以爲兩杼閒馬宮之言止論堂之一面據此爲準則三代堂基並方得爲上圓之制諸書所說並云下方鄭注周官獨爲此義非直與古違異亦乃乖背禮文尋文求理深恐未愜尸子曰殷人陽館考工記曰殷人重屋堂脩七尋堂崇三尺四阿重屋注云其脩七尋五丈六尺放夏周則其博九尋七丈二尺又曰周人明堂度九尺之筵東西九筵南北七筵堂崇一筵五室凡二筵禮記明堂位曰天子之廟復廟重檐鄭注云複廟重屋也注玉藻云天子廟及露寢皆如明堂制禮圖云於內室之上起通天之觀觀八十一尺得宮之數其聲濁君之

象也大戴禮曰明堂者古有之凡九室一室有四戶八牖以茅蓋上圓下方外
水曰璧雝赤綴戶白綴牖堂高三尺東西九仞南北七筵其宮方三百步凡人
民疾六畜疫五穀災生於天道不順天道不順生於明堂不飾故有天災則飾
明堂周書明堂曰堂方百一十二尺高四尺階博六尺三寸室居內方百尺室
內方六十尺戶高八尺博四尺作洛曰明堂太廟露寢咸有四阿重亢重廊孔
氏注云重亢累棟重廊累屋也禮圖曰秦明堂九室十二階各有所居呂氏春
秋曰有十二堂與月令同並不論尺丈臣愷案十二階雖不與禮合一月一階
非無理思黃圖曰堂方百四十四尺法坤之策也方象地屋圓楣徑二百一十
六尺法乾之策也圓象天室九宮法九州太室方六丈法陰之變數十二堂法
十二月三十六戶法極陰之變數七十二牖法五行所行日數八達象八風法
八卦通天臺徑九尺法乾以九覆六高八十一尺法黃鍾九九之數二十八柱
象二十八宿堂高三尺土階三等法三統堂四向五色法四時五行殿門去殿
七十二步法五行所行門堂長四丈取大室三之二垣高無蔽目之照牖六尺

其外倍之殿垣方在水內法地陰也水四周於外象四海圜法陽也水闊二十
四丈象二十四氣水內徑三丈應覲禮經武帝元封二年立明堂汶上無室其
外略依此制泰山通議今亡不可得而辨也元始四年八月起明堂辟雍長安
城南門制度如儀一殿垣四面門八觀水外周堤壤高四尺和會築作三旬五
年正月六日辛未始郊太祖高皇帝以配天二十二日丁亥宗祀孝文皇帝於
明堂以配上帝及先賢百辟卿士有益者於是秩而祭之親扶三老五更袒而
割牲跪而進之因班時令宣恩澤諸侯王宗室四夷君長匈奴西國侍子悉奉
貢助祭禮圖曰建武三十年作明堂明堂上圓下方上圓法天下方法地十二
堂法日辰九室法九州室八牕八九七十二法一時之王室有二戶二九十八
戶法土王十八日內堂正壇高三尺土階三等胡伯始注漢官云古清廟蓋以
茅今蓋以瓦瓦下籍茅以存古制東京賦曰乃營三宮布政頒常複廟重屋八
達九房造舟清池惟水泱泱薛綜注云複重廇覆謂屋平覆重棟也續漢書祭
祀志云明帝永平二年祀五帝於明堂五帝坐各處其方黃帝在未皆如南郊

之位光武位在青帝之南少退西面各一犢奏樂如南郊臣愷按詩云我將祀文王於明堂我將我享維牛維羊據此則備太牢之祭今云一犢恐與古殊自晉以前未有鴟尾其圓牆壁水一依本圖晉起居注裴頠議曰尊祖配天其義明著廟宇之制理據未分直可爲一殿以崇嚴祀其餘雜碎一皆除之臣愷案天垂象聖人則之辟雍之星既有圖狀晉堂方構不合天文既闕重樓又無壁水空堂乖五室之義直殿違九階之文非古欺天一何過甚後魏於北臺城南造圓牆在壁水外門在水內迥立不與牆相連其堂上九室三三相重不依古制室間通巷違舛處多其室皆用墼累極成褊陋後魏樂志曰孝昌二年立明堂議者或言九室或言五室詔斷從五室後元义執政復改爲九室遭亂不成宋起居注曰孝武帝大明五年立明堂其牆宇規範擬則太廟唯十二間以應朞數依漢汶上圖儀設五帝位太祖文皇帝對饗鼎俎簠簋一依廟禮梁武卽位之後移宋時太極殿以爲明堂無室十二間禮疑議云祭用純漆俎瓦樽文於郊質於廟止一獻用清酒平陳之後臣得目觀遂量步數記其尺丈猶見基

内有焚燒殘柱毀斫之餘入地一丈儼然如舊柱下以樟木爲跗長丈餘闊四尺許兩兩相並瓦安數重宮城處所乃在郭内雖湫隘卑陋未合規摹祖宗之靈得崇嚴祀周齊二代闕而不修大饗之典於焉靡託自古明堂圖惟有二本一是宗周劉熙阮諶劉昌宗等作三圖略同一是後漢建武三十年作禮圖有本不詳撰人臣遠尋經傳傍求子史研究衆說總撰今圖其樣以木爲之下爲方堂堂有五室上爲圓觀觀有四門帝可其奏會遼東之役事不果行以度遼之功進位金紫光祿大夫其年卒官時年五十八帝甚惜之謚曰康撰東都圖記二十卷明堂圖議二卷釋疑一卷見行於世子儒童游騎尉少子溫起部承務郎

閻毗

閻毗楡林盛樂人也祖進魏本郡太守父慶周上柱國寧州總管毗七歲襲爵石保縣公邑千戸及長儀貌矜嚴頗好經史受漢書於蕭該略通大旨能篆書工草隸尤善畫爲當時之妙周武帝見而悅之命尚清都公主宣帝即位拜儀

同三司授千牛左右高祖受禪以技藝侍東宮數以琱麗之物取悅於皇太子由是甚見親待每稱之於上尋拜車騎宿衞東宮上嘗遣高熲大閱於龍臺澤諸軍部伍多不齊整唯毗一軍法制肅然熲言之於上特蒙賜帛俄兼太子宗衞率長史尋加上儀同太子服翫之物多毗所爲及太子廢毗坐杖一百與妻子俱配爲官奴婢後二歲放免爲民煬帝嗣位盛脩軍器以毗性巧諳練舊事詔典其職尋授朝請郎毗立議輦輅車輿多所增損語在輿服志擢拜起部郎帝嘗大備法駕嫌屬車太多顧謂毗曰開皇之日屬車十有二乘於事亦得今八十一乘以牛駕車不足以益文物朕欲減之從何爲可毗對曰臣初定數共宇文愷參詳故實據漢胡伯始蔡邕等議屬車八十一乘此起於秦遂爲後式故張衡賦云屬車九九是也次及法駕三分減一爲三十六乘此漢制也又據宋孝建時有司奏議晉遷江左惟設五乘尚書令建平王宏曰八十一乘議兼九國三十六乘無所準憑江左五乘儉不中禮但帝王文物旂旒之數爰及冕玉皆同十二今宜準此設十二乘開皇平陳因以爲法今憲章往古大駕依秦

法駕依漢小駕依宋以爲差等帝曰何用秦法乎大駕宜三十六法駕宜用十二小駕除之毗硏精故事皆此類也長城之役毗總其事及帝有事恆岳詔毗營立壇場尋轉殿內丞從幸張掖郡高昌王朝於行所詔毗持節迎勞遂將護入東都尋以母憂去職未朞起令視事將與遼東之役自洛口開渠達於涿郡以通運漕毗督其役明年兼領右翊衛長史營建臨朔宮及征遼東以本官領武賁郎將典宿衛時衆軍圍遼東城帝令毗詣城下宣諭賊弓弩亂發所乘馬中流矢毗顏色不變辭氣抑揚卒事而去尋拜朝請大夫還殿內少監又領將作少監事後復從帝征遼東會楊玄感作逆帝班師兵部侍郎斛斯政奔遼東帝令毗率騎二千追之不及政據高麗柏崖城毗攻之二日有詔徵還從至高陽暴卒時年五十帝甚悼惜之贈殿內監

何稠劉龍　黃亘　弟袞

何稠字桂林國子祭酒妥之兄子也父通善斲玉稠性絶巧有智思用意精微年十餘歲遇江陵陷隨妥入長安仕周御飾下士及高祖爲丞相召補參軍兼

掌細作署開皇初授都督累遷御府監歷太府丞稠博覽古圖多識舊物波斯
嘗獻金綿錦袍組織殊麗上命稠爲之稠錦既成踰所獻者上甚悅時中國久
絶琉璃之作匠人無敢厝意稠以綠瓷爲之與真不異尋加員外散騎侍郎開
皇末桂州俚李光仕聚衆爲亂詔稠召募討之師次衡嶺遣使者諭其渠帥洞
主莫崇解兵降款桂州長史王文同鏁崇以詣稠所稠詐宣言曰州縣不能綏
養致邊民擾叛非崇之罪也乃命釋之引崇共坐幷從者四人爲設酒食而遣
之崇大悅歸洞不設備稠至五更掩入其洞悉發俚兵以臨餘賊象州逆帥杜
條遼羅州逆帥龐靖等相繼降款分遣建州開府梁昵討叛夷羅壽羅州刺史
馮暄討賊帥李大檀並平之傳首軍門承制署首領爲州縣官而還衆皆悅服
有欽州刺史甯猛力帥衆迎軍初猛力倔強山洞欲圖爲逆至是惶懼請身入
朝稠以其疾篤因示無猜貳遂放還州與之約曰八九月閒可詣京師相見稠
還奏狀上意不懌其年十月猛力卒上謂稠曰汝前不將猛力來今竟死矣稠
曰猛力共臣爲約假令身死當遣子入侍越人性直其子必來初猛力臨終誡

其子長真曰我與大使爲約不可失信於國士汝葬我訖即宜上路長真如言入朝上大悅曰何稠著信蠻夷乃至於此以勳授開府仁壽初文獻皇后崩與宇文愷參典山陵制度稠性少言善候上旨由是漸見親昵及上疾篤謂稠曰汝既曾葬皇后今我方死宜好安置屬此何益但不能忘懷耳魂其有知當相見於地下上因攬太子頸謂曰何稠用心我付以後事動靜當共平章大業初煬帝將幸揚州謂稠曰今天下大定朕承洪業服章文物闕略猶多卿可討閱圖籍營造輿服羽儀送至江都也其日拜太府少卿稠於是營黃麾三萬六千人仗及車輿輦輅皇后鹵簿百官儀服依期而就送於江都所役工十萬餘人用金銀錢物鉅億計帝使兵部侍郎明雅選部郎薛邁等勾覈之數年方竟毫釐無舛稠參會今古多所改創魏晉以來皮弁有纓而無笄導稠曰此古田獵之服也今服以入朝宜變其制故弁施象牙簪導自稠始也又從省之服初無佩綬稠曰此乃晦朔小朝之服安有人臣謁帝而去印綬兼無佩玉之節乎乃加獸頭小綬及佩一隻舊制五輅於轅上起箱天子與參乘同在箱內稠曰君

臣同所過爲相逼乃廣爲盤輿別構欄楯侍臣立於其中於內復起須彌平坐天子獨居其上自餘麾幢文物增損極多事見威儀志帝復令稠造戎車萬乘鉤陳八百連帝善之以稠守太府卿後三歲兼領少府監遼東之役攝右屯衞將軍領御營弩手三萬人時工部尚書宇文愷造遼水橋不成師不得濟右屯衞大將軍麥鐵杖因而遇害帝遣稠造橋二日而就初稠制行殿及六合城至是帝於遼左與賊相對夜中施之其城周迴八里城及女垣合高十仞上布甲士立仗建旗四隅置闕面別一觀觀下三門遲明而畢高麗望見謂若神功是歲加金紫光祿大夫期年攝左屯衞將軍從至遼左十二年加右光祿大夫從幸江都遇宇文化及作亂以爲工部尚書化及敗陷於竇建德建德復以爲工部尚書舒國公建德敗歸於大唐授將作小匠卒開皇時有劉龍者河間人也性強明有巧思齊後主知之令修三爵臺甚稱旨因而歷職通顯及高祖踐阼大見親委拜右衞將軍兼將作大匠遷都之始與高熲參掌制度代號爲能大業時有黃亘者不知何許人也及其弟袞俱巧思絕人煬帝每令其兄弟直少

府將作於時改創多務亙袞每參典其事凡有所爲何稠先令亙袞立樣當時工人皆稱其善莫能有所損益亙官至朝散大夫袞官至散騎侍郎

史臣曰宇文愷學藝兼該思理通贍規矩之妙參蹤班爾當時制度咸取則焉其起仁壽宮營建洛邑要求時幸窮侈極麗使文皇失德煬帝亡身危亂之源抑亦此之由至於考覽書傳定明堂圖雖意過其通有足觀者毗稠巧思過人頗習舊事稽前王之采章成二代之文物雖失之於華盛亦有可傳於後焉

隋書卷六十八

隋書卷六十九

唐　特　進　臣　魏　徵　上

列傳第三十四

王劭

王劭字君懋太原晉陽人也父松年齊通直散騎侍郎劭少沈嘿好讀書弱冠齊尚書僕射魏收辟參開府軍事累遷太子舍人待詔文林館時祖孝徵魏收陽休之等嘗論古事有所遺忘討閱不能得因呼劭問之劭具論所出取書驗之一無舛誤自是大爲時人所許稱其博物後遷中書舍人齊滅入周不得調高祖受禪授著作佐郎以母憂去職在家著齊書時制禁私撰史爲內史侍郎李元操所奏上怒遣使收其書覽而悅之於是起爲員外散騎侍郎修起居注劭以古有鑽燧改火之義近代廢絕於是上表請變火曰臣謹案周官四時變火以救時疾明火不數變時疾必興聖人作法豈徒然也在晉時有以洛陽火渡江者代代事之相續不滅火色變青昔師曠食飯云是勞薪所爨晉平公使

視之果然車輞今溫酒及炙肉用石炭柴火竹火草火麻荄火氣味各不同以此推之新火舊火理應有異伏願遠遵先聖於五時取五木以變火用功甚少救益方大縱使百姓習久未能頓同尚食內廚及東宮諸主食廚不可不依古法上從之劭又言上有龍顏戴干之表指示羣臣上大悅賜物數百段拜著作郎劭上表言符命曰昔周保定二年歲在壬午五月五日青州黃河變清十里鏡徹齊氏以爲己瑞改元曰河清是月至尊以大興公始作隋州刺史歷年二十隋果大興臣謹案易坤靈圖曰聖人受命瑞先見於河河者最濁未能清也竊以靈貺休祥理無虛發河清啓聖實屬大隋午爲鶉火以明火德仲夏火王亦明火德月五日五合天數地數既得受命之辰允當先見之兆開皇初邵州人楊令悊近河得青石圖一紫石圖一皆隱起成文有至尊名下云八方天心永州又得石圖剖爲兩段有楊樹之形黃根紫葉汝水得神龜腹下有文曰天卜楊興安邑掘地得古鐵板文曰皇始天年賚楊鐵券王興同州得石龜文曰天子延千年大吉臣以前之三石不異龍圖何以用石石體久固義與上名符

合龜腹七字何以著龜龜亦久固兼是神靈之物孔子歎河不出圖洛不出書今於大隋聖世圖書屢出建德六年亳州大周村有龍鬬白者勝黑者死大象元年夏滎陽汴水北有龍鬬初見白氣屬天自東方歷陽武而來及至白龍也長十許丈有黑龍乘雲而至兩相薄乍合乍離自午至申白龍升天黑龍墜地謹案龍君象也前鬬於亳州周村者蓋象至尊以龍鬬之歲爲亳州總管遂代周有天下後鬬於滎陽者滎字三火明火德之盛也白龍從東方來歷陽武者蓋象至尊將登帝位從東第入自崇陽門也西北升天者當乾位天門坤靈圖曰聖人殺龍龍不可得而殺皆盛氣也又曰泰姓商名宮黃色長八尺六十世河龍以正月辰見白龍與五黑龍鬬白龍陵故泰人有命謹案此言皆爲大隋而發也聖人殺龍者前後龍死是也姓商者皇家於五姓爲商也名宮者武元皇帝諱於五聲爲宮黃色者隋色尙黃長八尺者武元皇帝身長八尺河龍以正月辰見者泰正月卦龍見之所於京師爲辰地白龍與黑龍鬬者亳州滎陽龍鬬是也勝龍所以白者楊姓納音爲商至尊又辛酉歲生位皆在西方西方

色白也死龍所以黑者周色黑所以稱五者周閔明武宣靖凡五帝趙陳代越當五王一時伏法亦當五數白龍陵者陵猶勝也鄭玄說陵當爲除凡鬬能去敵曰除臣以泰人有命者泰之爲言通也大也明其人道通德大有天命也乾鑿度曰泰表戴干鄭玄注云表者人形體之彰識也干盾也泰人之表戴干臣伏見至尊有戴干之表益知泰人之表不爽毫釐坤靈圖所云字字皆驗緯書又稱漢四百年終如其言則知六十世亦必然矣昔周宗卜世三十今則倍之稽覽圖云太平時陰陽和合風雨咸同海內不偏地有阻險故風有遲疾雖太平之政猶有不能均同唯平均乃不鳴條故欲風於亳亳者陳留也謹案此言蓋明至尊者爲陳留公世子亳州總管遂受天命海內均同不偏不黨以成太平之風化也在大統十六年武元皇帝改封陳留公是時齊國有祕記云天王陳留入并州齊王高洋爲是誅陳留王彭樂其後武元皇帝果將兵入并州周武帝時望氣者云亳州有天子氣於是殺亳州刺史紇豆陵恭至尊代爲之又陳留老子祠有枯柏世傳云老子將度世云待枯柏生東南枝迴指當有聖人

出吾道復行至齊桂柏從下生枝東南上指夜有三童子相與歌曰老子廟前古枯樹東南狀如繖聖主從此去及至尊牧亳州親至祠樹之下自是柏枝迴抱其枯枝漸指西北道教果行校考衆事太平主出於亳州陳留之地皆如所言稽覽圖又云治道得則陰物變爲陽物鄭玄注云葱變爲韭亦是謹案自六年以來遠近山石多變爲玉石爲陰玉爲陽又左衞園中葱皆變爲韭上覽之大悅賜物五百段未幾劭復上書曰易乾鑿度曰隨上六拘係之乃從維之王用享于西山隨者二月卦陽德施行藩決難解萬物隨陽而出故上六欲九五拘係之維持之明被陽化而陰隨從之也易稽覽圖坤六月有子女任政一年傳爲復五月貧之從東北來立大起土邑西北地動星墜陽衞屯十一月神人從中山出趙地動北方三十日千里馬數至謹案凡此易緯所言皆是大隋符命隨者二月之卦明大隋以二月即皇帝位也陽德施行者明楊氏之德教施行於天下也藩決難解者明當時藩鄣皆是通決險難皆解散也萬物隨陽而出者明天地間萬物盡隨楊氏而出見也上六欲九五拘係之者五爲王六爲

宗廟明宗廟神靈欲令登九五之位帝王拘民以禮係民以義也拘民以禮係
民以義此二句亦是乾鑿度之言維持之者明能以綱維持正天下也被陽化
而欲陰隨之者明陰類被服楊氏之風化莫不隨從陰謂臣下也王用享于西
山者蓋明至尊常以歲二月幸西山仁壽宮也凡四稱隨三稱陽欲美隋楊丁
寧之至也坤六月者坤位在未六月建未言至尊以六月生也有子女任政者
言樂平公主是皇帝子女而為周氏任理內政也一年傳為復者復是坤之一
世卦陽氣初生言周宣帝崩後一年傳位與楊氏也五月貧之從東北來立者
貧之當為真人字之誤也言周宣帝以五月崩真人革命當在此時至尊謙讓
而逆天意故踰年乃立昔為定州總管在京師東北本而言之故曰真人從東
北來立大起土邑者大起即大興言營大興城邑也西北地動星墜者蓋天意
去周授隋故變動也陽衞者言楊氏得天衞助屯十一月神人從中山出者此
卦動而大亨作故至尊以十一月被授亳州總管將從中山而出也趙地動者
中山為趙地以神人將去故變動也北方三十日者蓋至尊從北方將往亳州

之時停留三十日也千里馬者蓋至尊舊所乘騧騮馬也屯卦震下坎上震於
馬作足坎於馬爲美脊是故騧騮馬脊有肉鞍行則先作弄四足也數至者言
歷數至也河圖帝通紀曰形瑞出變矩衡赤應隨叶靈皇河圖皇參持曰皇辟
出承元訖道無爲治率被遂矩戲作術開皇色握神日投輔提象不絕立皇後
翼不格道終始德優劣帝任政河曲出叶輔嬉爛可述謹案凡此河圖所言亦
是大隋符命形瑞出變矩衡者矩法也衡北斗星名所謂璿璣玉衡者也大隋
受命形兆之瑞始出天象則爲之變動北斗主天之法度故曰矩衡易緯伏戲
矩衡神鄭玄注亦以爲法玉衡之神與此河圖矩衡義同赤應隋者言赤帝降
精感應而生隋也故隋以火德爲赤帝天子叶靈皇者叶合也言大隋德合上
靈天皇大帝也又年號開皇與靈寶經之開皇年相合故曰叶靈皇皇辟出者
皇大也辟君也大君出蓋謂至尊受命出爲天子也承元訖者言承周天元終
訖之運也道無爲治率者治下脫一字言大道無爲治定天下率從被逐矩戲
作述者矩法也昔遂皇握機矩伏戲作八卦之術言大隋被服三皇之法術也

遂皇機矩語見易緯開皇色者言開皇年易服色也握神曰者握持羣神明照
如日也又開皇以來日漸長亦其義投輔提者言投授政事於輔佐使之提挈
也象不絕者法象不廢絕也立皇後翼不格者格至也言本立太子以爲皇家
後嗣而其輔翼之人不能至於善也道終始德優劣者言前東宮道終而德劣
今皇太子道始而德優也帝任政河曲出者言皇帝親任政事而邵州河濱得
石圖也叶輔嬉爛可述者叶合也嬉與也言羣臣合心輔佐以興政治爛然可
紀述也所以於皇參持帝通紀二篇陳大隋符命者明皇道帝德盡在隋也上
大悅以劭爲至誠寵錫日隆時有人於黃鳳泉浴得二白石頗有文理遂附致
其文以爲字復言有諸物象而上奏曰其大玉有日月星辰八卦五岳及二麟
雙鳳青龍朱雀騶虞玄武各當其方位又有五行十日十二辰之名凡二十七
字又有天門地戶人門鬼門閉九字又有却非及二鳥其鳥皆人面則抱朴子
所謂千秋萬歲也其小玉亦有五嶽却非虯犀之象二玉俱有仙人玉女乘雲
控鶴之象別有異狀諸神不可盡識蓋是風伯雨師山精海若之類又有天皇

大帝皇帝及四帝坐鉤陳北斗三公天將軍土司空老人天倉南河北河五星二十八宿凡四十五宮諸字本無行伍然往往偶對於大玉則有皇帝姓名並臨南面與日字正鼎足復有老人星蓋明南面象日而長壽也皇后二字在西上有月形蓋明象月也於次玉則皇帝名與九千字次比兩揚字與萬年字次比隋與吉字正並蓋明長久吉慶也劭復迴互其字作詩二百八十篇奏之上以爲誠賜帛千匹劭於是採民間歌謠引圖書讖緯依約符命捃摭佛經撰爲皇隋靈感誌合三十卷奏之上令宣示天下劭集諸州朝集使洗手焚香閉目而讀之曲折其聲有如歌詠經涉旬朔徧而後罷上益喜賞賜優洽仁壽中文獻皇后崩劭復上言曰佛說人應生天上及上品上生無量壽國之時天佛放大光明以香花妓樂來迎之如來以明星出時入涅槃伏惟大行皇后聖德仁慈福善禎符備諸祕記皆云是妙善菩薩臣謹案八月二十二日仁壽宮內再雨金銀之花二十三日大寶殿後夜有神光二十四日卯時永安宮北有自然種種音樂震滿虛空至夜五更中奄然如寐便卽升遐與經文所說事皆符驗

臣又以愚意思之皇后遷化不在仁壽大與宮者蓋避至尊常居正處也在永安宮者象京師之永安門平生所出入也后升遐後二日苑內夜有鍾聲三百餘處此則生天之應顯然也上覽而且悲且喜時蜀王秀以罪廢上顧謂劭曰嗟乎吾有五子三子不才劭進曰自古聖帝明王皆不能移不肖之子黃帝有二十五子同姓者二餘各異德堯十子舜九子皆不肖夏有五觀周有三監上然其言其後上夢欲上高山而不能得崔彭捧脚李盛扶肘得上因謂彭曰死生當與爾俱劭曰此夢大吉上高山者明高崇大安永如山也彭猶彭祖李猶李老二人扶侍實爲長壽之徵上聞之喜見容色其年上崩未幾崔彭亦卒煬帝嗣位漢王諒作亂帝不忍加誅劭上書曰臣聞黃帝滅炎蓋云母弟周公誅管信亦天倫叔向戮叔魚仲尼謂之遺直石碏殺石厚丘明以爲大義此皆經籍明文帝王常法今陛下置此逆賊度越前聖含弘寬大未有以謝天下謹案賊諒毒被生民者也是知古者同德則同姓異德則異姓故黃帝有二十五子其得姓者十有四人唯青陽夷鼓與黃帝同爲姬姓諒既自絕請改其氏劭以

此求媚帝依違不從遷祕書少監數載卒官劭在著作將二十年專典國史撰隋書八十卷多錄口勅又採迂怪不經之語及委巷之言以類相從爲其題目辭義繁雜無足稱者遂使隋代文武名臣列將善惡之迹堙沒無聞初撰齊誌爲編年體二十卷復爲齊書紀傳一百卷及平賊記三卷或文詞鄙野或不軌不物駭人視聽大爲有識所嗤鄙然其採擿經史謬誤爲讀書記三十卷時人服其精博爰自志學暨乎暮齒篤好經史遺落世事用思既專性頗恍忽每至對食閉目凝思盤中之肉輒爲僕從所噉劭弗之覺唯責肉少數罸廚人廚人以情白劭劭依前閉目伺而獲之廚人方免笞辱其專固如此

袁充

袁充字德符本陳郡陽夏人也其後寓居丹陽祖昂父君正俱爲梁侍中充少警悟年十餘歲其父黨至門時冬初充尙衣葛衫容戲充曰袁郎子絺兮綌兮淒其以風充應聲答曰唯絺與綌服之無斁以是大見嗟賞仕陳年十七爲祕書郎歷太子舍人晉安王文學吏部侍郞散騎常侍及陳滅歸國歷蒙鄜二州

司馬充性好道術頗解占候由是領太史令時上將廢皇太子正窮治東宮官屬充見上雅信符應因希旨進曰比觀玄象皇太子當廢上然之充復表奏隋興已後日景漸長曰開皇元年冬至日影一丈二尺七寸二分自爾漸短至十七年冬至影一丈二尺六寸三分四年冬至在洛陽測影一丈二尺八寸八分二年夏至影一尺四寸八分自爾漸短至十六年夏至影一尺四寸五分周官以土圭之法正日影日至之影尺有五寸鄭玄云冬至之影一丈三尺今十六年夏至之影短於舊影五分十七年冬至之影短於舊影三寸七分日去極近則影短而日長去極遠則影長而日短行內道則去極近外道則去極遠堯典云日短星昴以正仲冬據昴星昏中則知堯時仲冬日在須女十度以歷數推之開皇已來冬至日在斗十一度與唐堯之代去極並近謹案春秋元命包云日月出內道璇璣得常天帝崇靈聖王祖功京房別對曰太平日行上道升平行次道霸世行下道伏惟大隋啓運上感乾元影短日長振古未之有也上大悅告天下將作役功因加程課丁匠苦之仁壽初充言上本命與陰陽律呂合

者六十餘條而奏之因上表曰皇帝載誕之初非止神光瑞氣嘉祥應感至於
本命行年生月生日並與天地日月陰陽律呂運轉相符表裏合會此誕聖之
異寶曆之元今與物更新改年仁壽歲月日子還共誕聖之時並同明合天地
之心得仁壽之理故知洪基長笇永永無窮上大悅賞賜優崇儕輩莫之比仁
壽四年甲子歲煬帝初卽位充及太史丞高智寶奏言去歲冬至日景逾長今
歲皇帝卽位與堯受命年合昔唐堯受命四十九年到上元第一紀甲子天正
十一月庚戌冬至陛下卽位其年卽當上元第一紀甲子天正十一月庚戌冬
至正與唐堯同自放勳以來凡經八上元其間緜代未有仁壽甲子之合謹案
第一紀甲子太一在一宮天目居武德陰陽曆數並得符同唐堯景辰生景子
年受命止命三五末若己丑甲子支干並當六合允一元三統之期合五紀九
章之會共帝堯同其數與皇唐比其蹤信所謂皇哉唐哉唐哉皇哉者矣仍諷
齊王暕率百官拜表奉賀其後熒惑守太微者數旬于時繕治宮室征役繁重
充上表稱陛下修德熒惑退舍百僚畢賀帝大喜前後賞賜將萬計時軍國多

務充候帝意欲有所爲便奏稱天文見象須有改作以是取媚於上大業六年
還內史舍人從征遼東拜朝請大夫祕書少監其後天下亂帝初罹鴈門之厄
又盜賊益起帝心不自安充復假託天文上表陳嘉瑞以媚於上曰臣聞皇天
輔德皇天福謙七政斯齊三辰告應伏惟陛下握錄圖而馭黔首提萬善而化
八紘以百姓爲心匪以一人受慶先天罔違所欲後天必奉其時是以初膺寶
曆正當上元之紀乾之初九又與天命符會斯則聖人冥契故能動合天經謹
案去年已來玄象星瑞毫氂無爽謹錄尤異上天降祥破突厥等狀七事其一
去八月二十八日夜大流星如斗出王良北正落突厥營聲如崩牆其二八月
二十九日夜復有大流星如斗出羽林向北流正當北方依占頻二夜流星墜
賊所賊必敗散其三九月四日夜頻有兩星大如斗出北斗魁向東北流依占
北斗主殺伐賊必敗其四歲星主福德頻行京都二處分野依占國家之福其
五七月內熒惑守羽林九月七日已退舍依占不出三日賊必敗散其六去年
十一月二十日夜有流星赤如火從東北向西南落賊帥盧明月營破其檀車

其七十二月十五日夜通漢鎮北有赤氣亘北方突厥將亡之應也依勘城錄河南洛陽並當甲子與乾元初九爻及上元甲子符合此是福地永無所慮旋觀往政側聞前古彼則異時間出今則一朝總萃豈非天贊有道助殲兇孽方清九夷於東獩沉五狄於北溟告成岱岳無爲汾水書奏帝大悅超拜祕書令親待逾昵帝每欲征討充皆預知之乃假託星象獎成帝意在位者皆切患之宇文化及殺逆之際并誅充時年七十五

史臣曰王劭爰自幼童迄乎白首好學不倦究極羣書搢紳洽聞之士無不推其博物雅好著述久在史官既撰齊書兼修隋典好詭怪之說尚委巷之談文詞鄙穢體統繁雜直愧南董才無遷固徒煩翰墨不足觀採袁充少在江左初以警悟見稱委質隋朝更以玄象自命並要求時幸干進務入劭經營符瑞雜以妖訛充變動星占謬增晷景厚誣天道亂常侮衆刑茲勿捨其在斯乎且劭爲河朔清流充乃江南望族乾沒榮利得不以道頹其家聲良可歎息

隋書卷六十九

隋書卷六十九考證

王劭傳叶靈皇○監本叶作協按下文叶靈皇者叶合也又曰與靈寶經之開皇年相合故曰叶靈皇今從改叶

隋書卷六十九考證

唐　特　進　臣　魏　徵　上

列傳第三十五

楊玄感 李子雄 趙元淑 斛斯政 劉元進

楊玄感司徒素之子也體貌雄偉美鬚髯少時晚成人多謂之癡其父母謂所親曰此兒不癡也及長好讀書便騎射以父軍功位至柱國與其父俱爲第二品朝會則齊列其後高祖命玄感降一等玄感拜謝曰不意陛下寵臣之甚許以公廷獲展私敬初拜郢州刺史到官潛布耳目察長吏能不其有善政及贓汙者纖介必知之往往發其事莫敢欺隱吏民敬服皆稱其能後轉宋州刺史父憂去職歲餘起拜鴻臚卿襲爵楚國公遷禮部尚書性雖驕倨而愛重文學四海知名之士多趨其門自以累世尊顯有盛名於天下在朝文武多是父之將吏復見朝綱漸紊帝又猜忌日甚內不自安遂與諸弟潛謀廢帝立秦王浩及從征吐谷渾還至大斗拔谷時從官狼狽玄感欲襲擊行宮其叔慎謂玄感

曰士心尚一國未有釁不可圖也玄感乃止時帝好征伐玄感欲立威名陰求
將領謂兵部尚書段文振曰玄感世荷國恩寵踰涯分自非立效邊裔何以塞
責若方隅有風塵之警庶得執鞭行陣少展絲髮之功明公兵革是司敢布心
腹文振因言於帝帝嘉之顧謂羣臣曰將門必有將相門必有相故不虛也於
是賚物千段禮遇益隆頗預朝政帝征遼東命玄感於黎陽督運于時百姓苦
役天下思亂玄感遂與武賁郎將王仲伯汲郡贊治趙懷義等謀議欲令帝所
軍衆飢餒每爲逗遛不時進發帝遲之遣使者逼促玄感揚言曰水路多盜賊
不可前後而發其弟武賁郎將玄縱鷹揚郎將萬碩並從幸遼東玄感潛遣人
召之時將軍來護兒以舟師自東萊將入海趣平壤城軍未發玄感無以動衆
乃遣家奴僞爲使者從東方來謬稱護兒失軍期而反玄感遂入黎陽縣閉城
大索男夫於是取騆布爲牟甲署官屬皆準開皇之舊移書傍郡以討護兒爲
名各令發兵會於倉所以東光縣尉元務本爲黎州刺史趙懷義爲衞州刺史
河內郡主簿唐禕爲懷州刺史有衆且一萬將襲雒陽唐禕至河內馳往東都

告之越王侗民部尚書樊子蓋等大懼勒兵備禦脩武縣民相率守臨清關玄感不得濟遂於汲郡南渡河從亂者如市數日屯兵上春門衆至十餘萬子蓋令河南贊治裴弘策拒之弘策戰敗瀍洛父老競至牛酒玄感屯兵尚書省每誓衆曰我身爲上柱國家累鉅萬金至於富貴無所求也今者不顧破家滅族者但爲天下解倒懸之急救黎元之命耳衆皆悅詣轅門請自效者日有數千與樊子蓋書曰夫建忠立義事有多途見機而作蓋非一揆昔伊尹放太甲於桐宮霍光廢劉賀於昌邑此並公度內不能一二披陳高祖文皇帝誕膺天命造茲區宇在旋璣以齊七政握金鏡以馭六龍無爲而至化流垂拱而天下治今上纂承寶曆宜固洪基乃自絕於天殄民敗德頻年肆眚盜賊於是滋多所在脩治民力爲之凋盡荒淫酒色子女必被其侵耽玩鷹犬禽獸皆離其毒朋黨相扇貨賄公行納邪佞之言杜正直之口加以轉輸不息徭役無期士卒填溝壑骸骨蔽原野黃河之北則千里無煙江淮之間則鞠爲茂草玄感世荷國恩位居上將先公奉遺詔曰好子孫爲我輔弼之惡子孫爲我屏黜之所以上

稟先旨下順民心廢此淫昏更立明哲四海同心九州響應士卒用命如赴私
讎民庶相趨義形公道天意人事較然可知公獨守孤城勢何支久願以黔黎
在念社稷爲心勿拘小禮自貽伊戚誰謂國家一旦至此執筆潸泫言無所具
遂進逼都城刑部尚書衞玄率衆數萬自關中來援東都以步騎二萬渡瀍澗
挑戰玄感僞北玄逐之伏兵發前軍盡沒後數日玄復與玄感戰兵始合玄感
詐令人大呼曰官軍已得玄感矣玄軍稍怠玄感與數千騎乘之於是大潰擁
八千人而去玄感驍勇多力每戰親運長矛身先士卒喑嗚叱咤所當者莫不
震慴論者方之項羽又善撫馭士樂致死由是戰無不捷玄軍日蹙糧又盡乃
悉衆決戰陣於北邙一日之間戰十餘合玄感弟玄挺中流矢而斃玄感稍却
樊子蓋復遣兵攻尚書省又殺數百人帝遣武賁郎將陳稜攻元務本於黎陽
武衞將軍屈突通屯河陽左翊衞大將軍宇文述發兵繼進右驍衞大將軍來
護兒復來赴援玄感請計於前民部尚書李子雄子雄曰屈突通曉習兵事若
一渡河則勝負難決不如分兵拒之通不能濟則樊衞失援玄感然之將拒通

子蓋知其謀數擊其營玄感不果進通遂濟河軍於破陵玄感爲兩軍西抗衛玄東拒屈突通子蓋復出兵於是大戰玄感軍頻北復請計於子雄子雄曰東都援軍益至我師屢敗不可久留不如直入關中開永豐倉以振貧乏三輔可指麾而定據有府庫東面而爭天下此亦霸王之業會華陰諸楊請爲鄉導玄感遂釋洛陽西圖關中宣言曰我已破東都取關西矣宇文述等諸軍躡之至弘農宮父老遮說玄感曰宮城空虛又多積粟攻之易下進可絕敵人之食退可割宜陽之地玄感以爲然留攻之三日城不下追兵遂至玄感西至閿鄉上槃豆布陣亘五十里與官軍且戰且行一日三敗復陣於董杜原諸軍擊之玄感大敗獨與十餘騎竄林木間將奔上洛追騎至玄感叱之皆懼而反走至葭蘆戍玄感窘迫獨與弟積善步行自知不免謂積善曰事敗矣我不能受人戮辱汝可殺我積善抽刀斫殺之因自刺不死爲追兵所執與玄感首俱送行在所磔其屍於東都市三日復臠而焚之餘黨悉平其弟玄奬爲義陽太守將歸玄感爲郡丞周琁玉所殺玄縱弟萬碩自帝所逃歸至高陽止傳舍監事許華

與郡兵執之斬於涿郡萬碩弟民行官至朝請大夫斬於長安並具梟磔公卿請改玄感姓爲梟氏詔可之初玄感圍東都也梁郡人韓相國舉兵應之玄感以爲河南道元帥旬月閒衆十餘萬攻剽郡縣至于襄城遇玄感敗兵漸潰散爲吏所執傳首東都

李子雄渤海蓨人也祖伯賁魏諫議大夫父桃枝東平太守與鄉人高仲密同歸於周官至冀州刺史子雄少慷慨有壯志弱冠從周武帝平齊以功授帥都督高祖作相從韋孝寬破尉迥於相州拜上開府賜爵建昌縣公高祖受禪爲驃騎將軍伐陳之役以功進位大將軍歷郴江二州刺史並有能名仁壽中坐事免漢王諒之作亂也煬帝將發幽州兵以討之時竇抗爲幽州總管帝恐其有二心問可任者於楊素素進子雄授大將軍拜廣州刺史馳至幽州止傳舍召募得千餘人抗恃素貴不時相見子雄遣人諭之後二日抗從鐵騎二千來詣子雄所子雄伏甲請與相見因禽抗遂發幽州兵步騎三萬自井陘以討諒時諒遣大將軍劉建略地燕趙正攻井陘相遇於抱犢山下力戰破之遷幽州

總管尋徵拜民部尚書子雄明辯有器幹帝甚任之新羅嘗遣使朝貢子雄至朝堂與語因問其冠制所由其使者曰皮弁遺象安有大國君子而不識皮弁也子雄因曰中國無禮求諸四夷使者曰自至已來此言之外未見無禮憲司以子雄失詞奏劾其事竟坐免俄而復職從幸江都帝以仗衞不整顧子雄部伍之子雄立指麾六軍肅然帝大悅曰公真武候才也尋轉右武候大將軍後坐事除名遼東之役帝令從軍自效因從來護兒自東平將指滄海會楊玄感反於黎陽帝疑之詔鎖子雄送行在所子雄殺使者亡歸玄感玄感每請計於子雄語在玄感傳及玄感敗伏誅籍沒其家

趙元淑父世模初事高寶寧後以衆歸周授上開府寓居京兆之雲陽高祖踐阼恆典宿衞迨同晉王伐陳先鋒遇賊力戰而死朝廷以其身死王事令子元淑襲父本官賜物二千段元淑性踈宕不事生產家徒壁立後數歲授驃騎將軍將之官無以自給時長安富人宗連家累千金仕周爲三原令有季女慧而有色連獨奇之每求賢夫聞元淑如是請與相見連有風儀美談笑元淑亦異

之及至其家服翫居處擬於將相酒酣奏女樂元淑所未見也元淑辭出連曰
公子有暇可復來也後數日復造之宴樂更侈如此者再三因謂元淑曰知公
子素貧老夫當相濟因問元淑所須盡買與之臨別元淑再拜致謝連復拜曰
鄙人竊不自量敬慕公子今有一女願爲箕帚妾公子意何如元淑感愧遂娉
爲妻連復送奴婢二十口良馬十餘匹加以縑帛錦綺及金寶珍玩元淑遂爲
富人及煬帝嗣位漢王諒作亂元淑從楊素擊平之以功進位柱國拜德州刺
史尋轉頼川太守並有威惠因入朝會司農不時納諸郡租穀元淑奏之帝謂
元淑曰如卿意者幾日當了元淑曰如臣意不過十日帝即日拜元淑爲司農
卿納天下租如言而了帝悅焉禮部尚書楊玄感潛有異志以元淑可與共亂
遂與結交多遺金寶遼東之役領將軍典宿衛加授光祿大夫封葛公明年帝
復征高麗以元淑鎮臨渝及玄感作亂其弟玄縱自帝所逃歸路經臨渝元淑
出其小妻魏氏見玄縱對宴極歡因與通謀幷受玄縱賂遺及玄感敗人有告
其事者帝以屬吏元淑言與玄感結婚所得金寶則爲財娉實無他故魏氏復

言初不受金帝親臨問卒無異辭帝大怒謂侍臣曰此則反狀何勞重問元淑及魏氏俱斬於涿郡籍沒其家

河南斛斯政祖椿魏太保尚書令常山文宣王父恢散騎常侍新蔡郡公政明悟有器幹初爲親衞後以軍功授儀同甚爲楊素所禮大業中爲尚書兵曹郎政有風神每奏事未嘗不稱旨煬帝悅之漸見委信楊玄感兄弟俱與之交遼東之役兵部尚書段文振卒侍郎明雅復以罪廢帝彌屬意尋遷兵部侍郎于時外事四夷軍國多務政處斷辯速稱爲幹理玄感之反也政與通謀及玄縱等亡歸亦政之計也帝在遼東將班師窮治玄縱黨與內不自安遂亡奔高麗明年帝復東征高麗請降求執送政帝許之遂鎖政而還至京師以政告廟左翊衞大將軍宇文述奏曰斛斯政之罪天地所不容人神所同忿若同常刑賊臣逆子何以懲肅請變常法帝許之於是將政出金光門縛政於柱公卿百僚並親擊射臠割其肉多有噉者噉後烹煑收其餘骨焚而揚之餘杭劉元進少好任俠爲州里所宗兩手各長尺餘臂垂過膝煬帝興遼東之役百姓騷動元

進自以相表非常陰有異志遂聚衆合亡命會帝復征遼東徵兵吳會士卒皆
相謂曰去年吾輩父兄從帝征者當全盛之時猶死亡太半骸骨不歸今天下
已罷敝是行也吾屬其無遺類矣於是多有亡散郡縣捕之急既而楊玄感起
於黎陽元進知天下思亂於是舉兵應之三吳苦役者莫不響至旬月衆至數
萬將渡江而玄感敗吳郡朱燮晉陵管崇亦舉兵有衆七萬共迎元進奉以爲
主據吳郡稱天子燮崇俱爲僕射署置百官毗陵東陽會稽建安豪傑多執長
吏以應之帝令將軍吐萬緒光祿大夫魚俱羅率兵討焉元進西屯茅浦以抗
官軍頻戰互有勝負元進保曲阿與朱燮管崇合軍衆至十萬緒進軍逼之相
持百餘日爲緒所敗保於黃山緒復破之燮戰死元進引軜建安休兵養士二
將亦以師老頓軍自守俄而二將俱得罪帝令江都郡丞王世充發淮南兵擊
之有大流星墜於江都未及地而南逝磨拂竹木皆有聲至吳郡而落于地元
進惡之令掘地入二丈得一石徑丈餘後數日失石所在世充既渡江元進將
兵拒戰殺千餘人世充窘急退保延陵柵元進遣兵人各持茅因風縱火世充

大懼將棄營而遁遇反風火轉元進之衆懼燒而退世充簡銳卒掩擊大破之殺傷大半自是頻戰輒敗元進謂管崇曰事急矣當以死決之於是出挑戰俱爲世充所殺其衆悉降世充坑之於黃亭澗死者三萬人其餘黨往往保險爲盜其後董道沖沈法興李子通等乘此而起戰爭不息逮於隋亡

李密 裴仁基

李密字法主真鄉公衍之從孫也祖耀周邢國公父寬驍勇善戰幹略過人自周及隋數經將領至柱國蒲山郡公號爲名將密多籌算才兼文武志氣雄遠常以濟物爲己任開皇中襲父爵蒲山公乃散家產賙贍親故養客禮賢無所愛悋與楊玄感爲刎頸之交後更折節下帷耽學尤好兵書誦皆在口師事國子助教包愷受史記漢書勵精忘勸愷門徒皆出其下大業初授親衛大都督非其所好稱疾而歸及楊玄感在黎陽有逆謀陰遣家僮至京師召密令與弟玄挺等同赴黎陽玄感舉兵而密至玄感大喜以爲謀主玄感謀計於密密曰愚有三計惟公所擇今天子出征遠在遼外地去幽州懸隔千里南有巨海之

限北有胡戎之患中間一道理極艱危今公擁兵出其不意長驅入薊直扼其喉前有高麗退無歸路不過旬月齎糧必盡舉麾一召其衆自降不戰而禽此計之上也又關中四塞天府之國有衞文昇不足爲意今宜率衆經城勿攻輕齎鼓行務早西入天子雖還失其襟帶據險臨之故當必剋萬全之勢此計之中也若隨近逐便先向東都唐禕告之理當固守引兵攻戰必延歲月勝負殊未可知此計之下也玄感曰不然公之下計乃上策矣今百官家口並在東都若不取之安能動物且經城不拔何以示威密計遂不行玄感既至東都皆捷自謂天下響應功在朝夕及獲韋福嗣又委以腹心是以軍旅之事不專歸密福嗣既非同謀因戰被執每設籌畫皆持兩端後使作檄文福嗣固辭不肯密揣知其情因謂玄感曰福嗣元非同盟實懷觀望明公初起大事而姦人在側聽其是非必爲所誤矣請斬謝衆方可安輯玄感曰何至於此密知言之不用退謂所親曰楚公好反而不欲勝如何吾屬今爲虜矣後玄感將西入福嗣竟亡歸東都時李子雄勸玄感速稱尊號玄感以問於密密曰昔陳勝自欲稱王

張耳諫而被外魏武將求九錫荀彧止而見疏今者密欲正言還恐追蹤二子阿諛順意又非密之本圖何者兵起已來雖復頻捷至於郡縣未有從者東都守禦尚強天下救兵益至公當身先士衆早定關中迺欲急自尊崇何示不廣也玄感笑而止及宇文述來護兒等軍且至玄感謂密曰計將安出密曰元弘嗣統強兵於隴右今可揚言其反遣使迎公因此入關可得紿衆玄感遂以密謀號令其衆因引西入至陝縣欲圍弘農宮密諫之曰公今詐衆入西軍事在速況乃追兵將至安可稽留若前不得據關退無所守大衆一散何以自全玄感不從遂圍之三日攻不能拔方引而西至於閿鄉追兵遂及玄感敗密間行入關與玄感從叔詢相隨匿於馮翊詢妻之舍尋爲鄰人所告遂捕獲囚於京兆獄是時煬帝在高陽與其黨俱送帝所在途謂其徒曰吾等之命同於朝露若至高陽必爲葅醢今道中猶可爲計安得行就鼎鑊不規逃避也衆咸然之其徒多有金密令出示使者曰吾等死日此金並留付公幸用相瘞其餘卽皆報德使者利其金遂相然許及出關外防禁漸弛密請通市酒食每讌飲喧嘩

竟夕使者不以爲意行次邯鄲夜宿村中密等七人皆穿牆而遁與王仲伯亡
抵平原賊帥郝孝德孝德不甚禮之備遭饑饉至削樹皮而食仲伯潛歸天水
密詣淮陽舍於村中變姓名稱劉智遠聚徒教授經數月密鬱鬱不得志爲五
言詩曰金風蕩初節玉露凋晚林此夕窮塗士空軫鬱陶心眺聽良多感慷慨
獨霑襟霑襟何所爲悵然懷古意秦俗猶未平漢道將何冀樊噲市井徒蕭何
刀筆吏一朝時運合萬古傳名器寄言世上雄虛生真可愧詩成而泣下數行
時人有怪之者以告太守趙他縣捕之密乃亡去抵其妹夫雍丘令丘君明後
君明從子懷義以告帝令捕密密得遁去君明竟坐死會東郡賊帥翟讓聚黨
萬餘人密歸之其中有知密是玄感亡將潛勸讓害之密大懼乃因王伯當以
策干讓讓遣說諸小賊所至輒降下讓始敬焉召與計事密謂讓曰今兵衆既
多糧無所出若曠日持久則人馬困敝大敵一臨死亡無日未若直趣滎陽休
兵館穀待士馬肥充然可與人爭利讓從之於是破金隄關掠滎陽諸縣城堡
多下之滎陽太守郇王慶及通守張須陀以兵討讓讓數爲須陀所敗聞其來

大懼將遠避之密曰須陁勇而無謀兵又驟勝既驕且狠可一戰而禽公但列陣以待保爲公破之讓不得已勒兵將戰密分兵千餘人於林木間設伏讓與戰不利軍稍却密發伏自後掩之須陁衆潰與讓合擊大破之遂斬須陁於陣讓於是令密建牙别統所部密復説讓曰昏主蒙塵播蕩吳越蝟毛競起海內飢荒明公以英桀之才而統驍雄之旅宜當廓清天下誅翦羣兇豈可求食草間常爲小盜而已今東都士庶中外離心留守諸官政令不一明公親率大衆直掩興洛倉發粟以賑窮乏遠近孰不歸附百萬之衆一朝可集先發制人此機不可失也讓曰僕起隴畝之間望不至此必如所圖請君先發僕領諸軍便爲後殿得倉之日當别議之密與讓領精兵七千人以大業十三年春出陽城北踰方山自羅口襲興洛倉破之開倉恣民所取老弱襁負道路不絕越王侗武賁郎將劉長恭率步騎二萬五千討密密一戰破之長恭僅以身免讓於是推密爲主密城洛口周迴四十里以居之房彦藻說下豫州東都大懼讓上密號爲魏公密初辭不受諸將等固請乃從之設壇場卽位稱元年置官屬以房

彥藻爲左長史邴元真右長史楊德方左司馬鄭德韜右司馬拜讓司徒封東郡公其將帥封拜各有差長白山賊孟讓掠東郡燒豐都市而歸密攻下鞏縣獲縣長柴孝和拜爲護軍武賁郎將裴仁基以武牢歸密因遣仁基與孟讓率兵二萬餘人襲迴洛倉破之燒天津橋遂縱兵大掠東都出兵乘之仁基等大敗僅以身免密復親率兵三萬逼東都將軍段達武賁郎將高毗劉長恭等出兵七萬拒之戰於故都官軍敗走密復下迴洛倉而據之俄而德韜德方俱死復以鄭頲爲左司馬鄭虔象爲右司馬柴孝和說密曰秦地阻山帶河西楚背之而亡漢高都之而霸如愚意者令仁基守迴洛翟讓守洛口明公親簡精銳西襲長安百姓孰不郊迎必當有征無戰既剋京邑業固兵強方更長驅崤函掃蕩京洛傳檄指撝天下可定但今英雄競起實恐他人我先一朝失之噬臍何及密曰君之所圖僕亦思之久矣誠爲上策但昏主尚在從兵猶衆我之所部並山東人既見未下洛陽何肯相隨西入諸將出於羣盜留之各競雌雄若然者殆將敗矣孝和曰誠如公言非所及也大軍既未可西出請間行觀隙密

從之孝和與數十騎至陝縣山賊歸之者萬餘人密時兵鋒甚銳每入苑與官軍連戰會密爲流矢所中臥於營內後數日東都出兵擊之密衆大潰棄迴洛倉歸洛口孝和之衆聞密退各分散而去孝和輕騎歸密帝遣王世充率江淮勁卒五萬來討密密逆拒之戰不利柴孝和溺死於洛水密甚傷之世充營於洛西與密相拒百餘日武陽郡丞元寶藏黎陽賊帥李文相洹水賊帥張昇清河賊帥趙君德平原賊帥郝孝德並歸於密共襲破黎陽倉據之周法明舉江黃之地以附密齊郡賊帥徐圓朗任城大俠徐師仁淮陽太守趙他等前後款附以千百數翟讓所部王儒信勸讓爲大冢宰總統衆務以奪密權讓兄寬復謂讓曰天子止可自作安得與人汝若不能作我當爲之密聞其言有圖讓之計會世充列陣而至讓出拒之爲世充所擊退者數百步密與單雄信等率精銳赴之世充敗走讓欲乘勝進破其營會日暮密固止之明日讓與數百人至密所欲爲宴樂密具饌以待之其所將左右各分令就食諸門並設備讓不之覺也密引讓入坐有好弓出示讓遂令讓射讓引滿將發密遣壯士蔡建自後

斬之殞於牀下遂殺其兄寬及王儒信幷其從者亦有死焉讓所部將徐世勣爲亂兵所斫中重瘡密遽止之僅而得免單雄信等皆叩頭求哀密並釋而慰諭之於是率左右數百人詣讓本營王伯當邴元真單雄信等入營告以殺讓之意衆無敢動者乃令徐世勣單雄信王伯當分統其衆未幾世充夜襲倉城密逆拒破之斬武賁郎將費青奴世充復移營洛北南對鞏縣其後遂於洛水造浮橋悉衆以擊密密與千騎拒之不利而退世充因薄其城下密簡銳卒數百人分爲三隊出擊之官軍稍却自相陷溺死者數萬人武賁郎將楊威王辯霍世舉劉長恭梁德重董智通等諸將率皆沒于陣世充僅而獲免不敢還東都遂走河陽其夜雨雪尺餘衆隨之者死亡殆盡密於是修金墉故城居之衆三十餘萬復來攻上春門留守韋津出拒戰密擊敗之執津於陣其黨勸密即尊號密不許及義師圍東都密出軍爭之交綏而退俄而宇文化及殺逆率衆自江都北指黎陽兵十餘萬密乃自率步騎二萬拒之會越王侗稱尊號遣使者授密太尉尚書令東南道大行臺行軍元帥魏國公令先平化及然後入朝

輔政密遣使報謝焉化及與密相遇密知其軍少食利在急戰故不與交鋒又遏其歸路使不得西密遣徐世勣守倉城化及攻之不能下密與化及隔水而語密數之曰卿本匈奴皁隸破野頭耳父兄子弟並受隋室厚恩富貴累世至妻公主光榮隆顯舉朝莫二荷國士之遇者當須國士報之豈容主上失德不能死諫反因衆叛躬行殺虐誅及子孫傍立支庶擅自尊崇欲規篡奪汙辱妃后枉害無辜不追諸葛瞻之忠誠乃爲霍禹之惡逆天地所不容人神所莫祐擁逼良善將欲何之今若速來歸我尚可得全後嗣化及默然俯視良久乃瞋目大言曰共你論相殺事何須作書語邪密謂從者曰化及庸懦如此忽欲圖爲帝王斯乃趙高聖公之流吾當折杖驅之耳化及盛修攻具以逼黎陽倉城密領輕騎五百馳赴之倉城兵又出相應焚其攻具經夜火不滅密知化及糧且盡因僞與和以敝其衆化及不之悟大喜恣其兵食冀密饋之會密下有人獲罪亡投化及具言密情化及大怒其食又盡乃度永濟渠與密戰于童山之下自辰達酉密爲流矢所中頓於汲縣化及掠汲郡北趣魏縣其將陳智略張

童仁等所部兵歸于密者前後相繼初化及以輜重留於東郡遣其所署刑部
尚書王軌守之至是軌舉郡降密以軌爲滑州總管密引兵而西遣記室參軍
李儉朝於東都執殺煬帝人于弘達以獻越王侗侗以儉爲司農少卿使之反
命召密入朝密至温縣聞世充已殺元文都盧楚等乃歸金墉世充既得擅權
乃厚賜將士繕治器械人心漸銳然密兵少衣世充乏食乃請交易密初難之
邴元真等各求私利遞來勸密密遂許焉初東都絶糧人歸密者日有數百至
此得食而降人益少密方悔而止密雖據倉無府庫兵數戰不獲賞又厚撫初
附之兵於是衆心漸怨時遣邴元真守興洛倉元真起自微賤性又貪鄙宇文
温疾之每謂密曰不殺元真公難未已密不荅而元真知之陰謀叛密揚慶聞
而告密密固疑焉會世充悉衆來決戰密留王伯當守金墉自引精兵就偃師
北阻邙山以待之世充軍至令數百騎度御河密遣裴行儼率衆逆之會日暮
暫交而退行儼孫長樂程齩金等驍將十數人皆遇重瘡密甚惡之世充夜潛
濟師詰朝而陣密方覺之狼狽出戰於是敗績與萬餘人馳向洛口世充夜圍

偃師守將鄭頲爲其部下所翻以城降世充密將入洛口倉城元真已遣人潛引世充矣密陰知之而不發其事因與衆謀待世充之兵半濟洛水然後擊之及世充軍至密候騎不時覺比將出戰世充軍悉已濟矣密自度不能支引騎而遁元真竟以城降於世充密衆漸離將如黎陽人或謂密曰殺翟讓之際徐世勣幾至於死今瘡猶未復其心安可保乎密乃止時王伯當棄金墉保河陽密以輕騎自武牢度河以歸之謂伯當曰兵敗矣久苦諸君我今自刎請以謝衆衆皆泣莫能仰視密復曰諸君幸不相棄當共歸關中密身雖媿無功諸君必保富貴其府掾柳燮對曰昔盆子歸漢尚食均輸明公與長安宗族有疇昔之遇雖不陪起義然而阻東都斷隋歸路使唐國不戰而據京師此亦公之功也衆咸曰然密遂歸大唐封邢國公拜光祿卿

河東裴仁基字德本祖伯鳳周汾州刺史父定上儀同仁基少驍武便弓馬開皇初爲親衛平陳之役先登陷陣拜儀同賜物千段以本官領漢王諒府親信煬帝嗣位諒舉兵作亂仁基苦諫諒大怒囚之於獄及諒敗帝嘉之超拜護軍

數歲改授武賁郎將從將軍李景討叛蠻向思多於黔安以功進位銀青光祿大夫賜奴婢百口絹五百匹擊吐谷渾於張掖破之加授金紫光祿大夫斬獲寇掠靺鞨拜左光祿大夫從征高麗進位光祿大夫帝幸江都李密據洛口令仁基爲河南道討捕大使據武牢以拒密及滎陽通守張須陁爲密所殺仁基悉收其衆每與密戰多所斬獲時隋大亂有功者不錄仁基見強寇在前士卒勞敝所得軍資即用分賞監軍御史蕭懷靜每抑止之衆咸怨怒懷靜又陰持仁基長短欲有所奏劾仁基懼遂殺懷靜以其衆歸密密以爲河東郡公其子行儼驍勇善戰密復以爲絳郡公甚相委昵王世充以東都食盡悉衆詣偃師與密決戰密問計於諸將仁基對曰世充盡銳而至洛下必虛可分兵守其要路令不得東簡精兵三萬傍河西出以逼東都世充卻還我且按甲世充重出我又逼之如此則此有餘力彼勞奔命兵法所謂彼出我歸彼歸我出數戰以疲之多方以誤之者也密曰公知其一不知其二東都兵馬有三不可當器械精一也決計而來二也食盡求鬭三也我按甲蓄力以觀其敝彼求鬭不得欲

走無路不過十日世充之首可懸於麾下單雄信等諸將輕世充皆請戰仁基苦爭不得密難違諸將之言戰遂大敗仁基爲世充所虜世充以其父子並驍銳深禮之以兄女妻行儼及僭尊號署仁基爲禮部尚書行儼爲左輔大將軍行儼每有攻戰所當皆披靡號爲萬人敵世充憚其威名頗加猜防仁基知其意不自安遂與世充所署尚書左丞宇文儒童尚食直長陳謙祕書丞崔德本等謀反令陳謙於上食之際持七首以劫世充行儼以兵應於階下指麾事定然後出越王侗以輔之事臨發將軍張童仁知其謀而告之俱爲世充所殺

史臣曰古先帝王之興也非夫至德深仁格於天地有豐功博利弘濟艱難不然則其道無由矣自周邦不競隋運將隆武元高祖並著大功於王室平南國摧東夏總百揆定三方然後變謳歌遷寶鼎于時匈奴驕倨勾吳不朝既爭長於黃池亦飲馬於清渭高祖內綏外禦日不暇給委心膂於俊傑寄折衝於爪牙文武爭馳羣策畢舉服猾夏之虜掃黃旗之寇峻五岳以作鎮環四海以爲池厚澤被於域中餘威震於殊俗煬帝蒙故業踐丕基阻伊洛而固崤函跨兩

都而總萬國矜曆數之在己忽王業之艱難不務以道恤人將以申威海外運
拒諫之智騁飾非之辯恥轍迹之未遠忘德義之不修於是鑿通渠開馳道樹
以柳杞隱以金槌西出玉門東踰碣石塹山堙谷浮河達海民力凋盡徭戍無
期率土之心鳥驚魚潰方西規奄蔡南討琉球親總八狄之師屢踐三韓之域
自以威行萬物顧指無違又躬爲長君功高曩列寵不假於外戚權不逮於羣
下足以轥轢軒唐奄吞周漢子孫萬代人莫能窺振古以來一君而已遂乃外
踈猛士內忌忠良恥有盜竊之聲惡聞喪亂之事出師命將不料衆寡兵少力
屈者以畏愞受顯誅竭誠克勝者以功高蒙隱戮或斃鋒刃之下或殞鴆毒之
中賞不可以有功求刑不可以無罪免畏首畏尾進退維谷彼山東之羣盜多
出廝役之中無尺土之資十家之產豈有陳涉亡秦之志張角亂漢之謀哉皆
苦於上欲無厭下不堪命飢寒交切救死萑蒲莫識旌旗什伍之容安知行師
用兵之勢但人自爲戰衆怒難犯故攻無完城野無橫陣星離碁布以千百數
豪傑因其機以動之乘其勢而用之雖有勇敢之士明智之將連踵覆沒莫之

能禦煬帝䰟䰕氣懾望絶兩京謀竄身於江湖襲永嘉之舊迹既而禍生轂下
釁起舟中思早告而莫追唯請死而獲可身棄南巢之野首懸白旗之上子孫
剿絶宗廟爲墟夫以開皇之初比於大業之盛度土地之廣狹料戸口之衆寡
算甲兵之多少校倉廩之虛實九鼎之譬鴻毛未喻輕重培塿之方嵩岱曾何
等級論地險則遼隧未擬於長江語人謀則句麗不侔於陳國高祖掃江南以
清六合煬帝事遼東而喪天下其故何哉所爲之迹同所用之心異也高祖北
却強胡南幷百越十有餘載戎車屢動民亦勞止不爲無事然其動也思以安
之其勞也思以逸之是以民致時雍師無怨讟誠在於愛利故其興也勃焉煬
帝嗣承平之基席已安之業肆其淫放虐用其民視億兆如草芥顧羣臣如寇
讎勞近以事遠求名而喪實兵纏魏闕阽危弗圖圍解鴈門慢遊不息天奪之
魄人益其災羣盜並與百殃俱起自絶民神之望故其亡也忽焉訊之古老考
其行事此高祖之所由興而煬帝之所以滅者也可不謂然乎其隋之得失存
亡大較與秦相類始皇幷吞六國高祖統一九州二世虐用威刑煬帝肆行猜

毒皆禍起於羣盜而身殞於匹夫原始要終若合符契矣玄感宰相之子荷國重恩君之失得當竭股肱未議致身先圖問鼎遂假伊霍之事將肆莽卓之心人神同疾敗不旋踵兄弟就葅醢之誅先人受焚如之酷不亦甚乎李密遭會風雲奮其鱗翼思封函谷將割鴻溝朞月之閒衆數十萬破化及摧世充聲動四方威行萬里雖運乖天眷事屈興王而義協人謀雄名克振壯矣然志性輕狡終致顛覆其度長挈大抑陳項之季孟歟

隋書卷七十

隋書卷七十考證

楊玄感傳李子雄趙元淑斛斯政劉元進○目錄注在楊玄感下本傳玄感下不注而各傳前另自標名 臣暎斗按四人俱附玄感而亂宜從目錄注名玄感之下而刪傳前另標之名以合附傳之體

趙元淑傳初事高寶寧○北史作初從高寶無寧字當是遺脫

隋書卷七十考證

唐　特　進　臣　魏　徵　上

列傳第三十六

誠節

易稱聖人大寶曰位何以守位曰仁又云立人之道曰仁與義然則士之立身成名在乎仁義而已故仁道不遠則殺身以成仁義重於生則捐生而取義是以龍逢投軀於夏癸比干竭節於商辛申蒯斷臂於齊莊弘演納肝於衛懿爰逮漢之紀信欒布晉之向雄嵇紹凡在立名之士莫不庶幾焉至於臨難忘身見危授命雖斯文不墜而行之蓋寡固知士之所重信在茲乎非夫內懷鐵石之心外負凌霜之節孰能安之若命赴蹈如歸者也皇甫誕等當擾攘之際踐必死之機白刃臨頸確乎不拔可謂歲寒貞柏疾風勁草千載之後懍懍如生豈獨聞彼伯夷懦夫立志亦冀將來君子有所庶幾故掇採所聞爲誠節傳

劉弘

劉弘字仲遠彭城叢亭里人魏太常卿芳之孫也少好學有行檢重節槩仕齊行臺郎中襄城沛郡穀陽三郡太守西楚州刺史及齊亡周武帝以爲本郡太守尉迥之亂也遣其將席毗掠徐兗弘勒兵拒之以功授儀同永昌太守齊州長史志在立功不安佐職平陳之役表請從軍以行軍長史從總管吐萬緒渡江以功加上儀同封濩澤縣公拜泉州刺史會高智慧作亂以兵攻州弘城守百餘日救兵不至前後出戰死亡太半糧盡無所食與士卒數百人煑犀甲腰帶及剝樹皮而食之一無離叛賊知其飢餓欲降之弘抗節彌厲賊悉衆來攻城陷爲賊所害上聞而嘉歎者久之賜物二千段子長信襲其官爵

皇甫誕陶模　敬釗

皇甫誕字玄慮安定烏氏人也祖和魏膠州刺史父璠周隋州刺史誕少剛毅有器局周畢王引爲倉曹參軍高祖受禪爲兵部侍郎數年出爲魯州長史開皇中復入爲比部刑部二曹侍郎俱有能名遷治書侍御史朝臣無不肅憚上以百姓多流亡令誕爲河南道大使以檢括之及還奏事稱旨上甚悅令判大

理少卿明年遷尚書右丞俄以母憂去職未朞起令視事尋轉尚書左丞時漢
王諒爲幷州總管朝廷盛選寮佐前後長史司馬皆一時名士上以誕公方著
稱拜幷州總管司馬總府政事一以諮之諒甚敬焉及煬帝卽位徵諒入朝諒
用諮議王頍之謀發兵作亂誕數諫止諒不納誕因流涕曰竊料大王兵資無
敵京師者加以君臣位定逆順勢殊士馬雖精難以取勝願王奉詔入朝守臣
子之節必有松喬之壽累代之榮如更遷延陷身叛逆一挂刑書爲布衣黔首
不可得也願察區區之心思萬全之計敢以死請諒怒而囚之及楊素將至諒
屯清源以拒之諒主簿豆盧毓出誕於獄相與協謀閉城拒諒諒襲擊破之並
抗節而遇害帝以誕亡身徇國嘉悼者久之下詔曰褒顯名節有國通規加等
飾終抑惟令典幷州總管司馬皇甫誕性理淹通志懷審正効官贊務聲績克
宣值狂悖構禍凶威孔熾確殉單誠不從妖逆雖幽縶寇手而雅志彌厲遂潛
與義徒據城抗拒衆寡不敵奄致非命可贈柱國封弘義公謚曰明子無逸嗣
無逸尋爲淯陽太守政甚有聲大業令行舊爵例除以無逸誠義之後賜爵平

興侯入爲刑部侍郎守右武衛將軍初漢王諒之反也州縣莫不響應有嵐州
司馬陶模繁時令敬釗並抗節不從
陶模京兆人也性明敏有器幹仁壽初爲嵐州司馬諒既作亂刺史喬鍾葵發
兵將赴逆模拒之曰漢王所圖不軌公荷國厚恩致位方伯謂當竭誠效命以
答慈造豈有大行皇帝梓宮未掩翻爲厲階鍾葵失色曰司馬反邪臨之以兵
辭氣不撓葵義而釋之軍吏進曰若不斬模何以壓衆心於是因之於獄悉掠
取資財分賜黨與及諒平煬帝嘉之拜開府授大興令楊玄感之反也率兵從
衛玄擊之以功進位銀青光祿大夫卒官
敬釗字積善河東蒲坂人也父元約周布憲中大夫釗仁壽中爲繁時令甚有
能名及賊至力戰城陷賊帥墨弼掠其資產而臨之以兵釗辭氣不撓弼義而
止之執送於僞將喬鍾葵所鍾葵釋之署爲代州總管司馬釗正色拒之至於
再三鍾葵忿然曰受命則可不然當斬釗答曰忝爲縣宰遭逢逆亂進不能保
境退不能死節爲辱已多何乃復以僞官相迫也死生唯命餘非所聞鍾葵怒

甚熟視釗曰卿不畏死邪復將殺之會楊義臣軍至鍾葵遽出戰因而大敗釗遂得免大業三年煬帝避暑汾陽宮代州長史柳銓司馬崔寶山上其狀付有司將加褒賞會世基奏格而止後遷朝邑令未幾終

游元

游元字楚客廣平任城人魏五更明根之玄孫也父寶藏位至太守元少聰敏年十六齊司徒徐顯秀引爲參軍事周武帝平齊之後歷壽春令譙州司馬俱有能名開皇中爲殿內侍御史晉王廣爲揚州總管以元爲法曹參軍父憂去職後爲內直監煬帝嗣位遷尚書度支郎遼東之役領左驍衛長史爲蓋牟道監軍拜朝請大夫兼治書侍御史宇文述等九軍敗績帝令元按其獄述時貴倖其子士及又尚南陽公主勢傾朝廷遣家僮造元有所請屬元不之見他日數述曰公地屬親賢腹心是寄當咎身責己以勸事君乃遣人相造欲何所道按之愈急仍以狀劾之帝嘉其公正賜朝服一襲九年奉使於黎陽督運楊玄感作逆乃謂元曰獨夫肆虐天下士大夫肝腦塗地加以陷身絕域之所軍糧

斷絶此亦天亡之時也我今親率義兵以誅無道卿意如何元正色答曰尊公荷國寵靈功參佐命高官重祿近古莫儔公之弟兄青紫交映當謂竭誠盡節上答鴻恩豈意墳土未乾親圖反噬深爲明公不取願思禍福之端僕有死而已不敢聞命玄感怒而囚之屢脅以兵竟不屈節於是害之帝甚嘉歎贈銀青光祿大夫賜縑五百匹拜其子仁宗爲正議大夫弋陽郡通守

馮慈明

馮慈明字無佚信都長樂人也父子琮仕齊官至尚書右僕射慈明在齊以戚屬之故年十四爲淮陽王開府參軍事尋補司州主簿進除中書舍人周武平齊授帥都督高祖受禪開三府官除司空司倉參軍事累遷行臺禮部侍郎晉王廣爲并州總管盛選寮屬以慈明爲司士後歷吏部員外郎兼內史舍人煬帝即位以母憂去職帝以慈明始事藩邸後更在臺意甚銜之至是謫爲伊吾鎮副未之官轉交阯郡丞大業九年被徵入朝時兵部侍郎斛斯政亡奔高麗帝見慈明深慰勉之俄拜尚書兵曹郎加位朝請大夫十三年攝江都郡丞事

李密之逼東都也詔令慈明安集瀍洛追兵擊密至鄢陵爲密黨崔樞所執密延慈明於坐勞苦之因而謂曰隋祚已盡區宇沸騰吾躬率義兵所向無敵東都危急計日將下今欲率四方之衆問罪於江都卿以爲何如慈明答曰慈明直道事人有死而已不義之言非所敢對密不悅冀其後改厚加禮焉慈明潛使人奉表江都及致書東都留守論賊形勢密知其狀又義而釋之出至營門賊帥翟讓怒曰爾爲使人爲我所執魏公相待至厚曾無感戴寧有畏乎慈明勃然曰天子使我來正欲除爾輩不圖爲賊黨所獲我豈從汝求活耶欲殺但殺何須罵詈因謂羣賊曰汝等本無惡心因飢饉逐食至此官軍且至早爲身計讓益怒於是亂刀斬之時年六十八梁郡通守楊汪上狀帝歎惜之贈銀青光祿大夫拜其二子惇怦俱爲尚書承務郎王充推越王侗爲主重贈柱國戶部尚書昌黎郡公謚曰壯武長子忱先在東都王充破李密忱亦在軍中遂遣奴負父屍柩詣東都身不自送未幾又感花燭納室時論醜之

張須陁

張須陁弘農閿鄉人也性剛烈有勇略弱冠從史萬歲討西爨以功授儀同賜物三百段煬帝嗣位漢王諒作亂幷州從楊素擊平之加開府大業中爲齊郡丞會興遼東之役百姓失業又屬歲饑穀米踊貴須陁將開倉賑給官屬咸曰須待詔勑不可擅與須陁曰今帝在遠遣使往來必淹歲序百姓有倒懸之急如待報至當委溝壑矣吾若以此獲罪死無所恨先開倉而後上狀帝知之而不責也明年賊帥王薄聚結亡命數萬人寇掠郡境官軍擊之多不利須陁發兵拒之薄遂引軍南轉掠魯郡須陁躡之及于岱山之下薄恃驟勝不設備須陁選精銳出其不意擊之薄衆大潰因乘勝斬首數千級薄收合亡散得萬餘人將北度河須陁追之至臨邑復破之斬五千餘級獲六畜萬計時天下承平日久多不習兵須陁獨勇決善戰又長於撫馭得士卒心論者號爲名將薄復北戰連豆子䴚賊孫宣雅石秪闍郝孝德等衆十餘萬攻章丘須陁遣舟師斷其津濟親率馬步二萬襲擊大破之賊徒散走既至津梁復爲舟師所拒前後狼狽獲其家累輜重不可勝計露布以聞帝大悅優詔褒揚令使者圖畫其形

容而奏之其年賊裴長才石子河等衆二萬奄至城下縱兵大掠須陁未暇集兵親率五騎與戰賊競赴之圍百餘重身中數瘡勇氣彌厲會城中兵至賊稍却須陁督軍復戰長才敗走後數旬賊帥秦君弘郭方預等合軍圍北海兵鋒甚銳須陁謂官屬曰賊自恃強謂我不能救吾今速去破之必矣於是簡精兵倍道而進賊果無備擊大破之斬數萬級獲輜重三千兩司隸刺史裴操之上狀帝遣使勞問之十年賊左孝友衆將十萬屯於蹲狗山須陁列八風營以逼之復分兵扼其要害孝友窘迫面縛來降其黨解象王良鄭大彪李畹等衆各萬計須陁悉討平之威振東夏以功遷齊郡通守領河南道十二郡黜陟討捕大使俄而賊盧明月衆十餘萬將寇河北次祝阿須陁邀擊殺數千人賊呂明星師仁泰霍小漢等衆各萬餘擾濟北須陁進軍擊走之尋將兵拒東郡賊翟讓前後三十餘戰每破走之轉滎陽通守時李密說讓取洛口倉讓憚須陁不敢進密勸之讓遂與密率兵逼滎陽須陁拒之讓懼而退須陁乘之逐北十餘里時李密先伏數千人於林木間邀擊須陁軍遂敗績密與讓合軍圍之須陁

潰圍輒出左右不能盡出須陁躍馬入救之來往數四衆皆敗散乃仰天曰兵敗如此何面見天子乎乃下馬戰死時年五十二其所部兵晝夜號哭數日不止越王侗遣左光祿大夫裴仁基招撫其衆移鎮武牢帝令其子元備總父兵元備時在齊郡遇賊竟不果行

楊善會

楊善會字敬仁弘農華陰人也父初官至毘陵太守善會大業中為鄃令以清正聞俄而山東饑饉百姓相聚為盜善會以左右數百人逐捕之往皆克捷其後賊帥張金稱衆數萬屯于縣界屠城剽邑郡縣莫能禦善會率勵所領與賊搏戰或日有數合每挫其鋒煬帝遣將軍段達來討金稱善會進計於達達不能用軍竟敗焉達深謝善會後復與賊戰進止一以謀之於是大克金稱復引渤海賊孫宣雅高士達等衆數十萬破黎陽而還軍鋒甚盛善會以勁兵千人邀擊破之擢拜朝請大夫清河郡丞金稱稍更屯聚以輕兵掠冠氏善會與平原通守楊元弘步騎數萬衆襲其本營武賁郎將王辯軍亦至金稱釋冠氏來

援因與辯戰不利善會選精鋭五百赴之所當皆靡辯軍復振賊退守本營諸軍各還于時山東思亂從盜如市郡縣微弱陷沒相繼能抗賊者唯善會而已前後七百餘陣未嘗負敗每恨衆寡懸殊未能滅賊會太僕楊義臣討金稱復爲賊所敗退保臨清取善會之策頻與決戰賊乃退走乘勝遂破其營盡俘其衆金稱將數百人遁逃後歸漳南招集餘黨善會追捕斬之傳首行在所帝賜以尚方甲稍弓劍進拜清河通守其年從楊義臣斬漳南賊帥高士達傳首江都宮帝下詔褒揚之士達所部將竇建德自號長樂王來攻信都臨清賊王安阻兵數千與建德相影響善會襲安斬之建德既下信都復擾清河善會逆拒之反爲所敗嬰城固守賊圍之四旬城陷爲賊所執建德釋而禮之用爲貝州刺史善會罵之曰老賊何敢擬議國士恨吾力劣不能擒汝等我豈是汝屠酤兒輩敢欲更相吏邪臨之以兵辭氣不撓建德猶欲活之爲其部下所請又知終不爲己用於是害之清河士庶莫不傷痛焉

獨孤盛

獨孤盛上柱國楷之弟也性剛烈有膽氣煬帝在藩盛以左右從累遷爲車騎將軍及帝嗣位以藩邸之舊漸見親待累轉爲右屯衞將軍宇文化及之作亂也裴虔通引兵至成象殿宿衞者皆釋仗而走盛謂虔通曰何物兵形勢太異也虔通曰事勢已然不預將軍事將軍慎無動盛大罵曰老賊是何物語不及被甲與左右十餘人逆拒之爲亂兵所殺越王侗稱制贈光祿大夫紀國公謚曰武節

元文都

元文都洵陽公孝矩之兄子也父孝則周小冢宰江陵總管文都性鯁直明辯有器幹仕周爲右侍上士開皇初授內史舍人歷庫部考功二曹郎俱有能名擢爲尚書左丞轉太府少卿煬帝嗣位轉司農少卿司隸大夫尋拜御史大夫坐事免未幾授太府卿帝漸任之甚有當時之譽大業十三年帝幸江都宮詔文都與段達皇甫無逸韋津等同爲東都留守及帝崩文都與達津等共推越王侗爲帝侗署文都爲內史令開府儀同三司光祿大夫左驍衞大將軍攝右

翊衛將軍魯國公旣而宇文化及立秦王浩爲帝擁兵至彭城所在響震文都諷侗遣使通於李密密於是請降因授官爵禮其使甚厚王充不悅因與文都有隙文都知之陰有誅充之計侗復以文都領御史大夫充固執而止盧楚說文都曰王充外軍一將耳本非留守之徒何得預吾事且洛口之敗罪不容誅今者敢懷跋扈宰制時政此而不除方爲國患文都然之遂懷奏入殿事臨發有人以告充充時在朝堂懼而馳還含嘉城謀作亂文都頻遣呼之充稱疾不赴至夜作亂攻東太陽門而入拜於紫微觀下侗遣人謂之曰何爲者充曰元文都盧楚謀相殺害請斬文都歸罪司寇侗見兵勢漸盛度終不免謂文都曰公自見王將軍也文都遷延而泣侗遣其署將軍黃桃樹執文都以出文都顧謂侗曰臣今朝亡陛下亦當夕及侗慟哭而遣之左右莫不憫默出至與教門充令左右亂斬之諸子並見害

盧楚

盧楚涿郡范陽人也祖景祚魏司空掾楚少有才學鯁急口吃言語澁難大業

中爲尚書右司郎當朝正色甚爲公卿所憚及帝幸江都東都官寮多不奉法
楚每存糾舉無所迴避越王侗稱尊號以楚爲內史令左備身將軍攝尚書左
丞右光祿大夫封涿郡公與元文都等同心戮力以輔幼王及王充作亂兵攻
太陽門武衞將軍皇甫無逸斬關逃難呼楚同去楚謂之曰僕與元公有約若
社稷有難誓以俱死今捨去不義及兵入楚匿於大官署賊黨執之送於充所
充奮袂令斬之於是鋒刃交下支體糜碎

劉子翊

劉子翊彭城叢亭里人也父徧齊徐州司馬子翊少好學頗解屬文性剛謇有
吏幹仕齊殿中將軍開皇初爲南和丞累轉秦州司法參軍事十八年入考功
尚書右僕射楊素見而異之奏爲侍御史時永寧令李公孝四歲喪母九歲外
繼其後父更別娶後妻至是而亡河間劉炫以無撫育之恩議不解任子翊駁
之曰傳云繼母如母與母同也當以配父之尊居母之位齊杖之制皆如親母
又爲人後者爲其父母朞報朞者自以本生非殊親之與繼也父雖自處傍尊

之地於子之情猶須隆其本重是以令云爲人後者爲其父母並解官申其心
喪父卒母嫁爲父後者雖不服亦申心喪其繼母嫁不解官此專據嫁者生文
耳將知繼母在父之室則制同親母若謂非有撫育之恩同之行路何服之有
乎服既有之心喪焉可獨異三省令旨其義甚明今言令許不解何其甚謬且
後人者爲其父母朞未有變隔以親繼親繼既等故知心喪不殊服問云母出
則爲繼母之黨服豈不以出母族絕推而遠之繼母配父引而親之乎子思曰
爲伋也妻是爲白也母不爲伋也妻是不爲白也母定知服以名重情因父親
所以聖人敦之以孝慈弘之以名義是使子以名服同之親母繼以義報等之
己生如謂繼母之來在子出之後制有淺深者考之經傳未見其文譬出後之
人所後者初亡後之者始至此復可以無撫育之恩而不服重乎昔長沙人王
毖漢末爲上計詣京師既而吳魏隔絕毖於內國更娶生子昌毖死後爲東平
相始知吳之母亡便情繫居重不攝職事于時議者不以爲非然則繼母之與
前母於情無別若要以撫育始生服制王昌復何足云乎又晉鎮南將軍羊祜

無子取弟子伊爲子祜薨伊不服重祜妻表聞伊辭曰伯生存養已伊不敢違
然無父命故還本生尙書彭禮議子之出養必由父命無命而出是爲叛子於
是下詔從之然則心服之制不得緣恩而生也論云禮者稱情而立文仗義而
設教還以此義諭彼之情稱情者稱如母之情仗義者仗爲子之義名義分定
然後能尊父順名崇禮篤敬苟以母養之恩始成母子則恩由彼至服自己來
則慈母如母何得待父命又云繼母慈母本實路人臨己養己同之骨血若如
斯言子不由父縱有恩育得如母乎其慈繼雖在三年之下而居齊朞之上禮
有倫例服以稱情繼母本以名服豈藉恩之厚薄也至於兄弟之子猶子也私
昵之心實殊禮服之制無二彼言以輕如重自以不同此謂如重之辭卽同重
法若使輕重不等何得爲如律云準枉法者但準其罪以枉法論者卽同眞法
律以弊刑禮以設教準者準擬之名以者卽眞之稱如以二字義用不殊禮律
兩文所防是一將此明彼足見其義取譬伐柯何遠之有又論云取子爲後者
將以供承祧廟奉養己身不得使宗子歸其故宅以子道事本父之後妻也然

本父後妻因父而得母稱若如來旨本父亦可無心喪乎何直父之後妻論又云禮言舊君其尊豈復君乎已去其位非復純臣須言舊以殊之別有所重非復純孝故言其已見之目以其父之文是名異也此又非通論何以言之其舊訓殊所用亦別舊者易新之稱其者因彼之辭安得以相類哉至如禮云其父析薪其子不克負荷傳云衞雖小其君在焉若其父而有異其君復有異乎斯不然矣斯不然矣今炫敢違禮乖令侮聖干法使出後之子無情於本生名義之分有虧於風俗徇飾非於明世彊媒蘖於禮經雖欲揚己露才不覺言之傷理事奏竟從子翊之議仁壽中爲新豐令有能名大業三年除大理正甚有當時之譽擢授治書侍御史每朝廷疑議子翊爲之辯析多出衆人意表從幸江都值天下大亂帝猶不悟子翊因侍切諫由是忤旨令子翊爲丹陽留守尋遣於上江督運爲賊吳棊子所虜子翊說之因以衆首復遣領首賊清江遇煬帝被殺賊知而告之子翊弗信斬所言者賊又欲請以爲主子翊不從羣賊執子翊至臨川城下使告城中云帝已崩子翊反其言於是見害時年七十

堯君素 陳孝意 張季珣 松贇

堯君素魏郡湯陰人也煬帝爲晉王時君素以左右從及嗣位累遷鷹擊郎將大業之末盜賊蜂起人多流亡君素所部獨全後從驍衛大將軍屈突通拒義兵於河東俄而通引兵南遁以君素有膽略署領河東通守義師遣將呂紹宗韋義節等攻之不剋及通軍敗至城下呼之君素見通歔欷流涕悲不自勝左右皆哽咽通亦泣下霑襟因謂君素曰吾軍已敗義旗所指莫不響應事勢如此卿當早降以取富貴君素答曰公當爪牙之寄爲國大臣主上委公以關中代王付公以社稷國祚隆替懸之於公奈何不思報効以至於此縱不能遠慚主上公所乘馬卽代王所賜也公何面目乘之哉通曰吁君素我力屈而來君素曰方今力猶未屈何用多言通慚而退時圍甚急行李斷絶君素乃爲木鵝置表於頸具論事勢浮之黃河泝流而下河陽守者得之達于東都越王侗見而歎息於是承制拜君素爲金紫光祿大夫密遣行人勞苦之監門直閤龐玉武衛將軍皇甫無逸前後自東都歸義俱造城下爲陳利害大唐又賜金券待

以不死君素卒無降心其妻又至城下謂之曰隋室已亡天命有屬君何自苦身取禍敗君素曰天下事非婦人所知引弓射之應弦而倒君素亦知事必不濟然要在守死不易每言及國家未嘗不歔欷嘗謂將士曰吾是藩邸舊臣累蒙獎擢至於大義不得不死今穀支數年食盡此穀足知天下之事必若隋室傾敗天命有歸吾當斷頭以付諸君也時百姓苦隋日久及逢義舉人有息肩之望然君素善於統領下不能叛歲餘頗得外生口城中微知江都傾覆又糧食乏絕人不聊生男女相食衆心離駭白虹降於府門兵器之端夜皆光見月餘君素爲左右所害

河東陳孝意少有志尚弱冠以貞介知名大業初爲魯郡司法書佐郡內號爲廉平太守蘇威嘗欲殺一囚孝意固諫至於再三威不許孝意因解衣請先受死良久威意乃解謝而遣之漸加禮敬及威爲納言奏孝意爲侍御史後以父憂去職居喪過禮有白鹿馴擾其廬時人以爲孝感之應未期起授鴈門郡丞在郡菜食齋居朝夕哀臨每一發聲未嘗不絕倒柴毀骨立見者哀之于時政

刑日黍長吏多贓汙孝意清節彌厲發姦擿伏動若有神吏民稱之煬帝幸江都馬邑劉武周殺太守王仁恭舉兵作亂孝意率兵與武賁郎將王智辯討之戰於下館城反爲所敗武周遂轉攻傍郡百姓兇兇將懷叛逆前郡丞楊長仁鴈門令王確等並桀黠爲無賴所歸謀應武周孝意陰知之族滅其家郡中戰慄莫敢異志俄而武周引兵來攻孝意拒之每致克捷但孤城獨守外無聲援孝意執志誓以必死每遣使江都道路隔絕竟無報命孝意亦知帝必不反每旦暮向詔勑庫俯伏流涕悲動左右圍城百餘日糧盡爲校尉張倫所殺以城歸武周

京兆張季珣父祥少爲高祖所知其後引爲丞相參軍事開皇中累遷幷州司馬仁壽末漢王諒舉兵反遣其將劉建略地燕趙至井陘祥勒兵拒守建攻之復縱火燒其郭下祥見百姓驚駭其城側有西王母廟祥登城望之再拜號泣而言曰百姓何罪致此焚燒神其有靈可降雨相救言訖廟上雲起須臾驟雨其火遂滅士卒感其至誠莫不用命城圍月餘李雄援軍至賊遂退走以功授

開府歷汝州刺史靈武太守入爲都水監卒官季珣少慷慨有志節大業末爲
鷹擊郎將其府據箕山爲固與洛口連接及李密翟讓攻陷倉城遣人呼之季
珣罵密極口密怒遣兵攻之連年不能克時密衆數十萬在其城下季珣四面
阻絕所領不過數百人而執志彌固誓以必死經三年資用盡樵蘇無所得撤
屋而爨人皆穴處季珣撫巡之一無離叛糧盡士卒羸病不能拒戰遂爲所陷
季珣坐聽事顏色自若密遣兵禽送之羣賊曳季珣令拜密季珣曰吾雖爲敗
軍之將猶是天子爪牙之臣何容拜賊也密壯而釋之翟讓從之求金不得遂
殺之時年二十八其弟仲琰大業末爲上洛令及義兵起率吏人城守部下殺
之以歸義仲琰弟琮爲千牛左右宇文化及之亂遇害季珣家素忠烈兄弟俱
死國難論者賢之
北海松贇性剛烈重名義爲石門府隊正大業末有賊楊厚擁徒作亂來攻北
海縣贇從郡兵討之贇輕騎覘賊爲厚所獲厚令贇謂城中云郡兵已破宜早
歸降贇僞許之既至城下大呼曰我是松贇爲官軍覘賊邂逅被執非力屈也

今官軍大來並已至矣賊徒寡弱旦暮擒翦不足爲憂賊以刀築贇口引之而
去歐擊交下贇罵厚曰老賊何敢致辱賢良禍自及也言未卒賊已斬斷其腰
城中望之莫不流涕扼腕銳氣益倍北海卒完煬帝遣戸曹郎郭子賤討厚破
之以贇亡身殉節嗟悼不已上表奏之優詔褒揚贈朝散大夫本部通守
史臣曰古人以天下至大方身則小生爲重矣比義則輕然則死有重於太山
生以理全者也生有輕於鴻毛死與義合者也然死不可追生無再得故處不
失節所以爲難矣楊諒玄感李密反形已成凶威方熾皇甫誕游元馮慈明臨
危不顧視死如歸可謂勇於蹈義矣獨獨孤盛元文都盧楚堯君素豈不知天
之所廢人不能與甘就葅醢之誅以徇忠貞之節雖功未存于社稷力無救于
顛危然視彼苟免之徒貫三光而洞九泉矣須陀善會有溫序之風子翊松贇
蹈解揚之列國家昏亂有忠臣誠哉斯言也

隋書卷七十一

隋書卷七十一考證

楊善會傳用爲貝州刺史○監本貝訛具　臣映斗按地理志無貝州而清河郡注後周置貝州時建德政陷清河故欲用善會爲貝州刺史也

史臣贊所以爲難矣楊諒玄感李密反形已成凶威方熾皇甫誕游元馮慈明臨危不顧視死如歸可謂勇於蹈義矣獨孤盛元文都盧楚堯君素豈不知天之所廢人不能與甘就葅醢之誅以徇忠貞之節雖功未存於社稷力無救於顛危然視彼苟免之徒貫三光而洞九泉矣須陀善會有温序之風子翊松贇蹈解揚之列國家昏亂有忠臣誠哉斯言也○矣字已下一百三十字監本闕從宋本補

隋書卷七十一考證

珍倣宋版印

隋書卷七十二

唐　特　進　臣　魏　徵　上

列傳第三十七

孝義

孝經云夫孝天之經也地之義也人之行也論語云君子務本本立而道生孝悌也者其爲仁之本與呂覽云夫孝三皇五帝之本務萬事之綱紀也執一術而百善至百邪去天下順者其唯孝乎然則孝之爲德至矣其爲道遠矣其化人深矣故聖帝明王行之於四海則與天地合其德與日月齊其明諸侯卿大夫行之於國家則永保其宗社長守其祿位匹夫匹婦行之於閭閻則播徽烈於當年揚休名於千載此皆資純至以感物故聖哲之所重田翼郎方貴等闕稽古之學無俊偉之才並能任其自然情無矯飾篤於天性勤其四體竭股肱之力盡愛敬之心自足膝下之歡忘懷軒冕之貴不言之化人神通感雖或位登台輔爵列王侯祿積萬鍾馬踰千駟死之日曾不得與斯人之徒隸齒孝之

大也不其然乎故述其所行爲孝義傳

陸彥師

陸彥師字雲房魏郡臨漳人祖希道魏定州刺史父子彰中書監彥師少有行檢爲邦族所稱長而好學解屬文魏襄城王元旭引爲參軍事以父艱去職哀毀殆不勝喪與兄卬廬於墓次負土成墳公卿重之多就墓側存問晦朔之際車馬不絕齊文宣聞而嘉歎旌表其閭號其所住爲孝終里中書令河閒邢卲表薦之未報彭城王浟爲司州牧召補主簿後歷中外府東閤祭酒兄卬當襲父始平侯以彥師昆弟中最幼表讓封焉彥師固辭而止時稱友悌孝義總萃一門遷中書舍人尋轉通直散騎侍郎每陳使至必令高選主客彥師所接對者前後六輩歷中書黃門侍郎以不阿宦者遇讒出爲中山太守有惠政數年徵爲吏部郎中周武平齊授載師下大夫宣帝時轉少納言賜爵臨水縣男奉使幽薊俄而高祖爲丞相彥師遇疾請假還鄴尉迥將爲亂彥師微知之遂委妻子潛歸長安高祖嘉之授內史下大夫拜上儀同高祖受禪拜尚書左丞進

爵爲子彥師素多病未幾以務劇疾動乞解所職有詔聽以本官就第歲餘轉吏部侍郎隋承周制官無清濁彥師在職凡所任人頗甄別於士庶論者美之後復以病出爲汾州刺史卒官

田德懋

田德懋觀國公仁恭之子也少以孝友著名開皇初以父軍功賜爵平原郡公授太子千牛備身丁父艱哀毀骨立廬於墓側負土成墳上聞而嘉之遣員外散騎侍郎元志就弔焉復降璽書曰皇帝謝田德懋知在窮疾哀毀過禮倚廬墓所負土成墳朕孝理天下思弘名教復與汝通家情義素重有聞孝感嘉歎兼深春日暄和氣力何似宜自抑割以禮自存也幷賜縑二百匹米百石復下詔表其門閭後歷太子舍人義州司馬大業中爲給事郎尚書駕部郎卒官

薛濬

薛濬字道賾刑部尚書內陽公胄之從祖弟也父琰周渭南太守濬少喪父早孤養母以孝聞幼好學有志行尋師於長安時初平江陵何妥歸國見而異之

授以經業周天和中襲爵虞城侯歷納言上士新豐令開皇初擢拜尚書虞部侍郎尋轉考功侍郎帝聞濬事母至孝以其母老賜輿服机杖四時珍味當時榮之後其母疾濬貌甚憂瘁親故弗之識也曁丁母艱詔鴻臚監護喪事歸葬夏陽于時隆冬極寒濬衰經徒跣冒犯霜雪自京及鄉五百餘里足凍墮指瘡血流離朝野爲之傷痛州里賵助一無所受尋起令視事濬屢陳誠款請終喪制優詔不許及至京上見其毀瘠過甚爲之改容顧謂羣臣曰吾見薛濬哀毀不覺悲感傷懷嗟異久之濬竟不勝喪病且卒其弟謨時爲晉王府兵曹參軍事在揚州濬遺書與謨曰吾以不造幼丁艱酷窮遊約處屢絕簞瓢晚生早孤不聞詩禮賴奉先人貽厥之訓獲稟母氏聖善之規負笈裹糧不憚艱遠從師就業欲罷不能砥行厲心困而彌篤服膺教義爰至長成自釋耒登朝于茲二十三年矣雖官非聞達而祿喜逮親庶保期頤得終色養何圖精誠無感禍酷荐臻兄弟俱被奪情苫廬靡申哀訴是用扣心泣血貫氣摧魂者也既而瘡巨釁深不勝荼毒啓手啓足幸及全歸使夫死而有知得從先人於地下矣豈非

至願哉但念爾伶俜孤宦遠在邊服顧此恨恨如何可言適已有書冀得與汝面訣忍死待汝已歷一旬汝既未來便成今古緬然永別爲恨何言勉之哉勉之哉書成而絕時年四十二有司以聞高祖爲之屑涕降使齎冊書弔祭曰皇帝咨故考功侍郎薛濬於戲惟爾操履貞和器業詳敏允膺列宿勤奮克彰及遘私艱奄從毀滅嘉爾誠孝感于朕懷奠酹有加抑惟朝典故遣使人指申往命魂而有靈歆茲榮渥嗚呼哀哉濬性清儉死之日家無遺資濬初爲童兒時與宗中諸兒遊戲于澗濱見一黃蛇有角及足召羣兒共視了無見者濬以爲不祥歸大憂悴母逼而問之濬以實對時有胡僧詣宅乞食濬母怖而告之僧曰此乃兒之吉應且是兒也早有名位然壽不過六七耳言終而出忽然不見時咸異之既而終於四十二六七之言於是驗矣子乾福武安郡司倉書佐

王頒

王頒字景彥太原祁人也祖神念梁左衞將軍父僧辯太尉頒少俶儻有文武幹局其父平侯景留頒質於荊州遇元帝爲周師所陷頒因入關聞其父爲陳

武帝所殺號慟而絶食頃乃蘇哭泣不絶聲毀瘠骨立至服闋常布衣蔬食藉藁而臥周明帝嘉之召授左侍上士累遷漢中太守尋拜儀同三司開皇初以平蠻功加開府封虵丘縣公獻取陳之策上覽而異之召與相見言畢而歔欷上爲之改容及大舉伐陳頒自請行率徒數百人從韓擒先鋒夜濟力戰被傷恐不堪復鬬悲感嗚咽夜中因睡夢有人授藥比寤而瘡不痛時人以爲孝感及陳滅頒密召父時士卒得千餘人對之涕泣其間將士或問頒曰郎君來破陳國滅其社稷讎恥已雪而悲哀不止者將爲霸先早死不得手刃之邪請發其丘壟斲櫬焚骨亦可申孝心矣頒頓顙陳謝額盡流血答之曰某爲帝王墳塋甚大恐一宵發掘不及其屍更至明朝事乃彰露若之何諸人請具鍫鍤一旦皆萃於是夜發其陵剖棺見陳武帝鬚並不落其本皆出自骨中頒遂焚骨取灰投水而飲之既而自縛歸罪於晉王王表其狀高祖曰朕以義平陳王頒所爲亦孝義之道也朕何可罪之舍而不問有司錄其戰功將加柱國賜物五千段頒固辭曰臣緣國威靈得雪怨恥本心徇私非是爲國所加官賞終不敢

當高祖從之拜代州刺史甚有惠政母憂去職後爲齊州刺史卒官時年五十
二弟頗見文學傳

楊慶

楊慶字伯悅河間人也祖玄父剛並以至孝知名慶美姿儀性辯慧年十六齊
國子博士徐遵明見而異之及長頗涉書記年二十五郡察孝廉以侍養不行
其母有疾不解襟帶者七旬及居母憂哀毀骨立負土成墳齊文宣帝表其門
閭賜帛三十匹緜十屯粟五十石高祖受禪屢加褒賞擢授儀同三司版授平
陽太守年八十五終於家

郭儁

郭儁字弘乂太原文水人也家門雍睦七葉共居犬豕同乳烏鵲通巢時人以
爲義感之應州縣上其事上遣平昌公宇文弼詣其家勞問之治書御史柳彧
巡省河北表其門閭漢王諒爲幷州總管聞而嘉歎賜兄弟二十餘人衣各一
襲

田翼

田翼不知何許人也性至孝養母以孝聞其後母臥疾歲餘翼親易燥濕母食則食母不食則不食母患暴痢翼謂中毒遂親嘗惡及母終翼一慟而絕其妻亦不勝哀而死鄉人厚共葬之

紐回

紐回字孝政河東安邑人也性至孝周武成中父母喪廬於墓側負土成墳廬前生麻一株高丈許圍之合拱枝葉鬱茂冬夏恆青有烏棲其上回舉聲哭烏即悲鳴時人異之周武帝表其閭擢授甘棠令開皇初卒子士雄少質直孝友喪父復廬於墓側負土成墳其庭前有一槐樹先甚鬱茂及士雄居喪樹遂枯死服闋還宅死樹復榮高祖聞之歎其父子至孝下詔襃揚號其所居爲累德里

劉士儁

劉士儁彭城人也性至孝丁母喪絕而復蘇者數矣勺飲不入口者七日廬於

墓側負土成墳列植松柏狐狼馴擾爲之取食高祖受禪表其門閭

郎方貴

郎方貴淮南人也少有志尚與從父弟雙貴同居開皇中方貴嘗因出行遇雨淮水汎長於津所寄渡船人怒之撾方貴臂折至家其弟雙貴驚問所由方貴具言之雙貴恚恨遂向津毆擊船人致死守津者執送之縣官案問其狀以方貴爲首當死雙貴從坐當流兄弟二人爭爲首坐縣司不能斷送詣州兄弟各引咎州不能定二人爭欲赴水而死州狀以聞上聞而異之特原其罪表其門閭賜物百段後爲州主簿

翟普林

翟普林楚丘人也性仁孝事親以孝聞州郡辟命皆固辭不就躬耕色養鄉鄰謂爲楚丘先生後父母疾親易燥濕不解衣者七旬大業初父母俱終哀毀殆將滅性廬於墓側負土爲墳盛冬不衣繒絮唯著單縗而已家有一烏犬隨其在墓若普林哀臨犬亦悲號見者嗟異焉有一鵲巢其廬前柏樹每入其廬馴

狎無所驚懼大業中司隸巡察奏其孝感擢授孝陽令

李德饒

李德饒趙郡柏人人也祖徹魏尚書右丞父純開皇中爲介州長史德饒少聰敏好學有至性宗黨咸敬之弱冠爲校書郎仍直內史省參掌文翰轉監察御史糾正不避貴戚大業三年遷司隸從事每巡四方理雪寃枉褒揚孝悌雖位秩未通其德行爲當時所重凡與交結皆海內髦彥性至孝父母寢疾輒終日不食十旬不解衣及丁憂水漿不入口五日哀慟歐血數升及送葬之日會仲冬積雪行四十餘里單縗徒跣號踴幾絕會葬者千餘人莫不爲之流涕後甘露降於庭樹有鳩巢其廬納言楊達巡省河北詣其廬弔慰之因改所居村名孝敬村里爲和順里後爲金河長未之官值羣盜蜂起賊帥格謙孫宣雅等十餘頭聚衆於渤海時有勑許其歸首謙等懼不敢降以德饒信行有聞遣使奏曰若使德饒來者卽相率歸首帝於是遣德饒往渤海慰諭諸賊行至冠氏會他盜攻陷縣城德饒見害其弟德侶性重然諾大業末爲離石郡司法書佐太

守楊子崇特禮之及義兵起子崇遇害棄尸城下德侶赴哭盡哀收瘞之至介休詣義師請葬子崇大將軍嘉之因贈子崇官令德侶爲使者往離石禮葬子崇焉

華秋

華秋汲郡臨河人也幼喪父事母以孝聞家貧傭賃爲養其母遇患秋容貌毀悴鬚鬢頓改州里咸嗟異之及母終之後遂絶櫛沐髮盡禿落廬於墓側負土成墳有人欲助之者秋輒拜而止之大業初調狐皮郡縣大獵有一兎人逐之奔入秋廬中匿秋膝下獵人至廬所異而免之自爾此兎常宿廬中馴其左右郡縣嘉其孝感俱以狀聞煬帝降使勞問表其門閭後羣盜起常往來廬之左右咸相誡曰勿犯孝子鄉人賴秋而全者甚衆

徐孝肅

徐孝肅汲郡人也宗族數千家多以豪侈相尚唯孝肅性儉約事親以孝聞雖在幼齒宗黨閒每有爭訟皆至孝肅所平論之爲孝肅所短者無不引咎而退

孝肅早孤不識父及長問其母父狀因求畫工圖其形像構廟置之而定省焉朔望享祭養母至孝數十年家人未見其有忿恚之色及母老疾孝肅親易燥濕憂悴數年見者無不悲悼母終孝肅茹蔬飲水盛冬單縗毀瘠骨立祖父母父母墓皆負土成墳廬於墓所四十餘載被髮徒跣遂以身終其弟德備聰敏通涉五經河朔間稱爲儒者德備終子處默又廬於墓側奕葉稱孝焉

史臣曰昔者弘愛敬之理必藉王公大人近古敦孝友之情多茅屋之下而彥師道蹟或家傳纓冕或身蓍山河遂乃負土成墳致毀滅性雖乖先王之制亦觀過以知仁矣郎貴昆弟爭死而身全田翼夫妻俱喪而名立德饒仁懷羣盜德佋義感與王亦足稱也紐回劉儁之倫翟林華秋之輩或茂草嘉樹榮枯於庭宇或走獸翔禽馴狎於廬墓非夫孝悌之至通於神明者乎

唐　特　進　臣　魏　徵　上

列傳第三十八

循吏

古之善牧人者養之以仁使之以義教之以禮隨其所便而處之因其所欲而與之從其所好而勸之如父母之愛子如兄之愛弟聞其飢寒爲之哀見其勞苦爲之悲故人敬而悅之愛而親之若子產之理鄭國子賤之居單父賈琮之牧冀州文翁之爲蜀郡皆可以恤其災患導以忠厚因而利之惠而不費其暉映千祀聲芳不絕夫何爲哉用此道也然則五帝三王不易人而化皆在所由化之而已故有無能之吏無不可化之人高祖膺運撫圖除凶靜亂日旰忘食思邁前王然不敦詩書不尙道德專任法令嚴察臨下吏存苟免罕聞寬惠乘時射利者多以一切求名瞽煬帝嗣興志存遠略車轍馬跡將偏天下綱紀弛紊四維不張其或善於侵漁彊於剝割絕億兆之命遂一人之求者謂之奉公

卽時升擢其或顧名節存綱紀抑欲攘之心以從百姓之欲者則謂之附下旋及誅夷夫吏之侵漁得其所欲雖重其禁猶或爲之吏之清平失其所欲雖崇其賞猶或不爲況於上賞其姦下得其欲求其廉潔不亦難乎彥光等立嚴察之朝屬昏狂之主執心平允終行仁恕餘風遺愛沒而不忘寬惠之音足以傳於來葉故列其行事以繫循吏之篇爾

梁彥光

梁彥光字修之安定烏氏人也祖茂魏秦華二州刺史父顯周荆州刺史彥光少岐嶷有至性其父每謂所親曰此兒有風骨當興吾宗七歲時父遇篤疾醫云餌五石可愈時求紫石英不得彥光憂瘁不知所爲忽於園中見一物彥光所不識怪而持歸卽紫石英也親屬咸異之以爲至孝所感魏大統末入太學略涉經史有規檢造次必以禮解褐祕書郎時年十七周受禪遷舍人上士武帝時累遷小馭下大夫母憂去職毀瘁過禮未幾起令視事帝見其毀甚嗟歎久之頻蒙慰諭後轉小內史下大夫建德中爲御正下大夫從帝平齊以功授

開府陽城縣公邑千戶宣帝卽位拜華州刺史進封華陽郡公增邑五百戶以陽城公轉封一子尋進位上大將軍遷御正上大夫俄拜柱國青州刺史屬帝崩不之官及高祖受禪以爲岐州刺史兼領岐州宮監增邑五百戶通前二千戶甚有惠政嘉禾連理出於州境開皇二年上幸岐州悅其能乃下詔曰賞以勸善義兼訓物彥光操履平直識用凝遠布政岐下威惠在人廉慎之譽聞於天下三載之後自當遷陟恐其匱乏且宜旌善可賜粟五百斛物三百段御傘一枚庶使有感朕心日增其美四海之內凡曰官人慕高山而仰止聞清風而自勵未幾又賜錢五萬後數歲轉相州刺史彥光前在岐州其俗頗質以靜鎮之合境大化奏課連最爲天下第一及居相部如岐州法鄴都雜俗人多變詐爲之作歌稱其不能理化上聞而譴之竟坐免歲餘拜趙州刺史彥光言於上曰臣前待罪相州百姓呼爲戴帽餳臣自分廢黜無復衣冠之望不謂天恩復垂收採請復爲相州改絃易調庶有以變其風俗上答隆恩上從之復爲相州刺史豪猾者聞彥光自請而來莫不嗤笑彥光下車發擿姦隱有若神明於是

狡猾之徒莫不潛竄合境大駭初齊亡後衣冠士人多遷關內唯技巧商販及樂戶之家移實州郭由是人情險詖妄起風謠訴訟官人萬端千變彥光欲革其弊乃用秩俸之物招致山東大儒每鄉立學非聖哲之書不得教授常以季月召集之親臨策試有勤學異等聰令有聞者升堂設饌其餘並坐廊下有好諍訟惰業無成者坐之庭中設以草具及大比當舉行賓貢之禮又於郊外祖道并以財物資之於是人皆尅勵風俗大改有滏陽人焦通性酗酒事親禮闕爲從弟所訟彥光弗之罪將至州學令觀於孔子廟于時廟中有韓伯瑜母杖不痛哀母力弱對母悲泣之像通遂感悟既悲且媿若無自容彥光訓諭而遣之後改過勵行卒爲善士以德化人皆此類也吏人感悅略無諍訟後數歲卒官時年六十贈冀定青瀛四州刺史諡曰襄子文謙嗣文謙弘雅有父風以上柱國嫡子例授儀同開皇十五年拜上州刺史煬帝即位轉饒州刺史歲餘爲鄱陽太守稱爲天下之最徵拜戶部侍郎遼東之役領武賁郎將尋以本官兼檢校太府衛尉二少卿明年又領武賁郎將爲盧龍道軍副會楊玄感作亂其

弟武賁郎將玄縱先隸文謙玄感反間未至而玄縱逃走文謙不之覺坐是配防桂林而卒時年五十六少子文讓初封陽城縣公後爲鷹揚郎將從衛玄擊楊玄感於東都力戰而死贈通議大夫

樊叔略

樊叔略陳留人也父歡仕魏爲南兗州刺史阿陽侯屬高氏專權將謀興復之計爲高氏所誅叔略時在髫齔遂被腐刑給使殿省身長九尺志氣不凡頗爲高氏所忌內不自安遂奔關西周太祖見而器之引置左右尋授都督襲爵爲侯大冢宰宇文護執政引爲中尉叔略多計數曉習時事護漸委信之兼督內外累遷驃騎大將軍開府儀同三司護誅後齊王憲引爲園苑監時憲素有吞關東之志叔略因事數進兵謀憲甚奇之建德五年從武帝伐齊叔略部率精銳每戰身先士卒以功加上開府進封清鄉縣公邑千四百戶拜汴州刺史號爲明決宣帝時於洛陽營建東京以叔略有巧思拜營構監宮室制度皆叔略所定功未就而帝崩尉迥之亂高祖令叔略鎮大梁迥將宇文威來寇叔略擊

走之以功拜大將軍復爲汴州刺史高祖受禪加位上大將軍進爵安定郡公在州數年甚有聲譽鄴都俗薄號曰難化朝廷以叔略所在著稱遷相州刺史政爲當時第一上降璽書褒美之賜物三百段粟五百石班示天下百姓爲之語曰智無窮清鄉公上下正樊安定徵拜司農卿吏人莫不流涕相與立碑頌其德政自爲司農凡所種植叔略別爲條制皆出人意表朝廷有疑滯公卿所未能決者叔略輒爲評理雖無學術有所依據然師心獨見闇與理合甚爲上所親委高熲楊素亦禮遇之叔略雖爲司農往往參督九卿事性頗豪侈每食必方丈備水陸十四年從祠太山行至洛陽上令錄囚徒具狀將奏晨起至獄門於馬上暴卒時年五十九上悼惜久之贈亳州刺史謚曰襄

趙軌

趙軌河南雒陽人也父肅魏廷尉卿軌少好學有行檢周蔡王引爲記室以清苦聞遷衞州治中高祖受禪轉齊州別駕有能名其東鄰有桑葚落其家軌遣人悉拾還其主誡其諸子曰吾非以此求名意者非機杼之物不願侵人汝等

宜以爲誡在州四年考績連最持節使者郃陽公梁子恭狀上高祖嘉之賜物三百段米三百石徵軌入朝父老相送者各揮涕曰別駕在官水火不與百姓交是以不敢以壺酒相送公淸若水請酌一杯水奉餞軌受而飲之旣至京師詔與奇章公牛弘撰定律令格式時衞王爽爲原州總管上見爽年少以軌所在有聲授原州總管司馬在道夜行其左右馬逸入田中暴人禾軌駐馬待明訪禾主酬直而去原州人吏聞之莫不改操後數年遷硤州刺史撫緝萌夷甚有恩惠尋轉壽州總管長史芍陂舊有五門堰蕪穢不修軌於是勸課人吏更開三十六門灌田五千餘頃人賴其利秩滿歸鄉里卒于家時年六十二子弘安弘智並知名

房恭懿

房恭懿字愼言河南洛陽人也父謨齊吏部尙書恭懿性沉深有局量達於從政仕齊釋褐開府參軍事歷平恩令濟陰守並有能名會齊亡不得調尉迥之亂恭懿預焉迥敗廢于家開皇初吏部尙書蘇威薦之授新豐令政爲三輔之

最上聞而嘉之賜物四百段恭懿以所得賜分給窮乏未幾復賜米三百石恭
懿又以賑貧人上聞而止之時雍州諸縣令每朔朝謁上見恭懿必呼至榻前
訪以理人之術蘇威重薦之超授澤州司馬有異績賜物百段良馬一匹遷德
州司馬在職歲餘盧愷復奏恭懿政爲天下之最上甚異之復賜百段因謂諸
州朝集使曰如房恭懿志存體國愛養我百姓此乃上天宗廟之所祐助豈朕
寡薄能致之乎朕即拜爲刺史豈止爲一州而已當令天下模範之卿等宜師
斅也上又曰房恭懿所在之處百姓視之如父母朕若置之而不賞上天宗廟
其當責我內外官人宜知我意於是下詔曰德州司馬房恭懿出宰百里毗贊
二藩善政能官標映倫伍班條按部實允僉屬委以方岳聲實俱美可使持節
海州諸軍事海州刺史未幾會國子博士何妥奏恭懿尉迥之黨不當仕進威
愷二人朋黨曲相薦舉上大怒恭懿竟得罪配防嶺南未幾徵還京師行至洪
州遇患卒論者于今寃之

公孫景茂

公孫景茂字元蔚河間阜城人也容貌魁梧少好學博涉經史在魏察孝廉射策甲科爲襄城王長史兼行參軍遷太常博士多所損益時人稱爲書庫後歷高唐令大理正俱有能名及齊滅周武帝聞而召見與語器之授濟北太守以母憂去職開皇初詔徵入朝訪以政術拜汝南太守郡廢轉曹州司馬在職數年以老病乞骸骨優詔不許俄遷息州刺史法令清靜德化大行時屬平陳之役征人在路有疾病者景茂撤減俸祿爲饘粥湯藥分賑濟之賴全活者以千數上聞而嘉之詔宣告天下十五年上幸洛陽景茂謁見時年七十七上命升殿坐問其年幾景茂以實對上哀其老嗟嘆久之景茂再拜曰呂望八十而遇文王臣踰七十而逢陛下上甚悅賜物三百段詔曰景茂修身潔己耆宿不虧作牧化人聲績顯著年終考校獨爲稱首宜升戎秩兼進藩條可上儀同三司伊州刺史明年以疾徵吏人號泣於道及疾愈復乞骸骨又不許轉道州刺史悉以秩俸買牛犢雞猪散惠孤弱不自存者好單騎巡人家至戶入閱視百姓產業有修理者於都會時乃褒揚稱述如有過惡隨卽訓導而不彰也由是人

行義讓有無均通男子相助耕耘婦人相從紡績大村或數百戶皆如一家之務其後請致事上優詔聽之仁壽中上明公楊紀出使河北見景茂神力不衰還以狀奏於是就拜淄州刺史賜以馬轝便道之官前後歷職皆有德政論者稱爲良牧大業初卒官年八十七謚曰康身死之日諸州人吏赴喪者數千人或不及葬皆望墳慟哭野祭而去

辛公義

辛公義隴西狄道人也祖徽魏徐州刺史父季慶青州刺史公義早孤爲母氏所養親授書傳周天和中選良家子任太學生以勤苦著稱武帝時召入露門學令受道義每月集御前令與大儒講論數被嗟異時輩慕之建德初授宣納中士從平齊累遷掌治上士掃寇將軍高祖作相授內史上士參掌機要開皇元年除主客侍郎攝內史舍人事賜爵安陽縣男邑二百戶每陳使來朝常奉詔接宴轉駕部侍郎使往江陵安輯邊境七年使勾檢諸馬牧所獲十餘萬匹高祖喜曰唯我公義奉國罄心從軍平陳以功除岷州刺史土俗畏病若一人

有疾卽合家避之父子夫妻不相看養孝義道絕由是病者多死公義患之欲
變其俗因分遣官人巡檢部內凡有疾病皆以牀輿來安置聽事暑月疫時病
人或至數百廳廊悉滿公義親設一榻獨坐其間終日連夕對之理事所得秩
俸盡用市藥爲迎醫療之躬勸其飲食於是悉差方召其親戚而諭之曰死生
由命不關相着前汝弃之所以死耳今我聚病者坐臥其間若言相染那得不
死病兒復差汝等勿復信之諸病家子孫慙謝而去後人有遇病者爭就使君
其家無親屬因留養之始相慈愛此風遂革合境之內呼爲慈母後遷牟州刺
史下車先至獄中因露坐牢側親自驗問十餘日間決斷咸盡方還大廳受領
新訟皆不立文案遣當直佐寮二人側坐訊問事若不盡應須禁者公義卽宿
廳事終不還閤人或諫之曰此事有程使君何自苦也答曰刺史無德可以導
人尙令百姓係於囹圄豈有禁人在獄而心自安乎罪人聞之咸自款服後有
欲諍訟者其鄉閭父老遽相曉曰此蓋小事何忍勤勞使君訟者多兩讓而止
時山東霖雨自陳汝至于滄海皆苦水災境內犬牙獨無所損山出黃銀獲之

以獻詔水部郎婁簡就公義禱焉乃聞空中有金石絲竹之響仁壽元年追充揚州道黜陟大使豫章王暕恐其部內官寮犯法未入州境預令屬公義公義答曰奉詔不敢有私及至揚州皆無所縱捨暕銜之及煬帝卽位揚州長史王弘入爲黃門侍郎因言公義之短竟去官吏人守闕訴寃相繼不絕後數歲帝悟除內史侍郎丁母憂未幾起爲司隸大夫檢校右禦衞武賁郎將從征至柳城郡卒時年六十二子融

柳儉 郭絢 敬肅

柳儉字道約河東解人也祖元璋魏司州大中正相華二州刺史父裕周聞喜令儉有局量立行清苦爲州里所敬雖至親昵無敢狎侮周代歷宣納上士畿伯大夫及高祖受禪擢拜水部侍郎封率道縣伯未幾出爲廣漢太守甚有能名俄而郡廢時高祖初有天下勵精思政妙簡良能出爲牧宰以儉仁明著稱擢拜蓬州刺史獄訟者庭遣不爲文書約束佐史從容而已獄無繫囚蜀王秀時鎮益州列上其事遷邛州刺史在職十餘年萌夷悅服蜀王秀之得罪也儉

坐與交通免職及還鄉里乘敝車羸馬妻子衣食不贍見者咸歎服焉煬帝嗣位徵之于時以功臣任職牧州領郡者並帶戎資唯儉自良吏帝嘉其績用特授朝散大夫拜弘化太守賜物一百段而遣之儉清節逾勵大業五年入朝郡國畢集帝謂納言蘇威吏部尚書牛弘曰其中清名天下第一者爲誰威等以儉對帝又問其次威以涿郡丞郭絢潁川郡丞敬肅等二人對帝賜儉帛二百匹絢肅各一百匹令天下朝集使送至郡邸以旌異焉論者美之及大業末盜賊蜂起數被攻逼儉撫結人夷卒無離叛竟以保全及義兵至長安尊立恭帝儉與留守李粲縞素於州南向慟哭既而歸京師相國賜儉物三百段就拜上大將軍歲餘卒于家時年八十九

郭絢河東安邑人也家素寒微初爲尚書令史後以軍功拜儀同歷數州司馬長史皆有能名大業初刑部尚書宇文弢巡省河北引絢爲副煬帝將有事於遼東以涿郡爲衝要訪可任者聞絢有幹局拜涿郡丞吏人悅服數載遷爲通守兼領留守及山東盜賊起絢逐捕之多所尅獲時諸郡無復完者唯涿郡獨

全後將兵擊竇建德於河間戰死人吏哭之數月不息

敬肅字弘儉河東蒲坂人也少以貞介知名釋褐州主簿開皇初爲安陵令有能名擢拜秦州司馬轉豳州長史仁壽中爲衞州司馬俱有異績煬帝嗣位遷潁川郡丞大業五年朝東都帝令司隸大夫薛道衡爲天下羣官之狀道衡狀稱肅曰心如鐵石老而彌篤時左翊衞大將軍宇文述當塗用事其邑在潁川每有書屬肅肅未嘗開封輒令使者持去述賓客有放縱者以法繩之無所寬貸由是述銜之八年朝於涿郡帝以其年老有治名將擢爲太守者數矣輒爲述所毀不行大業末乞骸骨優詔許之去官之日家無餘財歲餘終于家時年八十

劉曠

劉曠不知何許人也性謹厚每以誠恕應物開皇初爲平鄉令單騎之官人有諍訟者輒丁寧曉以義理不加繩劾各自引咎而去所得俸祿賑施窮乏百姓感其德化更相篤勵曰有君如此何得爲非在職七年風教大洽獄中無繫囚

爭訟絕息囹圄盡皆生草庭可張羅及去官吏人無少長號泣於路將送數百里不絕遷爲臨潁令清名善政爲天下第一尙書左僕射高熲言其狀上召之及引見勞之曰天下縣令固多矣卿能獨異於衆良足美也顧謂侍臣曰若不殊奬何以爲勸於是下優詔擢拜莒州刺史

王伽

王伽河閒章武人也開皇末爲齊州行參軍初無足稱後被州使送流囚李參等七十餘人詣京師時制流人並枷鎖傳送伽行次滎陽哀其辛苦悉呼而謂之曰卿輩既犯國刑虧損名教身嬰縲紲此其職也今復重勞援卒豈獨不媿於心哉參等辭謝伽曰汝等雖犯憲法枷鎖亦大辛苦吾欲與汝等脫去行至京師總集能不違期不皆拜謝曰必不敢違伽於是悉脫其枷停援卒與期曰某日當至京師如致前却吾當爲汝受死舍之而去流人咸悅依期而至一無離叛上聞而驚異之召見與語稱善久之於是悉召流人幷令攜負妻子俱入賜宴於殿庭而赦之乃下詔曰凡在有生含靈稟性咸知好惡並識是非若臨

以至誠明加勸導則俗必從化人皆遷善往以海內亂離德教廢絕官人無慈愛之心兆庶懷姦詐之意所以獄訟不息澆薄難治朕受命上天安養萬姓思遵聖法以德化人朝夕孜孜意在於此而伽深識朕意誠心宣導參等感悟自赴憲司明是率土之人非爲難教良是官人不加曉示致令陷罪無由自新若使官盡王伽之儔人皆李參之輩刑厝不用其何遠哉於是擢伽爲雍令政有能名

魏德深

魏德深本鉅鹿人也祖沖仕周爲刑部大夫建州刺史因家弘農父毗鬱林令德深初爲文帝挽郎後歷馮翊書佐武陽司戶書佐以能遷貴鄉長爲政清淨不嚴而治會與遼東之役徵稅百端使人往來責成郡縣于時三綱弛紊吏多贓賄所在徵斂下不堪命唯德深一縣有無相通不竭其力所求皆給百姓不擾稱爲大治于時盜賊羣起武陽諸城多被淪陷唯貴鄉獨全郡丞元寶藏受詔逐捕盜賊每戰不利則器械必盡輒徵發於人動以軍法從事如此者數矣

其鄴城營造皆聚於聽事吏人遞相督責晝夜喧囂猶不能濟德深各問其所欲任隨便修營官府寂然恆若無事唯約束長吏所修不須過勝餘縣使百姓勞苦然在下各自竭心常爲諸縣之最尋轉館陶長貴鄉吏人聞之相與言及其事皆歔欷流涕語不成聲及將赴任傾城送之號泣之聲道路不絕既至館陶闔境老幼皆如見其父母有猾人員外郎趙君實與郡丞元寶藏深相交結前後令長未有不受其指麾者自德深至縣君實屏處於室未嘗輒敢出門逃竄之徒歸來如市貴鄉父老冒涉艱險詣闕請留德深有詔許之館陶父老復詣郡相訟以貴鄉文書爲詐郡不能決會持節使者韋霽杜整等至兩縣詣使訟之乃斷從貴鄉貴鄉吏人歌呼滿道互相稱慶館陶衆庶合境悲哭因而居住者數百家寶藏深害其能會越王侗徵兵於郡寶藏遂令德深率兵千人赴東都俄而寶藏以武陽歸李密德深所領皆武陽人也以本土從賊念其親戚輒出都門東向慟哭而反人或謂之曰李密兵馬近在金墉去此二十餘里汝必欲歸誰能相禁何爲自苦如此其人皆垂泣曰我與魏明府同來不忍弃去

豈以道路艱難乎其得人心如此後與賊戰沒於陣貴鄉館陶人庶至今懷之
時有櫟陽令渤海高世衡蕭令彭城劉高城皐令弘農劉熾俱有恩惠大業之
末長吏多贓汙衡高及熾清節逾勵風教大洽獄無繫囚爲吏人所稱
史臣曰古語云善爲水者引之使平善化人者撫之使靜水平則無損於隄防
人靜則不犯於憲章然則易俗移風服教從義不資於明察必藉於循良者也
彥光等皆內懷直道至誠待物故得所居而化所去見思至於景茂之過惡揚
善公義之撫視疾病劉曠之化行所部德深之愛結人心雖信臣杜詩鄭渾朱
邑不能繼也詩云愷悌君子人之父母豈徒言哉恭懿所在尤異屢簡帝心追
既往之一眚遂流亡於道路惜乎柳儉去官妻子不贍趙軌秩滿酌水餞離清
矣

隋書卷七十四

唐　特　進　臣　魏　徵　上

列傳第三十九

酷吏

夫爲國之體有四焉一曰仁義二曰禮制三曰法令四曰刑罰仁義禮制政之本也法令刑罰政之末也無本不立無末不成然教化遠而刑罰近可以助化而不可以專行可以立威而不可以繁用老子曰其政察察其人缺缺又曰法令滋章盜賊多有然則令之煩苛吏之嚴酷不能致理百代可知考覽前載有時而用之矣昔秦任獄吏赭衣滿道漢革其風矯枉過正禁網踈闊遂漏吞舟大姦巨猾犯義侵禮故剛克之吏摧拉凶邪一切禁姦以救時弊雖乖教義或有所取焉高祖膺期平一江左四海九州服教從義至於威行郡國力折公侯乘傳賦人探丸斫吏者所在蔑聞焉無曩時之弊亦已明矣士文等功不足紀才行無聞遭遇時來叨竊非據肆其褊性多行無禮君子小人咸罹其毒凡厥

所莅莫不懍然居其下者視之如虵虺過其境者逃之如寇讎與人之恩心非好善加人之罪事非疾惡其所笞辱多在無辜察其所為豺狼之不若也無禁姦除猾之志肆殘虐幼賤之心君子惡之故編為酷吏傳也

庫狄士文

庫狄士文代人也祖干齊左丞相父敬武衞將軍肆州刺史士文性孤直雖鄰里至親莫與通狎少讀書在齊襲封章武郡王官至領軍將軍周武帝平齊山東衣冠多迎周師唯士文閉門自守帝奇之授開府儀同三司隨州刺史高祖受禪加上開府封湖陂縣子尋拜貝州刺史性清苦不受公料家無餘財其子嘗噉官廚餅士文枷之於獄累日杖之一百步送還京僕隸無敢出門所買鹽菜必於外境凡有出入皆封署其門親舊絕跡慶弔不通法令嚴肅吏人股戰道不拾遺有細過必深文陷害嘗入朝遇上置酒高會賜公卿入左藏任取多少人皆極重士文獨口銜絹一匹兩手各持一匹上問其故士文曰臣口手俱滿餘無所須上異之別加賞物勞而遣之士文至州發擿姦隱長吏尺布升粟

之贓無所寬貸得千餘人而表之上悉配防嶺南親戚相送哭泣之聲徧於州境至嶺南遇瘴癘死者十八九於是父母妻子唯哭士文士文聞之令人捕捉撾捶盈前而哭者彌甚有京兆韋焜爲貝州司馬河東趙達爲清河令二人並苛刻唯長史有惠政時人爲之語曰刺史羅剎政司馬蝮蛇瞋長史含笑判清河生喫人上聞而歎曰士文之暴過於猛獸竟坐免未幾以爲雍州長史士文謂人曰我向法深不能窺候要貴必死此官矣及下車執法嚴正不避貴戚賓客莫敢至門人多怨望士文從父妹爲齊氏嬪有色齊滅之後賜薛國公長孫覽爲妾覽妻鄭氏性妬譖之於文獻后后令覽離絕士文恥之不與相見後應州刺史唐君明居母憂娉以爲妻由是士文君明並爲御史所劾士文性剛在任數日憤恚而死家無餘財有子三人朝夕不繼親友無內之者

田式

田式字顯標馮翊下邽人也祖安興父長樂仕魏俱爲本郡太守式性剛果多武藝拳勇絕人周明帝時年十八授都督領鄉兵後數載拜渭南太守政尚嚴

猛吏人重足而立無敢違法者還本部太守親故屏跡請託不行武帝聞而善之進位儀同三司賜爵信都縣公擢拜延州刺史從帝平齊以功加上開府徙爲庭州刺史改封梁泉縣公高祖總百揆尉迥作亂鄴城從韋孝寬擊之以功拜大將軍進爵武山郡公及受禪拜襄州總管專以立威爲務每視事于外必盛氣以待其下官屬股慄無敢仰視有犯禁者雖至親昵無所容貸其女壻京兆杜寧自長安省之式誡寧無出入寧久之不得還竊上北樓以暢羈思式知之笞寧五十其所愛奴嘗詣式白事有蟲上其衣衿揮袖拂去之式以爲慢己立棒殺之或寮吏姦贓部內劫盜者無問輕重悉禁地牢中寢處糞穢令其苦毒自非身死終不得出每赦書到州式未暇讀先召獄卒殺重囚然後宣示百姓其刻暴如此由是爲上所譴除名爲百姓式慚恚不食妻子至其所輒怒唯侍僮二人給使左右從家中索椒欲以自殺家人不與陰遣所侍僮詣市買毒藥妻子又奪而弃之式恚臥其子信時爲儀同至式前流涕曰大人既是朝廷舊臣又無大過比見公卿放辱者多矣旋復升用大人何能久乎乃至於此式

欻然而起抽刀斫信信遽走避之刃中於閾上知之以式爲罪己之深復其官爵尋拜廣州總管卒官

燕榮

燕榮字貴公華陰弘農人也父偘周大將軍榮性剛嚴有武藝仕周爲內侍上士從武帝伐齊以功授開府儀同三司封高邑縣公高祖受禪進位大將軍封落叢郡公拜晉州刺史從河閒王弘擊突厥以功拜上柱國遷青州總管榮在州選絕有力者爲伍伯吏人過之者必加詰問輒楚撻之創多見骨姦盜屏迹境內肅然他州縣人行經其界者畏若寇讎不敢休息上甚善之後因入朝覲特加勞勉榮以母老請每歲入朝上許之及辭上賜宴于內殿詔王公作詩以餞之伐陳之役以爲行軍總管率水軍自東萊傍海入太湖取吳郡旣破丹陽吳人共立蕭瓛爲主阻兵於晉陵爲宇文述所敗退保包山榮率精甲五千躡之瓛敗走爲榮所執晉陵會稽悉平檢校揚州總管尋徵爲右武候將軍突厥寇邊以爲行軍總管屯幽州母憂去職明年起爲幽州總管榮性嚴酷有威容

長史見者莫不惶懼自失范陽盧氏代爲著姓榮皆署爲吏卒以屈辱之鞭笞左右動至千數流血盈前飲噉自若嘗按部道次見叢荆堪爲笞捶命取之輒以試人人或自陳無咎榮曰後若有罪當免爾及後犯細過將摑之人曰前日被杖使君許有罪宥之榮曰無過尙爾況有過邪棒捶如舊榮每巡省管內聞官人及百姓妻女有美色輒舍其室而淫之貪暴放縱日甚是時元弘嗣被除爲幽州長史懼爲榮所辱固辭上知之勅榮曰弘嗣杖十已上罪皆須奏聞榮忿曰豎子何敢弄我於是遣弘嗣監納倉粟颺得一糠一粃輒罰之每笞雖不滿十然一日之中或至三數如是歷年怨隙日搆榮遂收付獄禁絶其糧弘嗣饑餒抽衣絮雜水咽之其妻詣闕稱寃上遣考功侍郎劉士龍馳驛鞫問奏榮虐毒非虛又贓穢狼藉遂徵還京師賜死先是榮家寢室無故有蛆數斛從地墳出未幾榮死於蛆出之處有子詢

趙仲卿

趙仲卿天水隴西人也父綱周大將軍仲卿性麤暴有膂力周齊王憲甚禮之

從擊齊攻臨秦統戎威遠伏龍張壁等五城盡平之又擊齊將段孝先於姚襄城苦戰連日破之以功授大都督尋典宿衞平齊之役以功還上儀同兼趙郡太守入爲畿伯中大夫王謙作亂仲卿使在利州卽與總管豆盧勣發兵拒守爲謙所攻仲卿督兵出戰前後一十七陣及謙平進位大將軍封長垣縣公邑千戶高祖受禪進爵河北郡公開皇三年突厥犯塞以行軍總管從河間王弘出賀蘭山仲卿別道俱進無虜而還復鎭平涼尋拜石州刺史法令嚴猛纖微之失無所容捨鞭笞長吏輒至二百官人戰慄無敢違犯盜賊屏息皆稱其能遷兗州刺史未之官拜朔州總管于時塞北盛興屯田仲卿總統之微有不理者仲卿輒召主掌撻其胷背或解衣倒曳於荊棘中時人謂之猛獸事多克濟由是收穫歲廣邊戍無餽運之憂會突厥啓民可汗求婚於國上許之仲卿因是間其骨肉遂相攻擊十七年啓民窘迫與隋使長孫晟投通漢鎭仲卿率騎千餘馳援之達頭不敢逼潛遣人誘致啓民所部至者二萬餘家其年從高熲指白道以擊達頭仲卿率兵三千爲前鋒至族蠡山與虜相遇交戰七日大破

之追奔至乞伏泊復破之虜千餘口雜畜萬計突厥悉衆而至仲卿爲方陣四面拒戰經五日會高熲大兵至合擊之虜乃敗走追度白道踰秦山七百餘里時突厥降者萬餘家上命仲卿處之恆安以功進位上柱國賜物三千段朝廷慮達頭掩襲啟民令仲卿屯兵二萬以備之代州總管韓洪永康公李藥王蔚州刺史劉隆等將步騎一萬鎮恆安達頭騎十萬來寇韓洪軍大敗仲卿自樂寧鎮邀擊斬首虜千餘級明年督役築金河定襄二城以居啟民時有表言仲卿酷暴者上令御史王偉按之並實惜其功不罪也因勞之曰知公清正爲下所惡賜物五百段仲卿益恣由是免官仁壽中檢校司農卿蜀王秀之得罪奉詔往益州窮按之秀賓客經過之處仲卿必深文致法州縣長吏坐者大半上以爲能賞婢奴五十口黃金二百兩米粟五千石奇寶雜物稱是煬帝嗣位判兵部工部二曹尚書事其年卒時六十四謚曰肅贈物五百段子弘嗣

崔弘度 弟弘昇

崔弘度字摩訶衍博陵安平人也祖楷魏司空父說周敷州刺史弘度膂力絕

人儀貌魁岸鬚面甚偉性嚴酷十七周大冢宰宇文護引爲親信尋授都督累
轉大都督時護子中山公訓爲蒲州刺史令弘度從焉嘗與訓登樓至上層去
地四五丈俯臨之訓曰可畏也弘度曰此何足畏欻然擲下至地無損傷訓以
其拳捷大奇之後以戰勳授儀同從武帝滅齊進位上開府鄴縣公賜物三千
段粟麥三千石奴婢百口雜畜千計尋從汝南公宇文神舉破盧昌期於范陽
宣帝嗣位從鄖國公韋孝寬經略淮南弘度與化政公宇文忻司水賀婁子幹
至肥口陳將潘琛率兵數千來拒戰隔水而陣忻遣弘度諭以禍福琛至夕而
遁進攻壽陽降陳守將吳文立弘度功最以前後勳進位上大將軍襲父爵安
平縣公及尉迥作亂以弘度爲行軍總管從韋孝寬討之弘度募長安驍雄數
百人爲別隊所當無不披靡弘度妹先適迥子爲妻及破鄴城迥窘迫升樓弘
度直上龍尾追之迥彎弓將射弘度弘度脫兜鍪謂迥曰相識不今日各圖國
事不得顧私以親戚之情謹遏亂兵不許侵奪事勢如此早爲身計何所待也
迥擲弓於地罵大丞相極口而自殺弘度顧其弟弘昇曰汝可取迥頭弘昇遂

斬之進位上柱國時行軍總管例封國公弘度不時殺迴致縱惡言由是降下
一等爲武鄉郡公開皇初突厥入寇弘度以行軍總管出原州以拒之虜退弘
度進屯靈武月餘而還拜華州刺史納其妹爲秦孝王妃尋遷襄州總管弘度
素貴御下嚴急動行捶罰吏人讋氣聞其聲莫不戰慄所在之處令行禁止盜
賊屏跡梁王蕭琮來朝上以弘度爲江陵總管鎮荊州弘度未至而琮叔父巖
擁居人以叛弘度追之不及陳人憚弘度亦不敢窺荊州平陳之役以行軍總
管從秦孝王出襄陽道及陳平賜物五千段高智慧等作亂復以行軍總管出
泉門道隸於楊素弘度與素品同而年長素每屈下之一旦隸素意甚不平素
言多不用素亦優容之及還檢校原州事仍領行軍總管以備胡無虜而還上
甚禮之復以其弟弘昇女爲河南王妃仁壽中檢校太府卿自以一門二妃無
所降下每誡其寮吏曰人當誠恕無得欺誑皆曰諾後嘗食鼈侍者八九人弘
度一一問之曰鼈美乎人懼之皆云鼈美弘度大罵曰傭奴何敢誑我汝初未
食鼈安知其美俱杖八十官屬百工見之者莫不流汗無敢欺隱時有屈突蓋

爲武候驃騎亦嚴刻長安爲之語曰寧飲三升酢不見崔弘度寧茹三升艾不逢屈突蓋然弘度理家如官子弟班白動行榧楚閨門整肅爲當時所稱未幾秦王妃以罪誅河南王妃復被廢黜弘度憂恚謝病於家諸弟乃與之別居彌不得志煬帝卽位河南王爲太子帝將復立崔妃遣中使就第宣旨使者詣弘昇家弘度不之知也使者返帝曰弘度有何言使者曰弘度稱有疾不起帝默然其事竟寢弘度憂憤未幾卒

弘昇字上客在周爲右侍上士尉迥作亂相州與兄弘度擊之以功拜上儀同尋加上開府封黃臺縣侯邑八百戶高祖受禪進爵爲公授驃騎將軍宿衞十餘年以勳舊遷慈州刺史數歲轉鄭州刺史後以戚屬之故待遇愈隆遷襄州總管及河南王妃罪廢弘昇亦免官煬帝卽位歷冀州刺史信都太守進位金紫光祿大夫轉涿郡太守遼東之役檢校左武衞大將軍事指平壤與宇文述等同敗績奔還發病而卒時年六十

元弘嗣

元弘嗣河南洛陽人也祖剛魏漁陽王父經周漁陽郡公弘嗣少襲爵十八爲左親衛開皇九年從晉王平陳以功授上儀同十四年除觀州總管長史在州專以嚴峻任事吏人多怨之二十年轉幽州總管長史于時燕榮爲總管肆虐於弘嗣每被笞辱弘嗣心不伏榮遂禁弘嗣於獄將殺之及榮誅死弘嗣爲政酷又甚之每推鞫因徒多以酢灌鼻或椓弋其下竅無敢隱情姦僞屏息仁壽末授木工監脩營東都大業初煬帝潛有取遼東之意遣弘嗣往東萊海口監造船諸州役丁苦其捶楚官人督役晝夜立於水中略不敢息自腰以下無不生蛆死者十三四尋遷黃門侍郎轉殿內少監遼東之役進位金紫光祿大夫明年帝復征遼東會奴賊寇隴右詔弘嗣擊之及玄感作亂逼東都弘嗣屯兵安定或告之謀應玄感者代王侑遣使執之送行在所以無反形當釋帝疑不解除名徙日南道死時年四十九有子仁觀

王文同

王文同京兆頻陽人也性明辯有幹用開皇中以軍功拜儀同尋授桂州司馬

煬帝嗣位徵爲光祿少卿以忤旨出爲恆山郡丞有一人豪猾每持長吏長短前後守令咸憚之文同下車聞其名召而數之因令左右剡木爲大橛埋之於庭出尺餘四角各埋小橛令其人踣心於木橛上縛四支於小橛以棒毆其背應時潰爛郡中大駭吏人相視懾氣及帝征遼東令文同巡察河北諸郡文同見沙門齋戒菜食者以爲妖妄皆收繫獄比至河間召諸郡官人小有遲違者輒皆覆面於地而箠殺之求沙門相聚講論及長老共爲佛會者數百人文同以爲聚結惑衆盡斬之又悉裸僧尼驗有淫狀非童男女者數千人復將殺之郡中士女號哭於路諸郡驚駭各奏其事帝聞而大怒遣使者達奚善意馳鏁之斬於河間以謝百姓讎人剖其棺臠其肉而噉之斯須咸盡

史臣曰御之良者不在於煩策政之善者無取於嚴刑故雖寬猛相資德刑互設然不嚴而化前哲所重士文等運屬欽明時無桀黠未閑道德實懷殘忍賊人肌體同諸木石輕人性命甚於芻狗長惡不悛鮮有不及故或身嬰罪戮或憂恚顛隕凡百君子以爲有天道焉嗚呼後來之士立身從政縱不能爲子高

門以待封其可令母掃墓而望喪乎

隋書卷七十四

隋書卷七十五

唐　特　進　臣　魏　徵　上

列傳第四十

儒林

儒之爲教大矣其利物博矣篤父子正君臣尙忠節重仁義貴廉讓賤貪鄙開政化之本源鑿生民之耳目百王損益一以貫之雖世或汙隆而斯文不墜經邦致治非一時也涉其流者無祿而富懷其道者無位而尊故仲尼頓挫於魯君孟軻抑揚於齊后荀卿見珍於彊楚叔孫取貴於隆漢其餘處環堵以驕富貴安陋巷而輕王公者可勝數哉自晉室分崩中原喪亂五胡交爭經籍道盡魏氏發迹代陰經營河朔得之馬上茲道未弘暨夫太和之後盛修文教搢紳碩學濟濟盈朝縫掖巨儒往往傑出其雅誥奧義宋及齊梁不能尙也南北所治章句好尙互有不同江左周易則王輔嗣尙書則孔安國左傳則杜元凱河洛左傳則服子愼尙書周易則鄭康成詩則並主於毛公禮則同遵於鄭氏大

抵南人約簡得其英華北學深蕪窮其枝葉考其終始要其會歸其立身成名殊方同致矣爰自漢魏碩學多清通逮乎近古巨儒必鄙俗文武不墜弘之在人豈獨愚蔽於當今而皆明哲於往昔在乎用與不用知與不知耳然曩之弼諧庶績必舉德於鴻儒近代左右邦家咸取士於刀筆縱有學優入室勤踰刺股名高海內擢第甲科若命偶時來未有望於青紫或數將運舛必委弃於草澤然則古之學者祿在其中今之學者困於貧賤明達之人志識之士安肯滯於所習以求貧賤者哉此所以儒罕通人學多鄙俗者也昔齊列康莊之第多士如林燕起碣石之宮羣英自遠是知俗易風移必由上之所好非夫聖明御世亦無以振斯頹俗矣自正朔不一將三百年師說紛綸所無取正高祖膺期纂歷平一寰宇頓天網以掩之賁旌帛以禮之設好爵以縻之於是四海九州強學待問之士靡不畢集焉天子乃整萬乘率百寮遵問道之儀觀釋奠之禮博士罄懸河之辯侍中竭重席之奧考正亡逸研覈異同積滯羣疑渙然冰釋於是超擢奇儁厚賞諸儒京邑達于四方皆啓黌校齊魯趙魏學者尤多負笈

追師不遠千里講誦之聲道路不絕中州儒雅之盛自漢魏以來一時而已及高祖暮年精華稍竭不悅儒術專尙刑名執政之徒咸非篤好暨仁壽閒遂廢天下之學唯存國子一所弟子七十二人煬帝卽位復開庠序國子郡縣之學盛於開皇之初徵辟儒生遠近畢至使相與講論得失於東都之下納言定其差次一以聞奏焉于時舊儒多已凋亡二劉拔萃出類學通南北博極古今後生鑽仰莫之能測所製諸經義疏搢紳咸師宗之旣而外事四夷戎馬不息師徒怠散盜賊羣起禮義不足以防君子刑罰不足以威小人空有建學之名而無弘道之實其風漸墜以至滅亡方領矩步之徒亦多轉死溝壑凡有經籍自此皆湮沒於煨塵矣遂使後進之士不復聞詩書之言皆懷攘寇之心相與陷於不義傳曰學者將植不學者將落然則盛衰是繫興亡攸在有國有家者可不愼歟諸儒有身沒道存遺風可想皆採其餘論綴之於此篇云

元善

元善河南雒陽人也祖乂魏侍中父羅初爲梁州刺史及乂被誅奔於梁官至

征北大將軍青冀二州刺史善少隨父至江南性好學遂通涉五經尤明左氏傳及侯景之亂善歸於周武帝甚禮之以爲太子宮尹賜爵江陽縣公每執經以授太子開皇初拜內史侍郎上每望之曰人倫儀表也凡有敷奏詞氣抑揚觀者屬目陳使袁雅來聘上令善就館受書雅出門不拜善論舊事有拜之儀雅不能對遂拜成禮而去後遷國子祭酒上嘗親臨釋奠命善講孝經於是敷陳義理兼之以諷諫上大悅曰聞江陽之說更起朕心賚絹百匹衣一襲善之通博在何妥之下然以風流醞藉俯仰可觀音韻清朗聽者忘倦由是爲後進所歸妥每懷不平心欲屈善因善講春秋初發題諸儒畢集善私謂妥曰名望已定幸無相苦妥然之及就講肆妥遂引古今滯義以難善多不能對善深銜之二人由是有隙善以高熲有宰相之具嘗言於上曰楊素麤疎蘇威怯懦元冑元旻正似鴨耳可以付社稷者唯獨高熲上初然之及熲得罪上以善之言爲熲游說深責望之善憂懼先患消渴於是疾動而卒時年六十

辛彥之

辛彥之隴西狄道人也祖世敘魏涼州刺史父靈輔周渭州刺史彥之九歲而孤不交非類博涉經史與天水牛弘同志好學後入關遂家京兆周太祖見而器之引爲中外府禮曹賜以衣馬珠玉時國家草創百度伊始朝貴多出武人修定儀注唯彥之而已尋拜中書侍郎及周閔帝受禪彥之與少宗伯盧辯專掌儀制明武時歷職典祀太祝樂部御正四曹大夫開府儀同三司奉使迎突厥皇后還賚馬二百匹賜爵龍門縣公邑千戶尋進爵五原郡公加邑千戶宣帝即位拜少宗伯高祖受禪除太常少卿改封任城郡公進位上開府尋轉國子祭酒歲餘拜禮部尚書與祕書監牛弘撰新禮吳興沈重名爲碩學高祖嘗令彥之與重論議重不能抗於是避席而謝曰辛君所謂金城湯池無可攻之勢高祖大悅後拜隨州刺史于時州牧多貢珍玩唯彥之所貢並供祭之物高祖善之顧謂朝臣曰人安得無學彥之所貢稽古之力也遷潞州刺史前後俱有惠政彥之又崇信佛道於城內立浮圖二所並十五層開皇十一年州人張元暴死數日乃蘇云遊天上見新構一堂制極崇麗元問其故人云潞州刺史

辛彥之有功德造此堂以待之彥之聞而不悅其年卒官謚曰宣彥之撰墳典一部六官一部祝文一部禮要一部新禮一部五經異義一部並行於世有子仲鑰官至猗氏令

何妥 蕭該 包愷

何妥字棲鳳西城人也父細胡通商入蜀遂家郫縣事梁武陵王紀主知金帛因致巨富號爲西州大賈妥少機警八歲遊國子學助教顧良戲之曰汝既姓何是荷葉之荷爲是河水之河應聲答曰先生姓顧是眷顧之顧是新故之故衆咸異之十七以技巧事湘東王後知其聰明召爲誦書左右時蘭陵蕭脅亦有儁才住青楊巷妥住白楊頭時人爲之語曰世有兩儁白楊何妥青楊蕭脅其見美如此江陵陷周武帝尤重之授太學博士宣帝初欲立五后以問儒者辛彥之對曰后與天子匹體齊尊不宜有五妥駮曰帝嚳四妃舜又二妃亦何常數由是封襄城縣伯高祖受禪除國子博士加通直散騎常侍進爵爲公妥性勁急有口才好是非人物時納言蘇威嘗言於上曰臣先人每誡臣云唯讀

孝經一卷足可立身治國何用多爲上亦然之妥進曰蘇威所學非止孝經厥父若信有此言威不是訓是其不孝若無此言面欺陛下是其不誠不誠不孝何以事君且夫子有云不讀詩無以言不讀禮無以立豈容蘇綽教子獨反聖人之訓乎威時兼領五職上甚親重之妥因奏威不可信任又以掌天文律度皆不稱職妥又上八事以諫其一事曰臣聞知人則哲惟帝難之孔子曰舉直錯諸枉則民服舉枉錯諸直則民不服由此言之政之治亂必慎所舉故進賢受上賞蔽賢蒙顯戮察今之舉人良異于此無論諂直莫擇賢愚心欲崇高則起家喉舌之任意須抑屈必白首郎署之官人之不服實由於此臣聞爵人於朝與士共之刑人於市與衆弃之伏見留心獄訟愛人如子每應決獄無不詢訪羣公刑之不濫君之明也刑既如此爵亦宜然若有懋功簡在帝心者便可擢用自斯以降若選重官必須參以衆議勿信一人之舉則上不偏私下無怨望其二事曰孔子云是察阿黨則罪無掩蔽又曰君子周而不比小人比而不周所謂比者卽阿黨也謂心之所愛既已光華榮顯猶加提挈心之所惡既已

沈滯屈辱薄言必罰提挈既成必相掩蔽則欺上之心生矣屈辱既加則有怨恨謗讟之言出矣伏願廣加遴訪勿使朋黨路開威恩專擅有國之患莫大於此其三事曰臣聞舜舉十六族所謂八元八愷也計其賢明理優今日猶復擇才授任不相侵濫故得四門雍穆庶績咸熙今官員極多用人甚少有一人身上乃兼數職爲是國無人也爲是人不善也今萬乘大國髦彥不少縱有明哲無由自達東方朔言曰尊之則爲將卑之則爲虜斯言信矣今當官之人不度德量力既無呂望傅說之能自負傅嵓滋水之氣不應憂深責重唯畏總領不多安斯寵任輕彼權軸好致顛蹶實此之由易曰鼎折足覆公餗其形渥凶言不勝其任也臣聞窮力舉重不能爲用伏願更任賢良分才參掌使各行有餘力則庶事康哉其四事曰臣聞禮云析言破律亂名改作執左道以亂政者殺孔子曰仍舊貫何必改作伏見比年以來改作者多矣至如范威漏刻十載不成趙翊尺稱七年方決公孫濟迂誕醫方費逾巨萬徐道慶迴互子午糜耗飲食常明破律多歷歲時王渥亂名曾無紀極張山居未知星位前已蹂藉太常

曹魏祖不識北辰今復轔轢太史莫不用其短見便自夸毗邀射名譽厚相誣罔請今日已後有如此者若其言不驗必加重罰庶令有所畏忌不敢輕奏狂簡其餘文多不載時蘇威權兼數司先嘗隱武功故妥言自負傳巖滋水之氣以此激上書奏威大銜之十二年威定考文學又與妥更相訶詆威勃然曰無何妥不慮無博士妥應聲曰無蘇威亦何憂無執事由是威有隙其後上令妥考定鍾律妥又上表曰臣聞明則有禮樂幽則有鬼神然則動天地感鬼神莫近於禮樂又云樂至則無怨禮至則不爭揖讓而治天下者禮樂之謂也臣聞樂有二一曰姦聲二曰正聲夫姦聲感人而逆氣應之順氣成象故樂行而倫清耳目聰明血氣和平移風易俗天下皆寧孔子曰放鄭聲遠佞人故鄭衛宋趙之聲出內則發疾外則傷人是以宮亂則荒其君驕商亂則陂其官壞角亂則憂其人怨徵亂則哀其事勤羽亂則危其財匱五者皆亂則國亡無日矣魏文侯問子夏曰吾端冕而聽古樂則欲寐聽鄭衛之音而不知倦何也子夏對曰夫古樂者始奏以文復亂以武修身及家平均天下鄭衛之音者姦聲以亂

溺而不止獶雜子女不知父子今君所問者樂也所愛者音也夫樂之與音相近而不同爲人君者謹審其好惡案聖人之作樂也非止苟悅耳目而已矣欲使在宗廟之內君臣同聽之則莫不和敬在鄉里之內長幼同聽之則莫不和順在閨門之內父子同聽之則莫不和親此先王立樂之方也故知聲而不知音者禽獸是也知音而不知樂者衆庶是也故黃鍾大呂弦歌干戚僮子皆能儛之能知樂者其唯君子不知聲者不可與言音不知音者不可與言樂知樂則幾於道矣紂爲無道太師抱樂器以奔周晉君德薄師曠固惜清徵上古之時未有音樂鼓腹擊壤樂在其間易曰先王作樂崇德殷薦之上帝以配祖考至于黃帝作咸池顓頊作六莖帝嚳作五英堯作大章舜作大韶禹作大夏湯作大濩武王作大武從夏以來年代久遠唯有名字其聲不可得聞自殷至周備于詩頌故自聖賢已下多習樂者至如伏羲減瑟文王足琴仲尼擊磬子路鼓瑟漢高擊筑元帝吹簫漢高祖之初叔孫通因秦樂人制宗廟之樂迎神于諴門奏嘉至之樂迎神于廟門奏嘉至之樂猶古降神之樂也皇帝入廟門奏

永至之樂以爲行步之節猶采薺肆夏也乾豆上薦奏登歌之樂猶古清廟之
歌也登歌再終奏休成之樂美神饗也皇帝就東廂坐定奏永安之樂美禮成
也其休成永至二曲叔孫通所制也漢高祖廟奏武德文始五行之儛當春秋
時陳公子完奔齊陳是舜後故齊有韶樂孔子在齊聞韶三月不知肉味是也
秦始皇滅齊得齊韶樂漢高祖滅秦韶傳於漢高祖改名文始以示不相襲也
五行儛者本周大武樂也始皇改曰五行及于孝文復作四時之儛以示天下
安和四時順也孝景采武德儛以爲昭德孝宣又采昭德以爲盛德雖變其名
大抵皆因秦舊事至於魏晉皆用古樂魏之三祖並制樂辭自永嘉播越五都
傾蕩樂聲南渡是以大備江東宋齊以來至于梁代所行樂事猶皆傳古三雍
四始實稱大盛及侯景篡逆樂師分散其四儛三調悉度僞齊齊氏雖知傳受
得曲而不用之於宗廟朝廷也臣少好音律留意管絃年雖者老頗皆記憶及
東土剋定樂人悉返訪其逗遛果云是梁人所教今三教四儛並皆有手雖不
能精熟亦頗具雅聲若令教習傳授庶得流傳古樂然後取其會歸撮其指要

因循損益更制嘉名歌盛德於當今傳雅正於來葉豈不美歟謹具錄三調四
五曲名又制歌辭如別其有聲曲流宕不可以陳於殿庭者亦悉附之於後書
奏別勑太常取妥節度於是作清平瑟三調聲又作八佾鞞鐸巾拂四舞先是
太常所傳宗廟雅樂數十年唯作大呂廢黃鍾妥又以深乖古意乃奏請用黃
鍾詔下公卿議從之俄而妥子蔚爲祕書郎有罪當刑上哀之減死論是後恩
禮漸薄六年出爲龍州刺史時有負笈遊學者妥皆爲講說教授之爲刺史嵗
勤于州門外在職三年以疾請還詔許之復知學事時上方使蘇夔在太常參
議鍾律夔有所建議朝士多從之妥獨不同每言夔之短高祖下其議朝臣多
排妥妥復上封事指陳得失大抵論時政損益幷指斥當世朋黨於是蘇威及
吏部尙書盧愷侍郎薛道衡等皆坐得罪除伊州刺史不行尋爲國子祭酒卒
官謚曰肅撰周易講疏十三卷孝經義疏三卷莊子義疏四卷及與沈重等撰
三十六科鬼神感應等大義九卷封禪書一卷樂要一卷文集十卷並行於世
蕭該者梁鄱陽王恢之孫也少封攸侯梁荊州陷與何妥同至長安性篤

學詩書春秋禮記並通大義尤精漢書甚爲貴遊所禮開皇初賜爵山陰縣公
拜國子博士奉詔書與蛩正定經史然各執所見遞相是非久而不能就上譴
而罷之該後撰漢書及文選音義咸爲當時所貴
東海包愷字和樂其兄楡明五經愷悉傳其業又從王仲通受史記漢書尤稱
精究大業中爲國子助教于時漢書學者以蕭包二人爲宗匠聚徒教授著錄
者數千人卒門人爲起墳立碣焉

房暉遠

房暉遠字崇儒恒山真定人也世傳儒學暉遠幼有志行治三禮春秋三傳詩
書周易兼善圖緯恆以教授爲務遠方負笈而從者動以千計齊南陽王綽爲
定州刺史聞其名召爲博士周武帝平齊搜訪儒俊暉遠首應辟命授小學下
士及高祖受禪遷太常博士太常卿牛弘每稱爲五經庫吏部尚書韋世康薦
之爲太學博士尋與沛公鄭譯修正樂章丁母憂解任後數歲授殄寇將軍復
爲太常博士未幾擢爲國子博士會上令國子生通一經者並悉薦舉將擢用

之旣策問訖博士不能時定臧否祭酒元善怪問之暉遠曰江南河北義例不同博士不能徧涉學生皆持其所短稱己所長博士各各自疑所以久而不決也祭酒因令暉遠考定之暉遠覽筆便下初無疑滯或有不服者暉遠問其所傳義疏輒為始末誦之然後出其所短自是無敢飾非者所試四五百人數日便決諸儒莫不推其通博皆自以為不能測也尋奉詔預修令式高祖嘗謂羣臣曰自古天子有女樂乎楊素以下莫知所出遂言無女樂暉遠進曰臣聞窈窕淑女鍾鼓樂之此即王者房中之樂著於雅頌不得言無高祖大悅仁壽中卒官時年七十二朝廷嗟惜焉賵賻甚厚贈員外散騎常侍

馬光

馬光字榮伯武安人也少好學從師數十年晝夜不息圖書讖緯莫不畢覽尤明三禮為儒者所宗開皇初高祖徵山東義學之士光與張仲讓孔籠竇士榮張黑奴劉祖仁等俱至並授太學博士時人號為六儒然皆鄙野無儀範朝廷不之貴也士榮尋病死仲讓未幾告歸鄉里著書十卷自云此書若奏我必為

宰相又數言玄象事州縣列上其狀竟坐誅孔籠張黑奴劉祖仁未幾亦被譴去唯光獨存嘗因釋奠高祖親幸國子學王公以下畢集光升坐講禮啓發章門已而諸儒生以次論難者十餘人皆當時碩學光剖析疑滯雖辭非俊辨而理義弘贍論者莫測其淺深咸共推服上嘉而勞焉山東三禮學者自熊安生後唯宗光一人初教授瀛博閒門徒千數至是多負笈從入長安後數年丁母憂歸鄉里遂有終焉之志以疾卒於家時年七十三

劉焯

劉焯字士元信都昌亭人也父洽郡功曹焯犀額龜背望高視遠聰敏沈深弱不好弄少與河閒劉炫結盟爲友同授詩於同鄉劉軌思受左傳於廣平郭懋常問禮於阜城熊安生皆不卒業而去武強交津橋劉智海家素多墳籍焯與炫就之讀書向經十載雖衣食不繼晏如也遂以儒學知名爲州博士刺史趙煚引爲從事舉秀才射策甲科與著作郎王劭同應國史兼參議律曆仍直門下省以待顧問俄除員外將軍後與諸儒於祕書省考定羣言因假還鄉里縣

令韋之業引爲功曹尋復入京與左僕射楊素吏部尚書牛弘國子祭酒蘇威國子祭酒元善博士蕭該何妥太學博士房暉遠崔崇德晉王文學崔賾等於國子共論古今滯義前賢所不通者每升座論難鋒起皆不能屈楊素等莫不服其精博六年運洛陽石經至京師文字磨滅莫能知者奉敕與劉炫等考定後因國子釋奠與炫二人論義深挫諸儒咸懷妬恨遂爲飛章所謗除名爲民於是優遊鄉里專以教授著述爲務孜孜不倦賈馬王鄭所傳章句多所是非九章筭術周髀七曜歷書十餘部推步日月之經量度山海之術莫不覈其根本窮其祕奧著稽極十卷曆書十卷五經述議並行於世劉炫聰明博學名亞於焯故時人稱二劉焉天下名儒後進質疑受業不遠千里而至者不可勝數論者以爲數百年已來博學通儒無能出其右者然懷抱不曠又嗇於財不行束修者未嘗有所教誨時人以此少之廢太子勇聞而召之未及進謁詔令事蜀王非其好也久之不至王聞而大怒遣人枷送於蜀配之軍防其後典校書籍王以罪廢焯又與諸儒修定禮律除雲騎尉煬帝即位遷太學博士俄以疾

去職數年復被徵以待顧問因上所著曆書與太史令張胄玄多不同被駮不用大業六年卒時年六十七劉炫爲之請謚朝廷不許

劉炫

劉炫字光伯河間景城人也少以聰敏見稱與信都劉焯閉戶讀書十年不出炫眸子精明視日不眩強記默識莫與爲儔左畫方右畫圓口誦目數耳聽五事同舉無有遺失周武帝平齊瀛州刺史宇文亢引爲戶曹從事後刺史李繪署禮曹從事以吏幹知名歲餘奉勑與著作郎王劭同修國史俄直門下省以待顧問又與諸術者修天文律曆兼於內史省考定羣言內史令博陵李德林甚禮之炫雖徧直三省竟不得官爲縣司責其賦役炫自陳於內史內史送詣吏部吏部尙書韋世康問其所能炫自爲狀曰周禮禮記毛詩尙書公羊左傳孝經論語孔鄭王何服杜等注凡十三家雖義有精粗並堪講授周易儀禮穀梁用功差少史子文集嘉言美事咸誦於心天文律曆窮覈微妙至於公私文翰未嘗假手吏部竟不詳試然在朝知名之士十餘人保明炫所陳不謬於是

除殿內將軍時牛弘奏請購求天下遺逸之書炫遂偽造書百餘卷題爲連山
易魯史記等錄上送官取賞而去後有人訟之經赦免死坐除名歸于家以教
授爲務太子勇聞而召之既至京師勅令事蜀王秀遷延不往蜀王大怒枷送
益州既而配爲帳內每使執杖爲門衞俄而釋之與校書史炫因擬屈原卜居
爲筮塗以自寄及蜀王廢與諸儒修定五禮授旅騎尉吏部尚書牛弘建議以
爲禮諸侯絶傍朞大夫降一等今之上柱國雖不同古諸侯比大夫可也官在
第二品宜降傍親一等議者多以爲然炫駮之曰古之仕者宗一人而已庶子
不得進由是先王重適其宗子有分祿之義族人與宗子雖疎遠猶服繐三月
良由受其恩也今之仕者位以才升不限適庶與古既異何降之有今之貴者
多忽近親若或降之民德之疎自此始矣遂寢其事開皇二十年廢國子四門
及州縣學唯置太學博士二人學生七十二人炫上表言學校不宜廢情理甚
切高祖不納開皇之末國家殷盛朝野皆以遼東爲意炫以爲遼東不可伐作
撫夷論以諷焉當時莫有悟者及大業之季三征不克炫言方驗煬帝即位牛

弘引炫修律令高祖之世以刀筆吏類多小人年久長姦勢使然也又以風俗陵遲婦人無節於是立格州縣佐史三年而代之九品妻無得再醮炫著論以爲不可弘竟從之諸郡置學官及流外給廩皆發自於炫弘嘗從容問炫曰案周禮士多而府史少今令史百倍於前判官減則不濟其故何也炫對曰古人委任責成歲終考其殿最案不重校文不繁悉府史之任掌要目而已今之文簿恆慮覆治鍛鍊若其不密萬里追證百年舊案故諺云老吏抱案死古今不同若此之相懸也事繁政敝職此之由弘又問魏齊之時令史從容而已今則不遑寧舍其事何由炫對曰齊氏立州不過數十三府行臺遞相統領文書行下不過十條今州三百其繁一也往者州唯置綱紀郡置守丞縣唯令而已其所具寮則長官自辟受詔赴任每州不過數十今則不然大小之官悉由吏部纖介之迹皆屬考功其繁二也省官不如省事省事不如清心官事不省而望從容其可得乎弘甚善其言而不能用納言楊達舉炫博學有文章射策高第除太學博士歲餘以品卑去任還至長平奉勅追詣行在所或言其無行帝遂

罷之歸于河間于時羣盜蜂起穀食踊貴經籍道息教授不行炫與妻子相去百里聲問斷絕鬱鬱不得志乃自爲贊曰通人司馬相如揚子雲馬季長鄭康成等皆自敍風徽傳芳來葉余豈敢仰均先達貽笑後昆徒以日迫桑榆大命將近故友飄零門徒兩散溘死朝露埋魂朔野親故莫照其心後人不見其迹殆及餘喘薄言胸臆貽及行邁傳示州里使夫將來俊哲知余鄙志耳余從綰髮以來迄於白首嬰孩爲慈親所恕棰楚未嘗加從學爲明師所矜榎楚弗之及暨乎敦敘邦族交結等夷重物輕身先人後己昔在幼弱樂參長者爰及耆艾數接後生學則服而不厭誨則勞而不倦幽情寡適心事方違內省生平顧循終始其大幸有四其深恨有一性本愚蔽家業貧窶爲父兄所饒廁縉紳之末遂得博覽典誥窺涉今古小善著於丘園虛名聞於邦國其幸一也隱顯人間沈浮世俗數忝徒勞之職久執城旦之書名不挂於白簡事不染於丹筆立身立行慚恧實多啓手啓足庶幾可免其幸二也以此庸虛屢動神眷以此卑賤每升天府齊鑣驥騄比翼鵷鴻整緗素於鳳池記言動於麟閣參謁宰輔造

請肇公厚禮殊恩增榮改價其幸三也晝漏方盡大耋已嗟退反初服歸骸故里翫文史以怡神閱魚鳥以散慮觀省野物登臨園沼緩步代車無罪爲貴其幸四也仰休明之盛世慨道教之陵遲蹈先儒之逸軌傷羣言之蕪穢馳騖墳典釐改僻謬修撰始畢圖事適成天違人願途不我與世路未夷學校盡廢道不備於當時業不傳於身後銜恨泉壤實在茲乎其深恨一也時在郡城糧餉斷絕其門人多隨盜賊哀炫窮乏詣郡城下索炫郡官乃出炫與之炫爲賊所將過城下堡未幾賊爲官軍所破炫饑餓無所依復投縣城長吏意炫與賊相知恐爲後變遂閉門不納是時夜冰寒因此凍餒而死時年六十八其後門人謚曰宣德先生炫性躁競頗俳諧多自矜伐好輕侮當世爲執政所醜由是宦塗不遂著論語述議十卷春秋攻昧十卷五經正名十二卷孝經述議五卷春秋述議四十卷尚書述議二十卷毛詩述議四十卷注詩序一卷算述一卷並行於世

褚輝

吳郡褚輝字高明以三禮學稱於江南煬帝時徵天下儒術之士悉集內史省相次講論輝博辯無能屈者由是擢爲太學博士撰禮疏一百卷

顧彪

餘杭顧彪字仲文明尙書春秋煬帝時爲祕書學士撰古文尙書疏二十卷

魯世達

餘杭魯世達煬帝時爲國子助教撰毛詩章句義疏四十一卷行於世

張沖

吳郡張沖字叔玄仕陳爲左中郎將非其好也乃覃思經典撰春秋義略異於杜氏七十餘事喪服義三卷孝經義三卷論語義十卷前漢書義十二卷官至漢王侍讀

王孝籍

平原王孝籍少好學博覽羣言徧治五經頗有文翰與河間劉炫同志友善開皇中召入祕書助王劭修國史劭不之禮在省多年而不免輸稅孝籍鬱鬱不

得志奏記於吏部尚書牛弘曰竊以毒螫𤸷膚則申旦不寐饑寒切體亦卒歲無聊何則痛苦難以安貧窮易爲蹙況懷抱之內水火鑠脂膏腠理之間風霜侵骨髓安可齰舌緘脣吞聲飲氣惡呻吟之響忍酸辛之酷哉伏惟明尚書公動哀矜之色開寬裕之懷咳唾足以活枯鱗吹噓可用飛窮羽芬椒蘭之氣暖布帛之詞許小人之請聞大君之聽雖復山川不遠鬼神在茲信而有徵言無不履猶恐拯溺遲於援手救經緩於扶足待越人之舟楫求魯匠之雲梯則必懸於槁樹之枝沒於深淵之底矣夫以一介貧人七年直省課役不免慶賞不霑賣貢禹之田供釋之之費有弱子之累乏強兄之產加以老母在堂光陰遲暮寒暑違闕關山超遠齧臂爲期前塗逾邈倚閭之望朝夕已勤謝相如之病無官可以免發梅福之狂非仙所能避愁疾甚乎厲鬼人生異夫金石營魂且散恐筮子無徵齎恨入冥則虛緣恩顧此乃王稽所以致言應侯爲之不樂也潛鬢髮之內居眉睫之間子野未曾聞離朱所不見沈淪東觀留滯南史終無薦引永同埋殯三世不移雖由寂寞十年不調實乏知己夫不世出者聖明之

君也不萬一者誠賢之臣也以夫不世出而逢不萬一此小人所以爲明尚書幸也坐人物之源運銓衡之柄反披狐白不好緇衣此小人爲明尚書不取也昔荆玉未剖刖卞和之足百里未用碎禽息之首居得言之地有能用之資增耳目之明無手足之蹙憚而弗爲孰知其解夫官或不稱其能士或未申其屈一夫竊議語流天下勞不見圖安能無望儻病未及死狂還克念汗窮愁之篇屬離憂之詞記志於前修通心於來哲使千載之下哀其不遇追咎執事有點清塵則不肖之軀死生爲累小人之罪方且未刊願少加憐愍留心無忽弘亦知其有學業而竟不得調後歸鄉里以教授爲業終于家注尚書及詩遭亂零落

史臣曰古語云容體不足觀勇力不足恃族姓不足道先祖不足稱然而顯聞四方流聲後胤者其唯學乎信哉斯言也暉遠榮伯之徒篤志不倦自求諸己遂能闡道下風稱珍席上或聚徒千百或服冕乘軒見重明時實惟稽古之力也江陽從容雅望風韻閑遠清談高論籍甚當年彥之敦經悅史砥身礪行志

存典制動蹈規矩何妥通涉儁爽神情警悟雅有口才兼擅詞筆然許以爲直
失儒者之風焉劉焯道冠縉紳數窮天象既精且博洞幽究微鉤深致遠源流
不測數百年來斯人而已劉炫學實通儒才堪成務九流七略無不該覽雖探
賾索隱不逮於焯裁成義說文雅過之並道亞生知時不我與或纔登於下士
或餒棄於溝壑惜矣子夏有言死生有命富貴在天天之所與者聰明所不與
者貴仕上聖且猶不免焯炫其如命何

隋書卷七十五

隋書卷七十五考證

儒林傳序傳曰學者將植不學者將落○按左傳夫學殖也不學將落植作殖

辛彥之傳吳興沈重○監本與訛典按北史沈重字子原吳興武康人

何妥傳迎神于道門奏嘉至之樂迎神于廟門奏嘉至之樂猶古降神之樂也○閣本道門亦作廟門 臣映斗按上文叔孫通因奏樂人已下皆撮漢書禮樂志之文彼文云迎神于廟門奏嘉至猶古降神之樂也無所謂道門者此文重有迎神于廟門二句當是衍文耳

張沖傳○監本沖俱訛仲惟目錄作沖北史本傳亦作沖唐書藝文志載張沖春秋左氏義略三十卷亦與本傳合本書經籍志載春秋義略三十卷注陳右將軍張沖撰本傳載沖仕陳爲左中郎將官秩不符或歷官不備載耳本書潘徽傳受書於張沖俱作沖又南齊張沖字思約亦吳郡人官至征虜將軍封定襄侯又一張沖也

王孝籍傳賣貢禹之田供釋之之費○監本貢禹訛禹貢閣本亦訛一本田訛

口按前漢書貢禹上書曰陛下過意徵臣臣賣田百畝以供車馬又張釋之
傳久宦減仲之產不遂其意正相類今據正之

隋書卷七十五考證

唐　特　進　臣　魏　徵　上

列傳第四十一

文學

易曰觀乎天文以察時變觀乎人文以化成天下傳曰言身之文也言而不文行之不遠故堯曰則天表文明之稱周云盛德著煥乎之美然則文之爲用其大矣哉上所以敷德教於下下所以達情志於上大則經緯天地作訓垂範次則風謠歌頌匡主和民或離讒放逐之臣塗窮後門之士道轗軻而未遇志鬱抑而不申憤激委約之中飛文魏闕之下奮迅泥滓自致青雲振沈溺於一朝流風聲於千載往往而有是以凡百君子莫不用心焉自漢魏以來迄乎晉宋其體屢變前哲論之詳矣曁永明天監之際太和天保之間洛陽江左文雅尤盛于時作者濟陽江淹吳郡沈約樂安任昉濟陰溫子昇河間邢子才鉅鹿魏伯起等並學窮書圃思極人文縟綵鬱於雲霞逸響振於金石英華秀發波瀾

浩蕩筆有餘力詞無竭源方諸張蔡曹王亦各一時之選也聞其風者聲馳景慕然彼此好尙互有異同江左宮商發越貴於清綺河朔詞義貞剛重乎氣質氣質則理勝其詞清綺則文過其意理深者便於時用文華者宜於詠歌此其南北詞人得失之大較也若能掇彼清音簡茲累句各去所短合其兩長則文質斌斌盡善盡美矣梁自大同之後雅道淪缺漸乖典則爭馳新巧簡文湘東啓其淫放徐陵庾信分路揚鑣其意淺而繁其文匿而彩詞尙輕險情多哀思格以延陵之聽蓋亦亡國之音乎周氏吞併梁荊此風扇於關右狂簡斐然成俗流宕忘反無所取裁高祖初統萬機每念斲彫爲樸發號施令咸去浮華然時俗詞藻猶多淫麗故憲臺執法屢飛霜簡煬帝初習藝文有非輕側之論暨乎卽位一變其風其與越公書建東都詔冬至受朝詩及擬飲馬長城窟並存雅體歸於典制雖意在驕淫而詞無浮蕩故當時綴文之士遂得依而取正焉所謂能言者未必能行蓋亦君子不以人廢言也爰自東帝歸秦逮乎靑蓋入洛四隩咸泉九州攸同江漢英靈燕趙奇俊並該天網之中俱爲大國之寶言

刈其楚片善無遺潤木圓流不能十數才之難也不其然乎時之文人見稱當世則范陽盧思道安平李德林河東薛道衡趙郡李元操鉅鹿魏澹會稽虞世基河東柳䛒高陽許善心等或鷹揚河朔或獨步漢南俱騁龍光並驅雲路各有本傳論而敘之其潘徽萬壽之徒或學優而不切或才高而無貴仕其位可得而卑其名不可堙沒今總之於此爲文學傳云

劉臻

劉臻字宣摯沛國相人也父顯梁尋陽太守臻年十八舉秀才爲邵陵王東閣祭酒元帝時遷中書舍人江陵陷沒復歸蕭詧以爲中書侍郎周冢宰宇文護辟爲中外府記室軍書羽檄多成其手後爲露門學士授大都督封饒陽縣子歷藍田令畿伯下大夫高祖受禪進位儀同三司左僕射高熲之伐陳也以臻隨軍典文翰進爵爲伯皇太子勇引爲學士甚褻狎之臻無吏幹又性恍惚耽悅經史終日覃思至於世事多所遺忘有劉訥者亦任儀同俱爲太子學士情好甚密臻住城南訥住城東臻嘗欲尋訥謂從者曰汝知劉儀同家乎從者不

知尋訥謂臻還家答曰知於是引之而去既扣門臻尚未悟謂至訥家乃據案大呼曰劉儀同可出矣其子迎門臻驚曰此汝亦來耶其子答曰此是大人家於是顧盼久之乃悟叱從者曰汝大無意吾欲造劉訥耳性好噉蜆以音同父諱呼爲扁螺其踈放多此類也精於兩漢書時人稱爲漢聖開皇十八年卒年七十二有集十卷行於世

王頍

王頍字景文齊州刺史頒之弟也年數歲値江陵陷隨諸兄入關少好遊俠年二十尚不知書爲其兄顒所責怒於是感激始讀孝經論語晝夜不倦遂讀左傳禮易詩書乃歎曰書無不可讀者勤學累載遂遍通五經究其旨趣大爲儒者所稱解綴文善談論年二十二周武帝引爲露門學士每有議決多頍所爲而頍性識甄明精力不倦好讀諸子偏記異書當代稱爲博物又曉兵法益有縱橫之志每歎不逢時常以將相自許開皇五年授著作佐郎尋令於國子講授會高祖親臨釋奠國子祭酒元善講孝經頍與相論難詞義鋒起善往往見

屈高祖大奇之起授國子博士後坐事解職配防嶺南數載授漢王諒府諮議參軍王甚禮之時諒見房陵及秦蜀二王相次廢黜潛有異志頍遂陰勸諒繕治兵甲及高祖崩諒遂舉兵反多頍之計也頍後數進奇策諒不能用楊素至蒿澤將戰頍謂其子曰氣候殊不佳兵必敗汝可隨從我既而兵敗頍將歸突厥至山中徑路斷絕知必不免謂其子曰吾之計數不減楊素但坐言不見從遂至於此不能坐受擒執以成豎子名也吾死之後汝愼勿過親故於是自殺瘞之石窟中其子數日不得食遂過其故人竟爲所擒楊素求頍屍得之斬首梟於太原時年五十四撰五經大義三十卷有集十卷並因兵亂無復存者

崔儦

崔儦字岐叔清河武城人也祖休魏青州刺史父仲文齊高陽太守世爲著姓儦年十六太守請爲功曹不就少與范陽盧思道隴西辛德源同志友善每以讀書爲務負恃才地忽略世人大署其戶曰不讀五千卷書者無得入此室數年之間遂博覽羣言多所通涉解屬文在齊舉秀才爲員外散騎侍郎遷殿中

侍御史蕭與熊安生馬敬德等議五禮兼脩律令蕭兼散騎侍郎聘于陳使還
待詔文林館歷殿中膳部員外三曹郎中儦與頓丘李若俱見稱重時人爲之
語曰京師灼灼崔儦李若齊亡歸鄉里仕郡爲功曹州補主簿開皇四年徵授
給事郎蕭兼內史舍人後數年兼通直散騎侍郎聘于陳還授員外散騎侍郎
越國公楊素時方貴倖重儦門地爲子玄縱娶其女爲妻聘禮甚厚親迎之始
公卿滿座素令騎迎儦儦故敝其衣冠騎驢而至素推令上座儦有輕素之色
禮甚倨言又不遜素忿然拂衣而起竟罷座後數日儦方來謝素待之如初仁
壽中卒於京師時年七十二子世濟

諸葛潁

諸葛潁字漢丹陽建康人也祖銓梁零陵太守父規義陽太守潁年八歲能屬
文起家梁邵陵王參軍事轉記室侯景之亂奔齊待詔文林館歷太學博士太
子舍人周武平齊不得調杜門不出者十餘年習周易圖緯倉雅莊子頗得其
要清辯有俊才晉王廣素聞其名引爲參軍事轉記室及王爲太子除藥藏監

煬帝卽位遷著作郎甚見親倖出入臥內帝每賜之曲宴輒與皇后嬪御連席共榻頍因間隙多所譖毀是以時人謂之治葛後錄恩舊授朝請大夫帝常贈頍詩其卒章曰參翰長洲苑侍講肅成門名理窮研覈英華恣討論實錄資平允傳芳導後昆其見待遇如此從征吐谷渾加正議大夫後從駕北巡卒於道年七十七頍性褊急與柳䛒每相忿鬩帝屢責怒之而猶不止於後帝亦薄之有集二十卷撰鑾駕北巡記三卷幸江都道里記一卷洛陽古今記一卷馬名錄二卷並行於世有子嘉會

孫萬壽

孫萬壽字仙期信都武強人也祖寶魏散騎常侍父靈暉齊國子博士萬壽年十四就阜城熊安生受五經略通大義兼博涉子史善屬文美談笑博陵李德林見而奇之在齊年十七奉朝請高祖受禪滕穆王引爲文學坐衣冠不整配防江南行軍總管宇文述召典軍書萬壽本自書生從容文雅一旦從軍鬱鬱不得志爲五言詩贈京邑知友曰賈誼長沙國屈平湘水濱江南瘴癘地從來

多逐臣粤余非巧宦少小拙謀身欲飛無假翼思鳴不值晨如何載筆士翻作
負戈人飄飄如木偶弃置同芻狗失路乃西浮非狂一東走晚歲出函關方春
度京口石城臨獸據天津望牛斗牛斗盛妖氛梟獍已成羣郗超初入幕王粲
始從軍褰糧楚山際被甲吳江濆吳江一浩蕩楚山何糾紛驚波上濺日喬木
下臨雲繫越恆資辯喻蜀幾飛文魯連唯救患吾彥不爭勳羇遊歲月久歸思
常搔首非關不樹萱豈爲無杯酒數載辭鄉縣三秋別親友壯志後風雲衰鬢
先蒲柳心緒亂如絲空懷疇昔時昔時遊帝里弱歲逢知己旅食南館中飛蓋
西園裏河間本好書東平唯愛士英辯接天人清言洞名理鳳池時寓直麟閣
常遊止勝地盛賓僚麗景相攜招舟汎昆明水騎指渭津橋祓除臨灞岸供帳
出東郊宜城醞始熟陽翟曲新調繞樹烏啼夜雊麥雉飛朝細塵梁下落長袖
掌中嬌懽娛三樂至懷抱百憂銷夢想猶如昨尋思久寂寥一朝牽世網萬里
逐波潮迴輪常自轉懸旆不堪搖登高視衿帶鄉關白雲外迴首望孤城愁人
益不平華亭宵鶴唳幽谷早鶯鳴斷絕心難續惝恍魂屢驚羣紀通家好鄒魯

故鄉情若值南飛雁時能訪死生此詩至京盛爲當時之所吟誦天下好事者多書壁而翫之後歸鄉里十餘年不得調仁壽初徵拜豫章王長史非其好也王轉封于齊卽爲齊王文學當時諸王官屬多被夷滅由是彌不自安因謝病免久之授大理司直卒於官時年五十二有集十卷行於世

王貞

王貞字孝逸梁郡陳留人也少聰敏七歲好學善毛詩禮記左氏傳周易諸子百家無不畢覽善屬文詞不治產業每以諷讀爲娛開皇初汴州刺史樊叔略引爲主簿後舉秀才授縣尉非其好也謝病于家煬帝卽位齊王暕鎮江都聞其名以書召之曰夫山藏美玉光照廊廡之間地蘊神劍氣浮星漢之表是知毛遂穎脫義感平原孫慧文詞來遷東海顧循寡薄有懷髦彥籍甚清風爲日久矣未獲披覿良深佇遲比高天流火早應涼飈陵雲仙掌方承清露想攝衛攸宜與時休適前園後圃從容丘壑之情左琴右書蕭散煙霞之外茂陵謝病非無封禪之文彭澤遺榮先有歸來之作優游儒雅何樂如之余屬當藩屏宣

條揚越坐棠聽訟事絶詠歌攀桂摛詞眷言高遯至於揚旌北渚飛蓋西園託乘乏應劉置醴闕申穆背淮之賓徒聞其語趨燕之客罕值其人卿道冠鷹揚聲高鳳舉儒墨泉海詞章苑囿棲遲衡泌懷寶迷邦徇兹獨善良以於邑今遣行人具宣往意側望起予甚於飢渴想便輕舉副此虛心無信投石之談空慕鑿坏之逸書不盡言更慙詞費及貞至王以客禮待之朝夕遺問安不又索文集貞啓謝曰屬賀德仁宣教須少來所有拙文昔公旦之才藝能事鬼神夫子之文章性與天道雅志傳於游夏餘波鼓於屈宋雕龍之迹具在風騷而前賢後聖代相師祖賞逐時移出門分路變清音於正始體高致於元康咸言坐握蛇珠誰許獨爲麟角孝逸生於戰爭之季長於風塵之世學無半古才不逮人往屬休明寸陰已昃雖居可封之屋每懷貧賤之恥適鄢郢而迷塗入邯鄲而失步歸來反覆心灰遂寒豈謂横議過實虛塵睿覽枉高車以載驥費明珠以彈雀遂得裹糧三月重高門之餘地背淮千里望章臺之後塵與懸黎而並肆將駿驥而同阜終朝擊缶匪黄鍾之所諧日暮却行何前人之能及顧想平生

觸塗多感但以積年沈痼遺忘日久拙思所存纔成三十三卷仰而不至方見學仙之遠窺而不覿始知游聖之難咫尺天人周章不暇怖甚真龍之降慙過白豕之歸伏紙陳情形神悚越齊王覽所上集善之賜良馬四匹貞復上江都賦王賜錢十萬貫馬二匹未幾以疾甚還鄉里終于家

虞綽辛大德

虞綽字士裕會稽餘姚人也父孝曾陳始興王諮議綽身長八尺姿儀甚偉博學有俊才尤工草隸陳左衞將軍傅縡有盛名於世見綽詞賦歎謂人曰虞郎之文無以尚也仕陳爲太學博士遷永陽王記室及陳亡晉王廣引爲學士大業初轉爲祕書學士奉詔與祕書郎虞世南著作佐郎庾自直等撰長洲玉鏡等書十餘部綽所筆削帝未嘗不稱善而官竟不遷初爲校書郎以藩邸左右加宣惠尉遷著作佐郎與虞世南庾自直蔡允恭等四人常居禁中以文翰待詔恩盼隆洽從征遼東帝舍臨海頓見大鳥異之詔綽爲銘其辭曰維大業八年歲在壬申夏四月景子皇帝底定遼碣班師振旅龍駕南轅鑾旗西邁行宮

次于柳城縣之臨海頓焉山川明秀實仙都也旗門外設款跨重阜帳殿周施
降望大壑息清蹕下輕輿警百靈綏萬福踐素沙步碧沚同軒皇之襄野邁漢
宗於河上想汾射以開襟望蓬瀛而載佇窅然齊肅藐屬殊庭兼以聖德遐宣
息別風與淮兩休符潛感表重潤於夷波璧日曬光卿雲舒采六合開朗十洲
澄鏡少選之間儵焉靈感忽有祥禽皎同鶴鷺出自霄漢翻然雙下高逾一丈
長乃盈尋靡霜暉於羽翮激丹華於觜距鸞翔鳳跱鵲起鴻騫或躑或啄載飛
載止徘徊馴擾咫尺乘輿不藉揮琴非因拊石樂我君德是用來儀斯固類仙
人之騏驥冠羽族之宗長西王青鳥東海赤雁豈可同年而語哉竊以銘基華
岳事乖靈異紀迹鄒山義非盡美猶方冊不泯遺文可觀況盛德成功若斯懿
鑠懷真味道加此感通不鐫名山安用銘異臣拜稽首敢勒銘云來蘇與怨帝
自東征言復禹績乃御軒營六師薄伐三韓肅清龔行天罰赫赫明明文德上
暢靈武外薄車徒不擾苛慝靡作凱歌載路成功允鑠反旆還軒遵林並壑停
輿海澨駐蹕巖阯窅想遐凝藐屬千里金臺銀闕雲浮岳峙有感斯應靈禽效

祉飛來清漢俱集華泉好音玉響皓質冰鮮狎仁馴德習習翩翩絕迹無泯於萬斯年帝覽而善之命有司勒於海上以度遼功授建節尉綽恃才任氣無所降下著作郎諸葛頴以學業倖於帝綽每輕侮之由是有隙帝嘗問綽於頴頴曰虞綽麤人也帝頷之時禮部尚書楊玄感稱爲貴倨虛襟禮之與結布衣之友綽數從之遊其族人虞世南誡之曰上性猜忌而君過厚玄感若與絕交者帝知君改悔可以無咎不然終當見禍綽不從尋有告綽以禁內兵書借玄感帝甚銜之及玄感敗後籍沒其家妓妾並入宮帝因問之玄感平常時與何人交往其妾以虞綽對帝令大理卿鄭善果窮治其事綽曰羇旅薄遊與玄感文酒談款實無他謀帝怒不解徙綽且末綽至長安而亡吏逮之急於是潛度江變姓名自稱吳章遊東陽抵信安令天水辛大德大德舍之歲餘綽與人爭田相訟有識綽者而告竟爲吏所執坐斬江都時年五十四所有詞賦並行於世大德爲令誅翦羣盜甚得民和與綽俱爲使者所執其妻泣曰每諫君無匿學士今日之事豈不哀哉大德笑曰我本圖脫長者反爲人告之吾罪也當死以

謝綽會有詔死罪得以擊賊自効信安吏民詣使者叩頭曰辛君人命所懸辛君若去亦無信安矣使者留之以討賊帝怒斬使者大德獲全

王冑

王冑字承基琅琊臨沂人也祖筠梁太子詹事父祥陳黃門侍郎冑少有逸才仕陳起家鄱陽王法曹參軍歷太子舍人東陽王文學及陳滅晉王肅引為學士仁壽末從劉方擊林邑以功授帥都督大業初為著作佐郎以文詞為煬帝所重帝常自東都還京師賜天下大酺因為五言詩詔冑和之其詞曰河洛稱朝市崤函實奧區周營曲阜作漢建奉春謨大君苞二代皇居盛兩都招搖正東指天駟迺西驅展軨齊玉軑式道耀金吾千門駐罕畢四達儼車徒是節春之暮神皐華實敷皇情感時物睿思屬枌榆詔問百年老恩隆五日酺小人荷鎔鑄何由答大鑪帝覽而善之因謂侍臣曰氣高致遠歸之於冑詞清體潤其在世基意密理新推庾自直過此者未可以言詩也帝所有篇什多令繼和與虞綽齊名同志友善于時後進之士咸以二人為準的從征遼東進授朝散大

夫胄性疎率不倫自恃才大鬱鬱於薄宦每負氣陵傲忽略時人爲諸葛穎所嫉屢譖之於帝帝愛其才而不罪禮部尚書楊玄感虛襟與交數遊其第及玄感敗與虞綽俱徙邊胄遂亡匿潛還江左爲吏所捕坐誅時年五十六所著詞賦多行於世胄兄眘字元恭博學多通少有盛名於江左仕陳歷太子洗馬中舍人陳亡與胄俱爲學士煬帝即位授祕書郎卒官

庾自直

庾自直潁川人也父持陳羽林監自直少好學沉靜寡欲仕陳歷豫章王府外兵參軍宣惠記室陳亡入關不得調晉王廣聞之引爲學士大業初授著作佐郎自直解屬文於五言詩尤善性恭慎不妄交遊特爲帝所愛帝有篇章必先示自直令其詆訶自直所難帝輒改之或至於再三俟其稱善然後方出其見親禮如此後以本官知起居舍人事化及作逆以之北上自載露車中感激發病卒有文集十卷行於世

潘徽

潘徽字伯彥吳郡人也性聰敏少受禮於鄭灼授毛詩於施公受書於張沖講莊老於張譏並通大義尤精三史善屬文能持論陳尚書令江總引致文儒之士徽一詣總總甚敬之釋褐新蔡王國侍郎選爲客館令隋遣魏澹聘于陳陳人使徽接對之澹將反命爲啓於陳主曰敬奉弘慈曲垂餞送徽以爲伏奉爲重敬奉爲輕却其啓而不奉澹立議曰曲禮注曰禮主於敬詩曰維桑與梓必恭敬止孝經曰宗廟致敬又云不敬其親謂之悖禮孔子敬天之怒成湯聖敬日躋宗廟極重上天極高父極尊君極貴四者咸同一敬五經未有異文不知以敬爲輕竟何所豫徽難之曰向所論敬字本不全以爲輕但施用處殊義成通別禮主於敬此是通言猶如男子冠而字之注云成人敬其名也春秋有冀缺夫妻亦云相敬既於子則有敬名之義在夫亦有敬妻之說此可復並謂極重乎至若謝諸公固非尊地公子敬愛止施賓友敬聞敬報彌見雷同敬聽敬酬何關貴隔當知敬之爲義雖是不輕但敬之於語則有時混漫今云敬奉所以成疑聊舉一隅未爲深據澹不能對遂從而改焉及陳滅爲州博士秦孝王

俊聞其名召爲學士嘗從俊朝京師在塗令徽於馬上爲賦行一驛而成名曰述思賦俊覽而善之復令爲萬字文并遣撰集字書名爲韻纂徽爲序曰文字之來尚矣初則羲皇出震觀象緯以法天次則史頡佐軒察蹄迹而取地於是八卦爰始爻文斯作繩用既息墳籍生焉至如龍筴授河龜威出洛綠綈白檢述勛華之運金繩玉字表殷夏之符卸甲示於姬壇吐卷徵於孔室莫不理包遠邇迹會幽明仰協神功俯照人事其制作也如彼其祥瑞也如此故能宣流萬代正名百物爲生民之耳目作後王之模範頌美形容垂芬篆素暨大隋之受命也追蹤三五並曜參辰外振武功內修文德飛英聲而勒嵩岱彰大定而銘鍾鼎春干秋羽盛禮樂於膠庠省俗觀風採歌謠於唐衛我秦王殿下降靈霄極稟秀天機質潤珪璋文兼黼黻楚詩早習頗屬懷於言志沛易先通每留神於索隱尊儒好古三雍之對已遒博物多能百家之工彌洽遨遊必名教漁獵唯圖史加以降情引汲擇善芻微築館招賢攀枝佇異剖連城於井里賁束帛於丘園薄技無遺片言便賞所以人加脂粉物競琢磨俱報稻粱各施鳴吠

于時歲次鶉火月躔夷則驂駕務隙靈光意靜前臨竹沼却倚桂巖泉石瑩仁智之心煙霞發文彩之致賓僚霧集教義風靡乃討論羣藝商略衆書以爲小學之家尤多舛雜雖復周禮漢律務在貫通而巧說邪辭遞生同異且文訛篆隸音謬楚夏三蒼急就之流微存章句說文字林之屬唯別體形至於尋聲推韻良爲疑混酌古會今未臻功要未有李登聲類呂靜韻集始判清濁纔分宮羽而全無引據過傷淺局詩賦所須卒難爲用遂躬紆睿旨摽摘是非撮舉宏綱裁斷篇部總會舊轍削立新意聲別相從即隨注釋詳之詁訓證以經史備包騷雅博牽子集汗簡云畢題爲韻纂凡三十卷勒成一家方可藏彼名山副諸石室見羣玉之爲淺鄙懸金之不定爰命末學製其都序徽業術已寡思理彌殫心若死灰文慙生氣徒以犬馬識養飛走懷仁敢執顛沛之辭遂操狂簡之筆而齊魯富經學楚鄭多良士西河之彥幸不誚於索居東里之才請能加於潤色未幾俊甍晉王廣復引爲揚州博士令與諸儒撰江都集禮一部復令徽作序曰禮之爲用至矣大與天地同節明與日月齊照源開三本體合四端

巢居穴處之前即萌其理龜文鳥迹以後稍顯其事雖情存簡易意非玉帛而
夏造殷因可得知也至如秩宗三禮之職司徒五禮之官邦國以和人神惟敬
道德仁義非此莫成進退俯仰去茲安適若璽印塗猶防止水豈直譬彼耕耨
均斯粉澤而已哉自世屬坑焚時移漢魏叔孫通之碩解高堂隆之博識專門
者霧集制作者風馳節文頗備枝條互起皇帝負扆垂旒辨方正位纂勛華之
曆象綴文武之憲章車書之所會通觸境斯應雲雨之所霑潤無思不韙東探
石簣之符西蠱羽陵之策鳴鑾太室偃伯靈臺樂備五常禮兼八代上柱國太
尉揚州總管晉王握珪璋之寶履神明之德隆化讚傑藏用顯仁地居周邵業
冠河楚允文允武多才多藝戎衣而籠關塞朝服而掃江湖收杞梓之才闢康
莊之館加以佃漁六學網羅百氏繼稷下之絕軌弘泗上之淪風賾無隱而不
探事有難而必綜至於采標緣錯華垂丹篆刑名長短儒墨是非書圃翰林之
域理窟談叢之內謁者所求之餘侍醫所校之逸莫不澄涇辨渭拾珠棄蚌以
爲質文遞改損益不同明堂曲臺之記南宮東觀之說鄭王徐賀之答崔譙何

庾之論髣髴雖盈菁華蓋鮮乃以宣條暇日聽訟餘晨娛情窺寶之鄉凝相觀濤之岸總括油素躬披緗縹芟蕪刈楚振領提綱去其繁雜撮其指要勒成一家名曰江都集禮凡十二帙一百二十卷取方月數用比星周軍國之義存焉人倫之紀備矣昔者龜蒙令后睢渙名藩誠復出警入蹕擬乘輿之制度建輜載旂用天子之禮樂求諸述作未聞玆典方可韜之類水副彼名山見刻石之非工嗤懸金之已陋是知沛王通論不獨擅於前脩寧朔新書更追慚於往冊徽幸棲仁岳忝遊聖海謬承恩獎敢敘該博之致云煬帝嗣位詔徽與著作佐郎陸從典太常博士褚亮歐陽詢等助越公楊素撰魏書會素薨而止授京兆郡博士楊玄感兄弟甚重之數相來往及玄感敗凡交關多罹其患徽以玄感故人爲帝所不悅有司希旨出徽爲西海郡威定縣主簿意甚不平行至隴西發病卒

杜正玄弟正藏

杜正玄字慎徽其先本京兆人八世祖曼爲石趙從事中郎因家於鄴自曼至

正玄世以文學相授正玄尤聰敏博涉多通兄弟數人俱未弱冠並以文學才辯籍甚三河之間開皇末舉秀才尚書試方略正玄應對如響下筆成章僕射楊素負才傲物正玄抗辭酬對無所屈撓素甚不悅久之會林邑獻白鸚鵡素促召正玄使者相望及至卽令作賦正玄倉卒之際援筆立成素見文不加點始異之因令更擬諸雜文筆十餘條又皆立成而辭理華贍素乃嘆曰此真秀才吾不及也授晉王行參軍轉豫章王記室卒官弟正藏

杜正藏字爲善尤好學善屬文弱冠舉秀才授純州行參軍歷下邑正大業中學業該通應詔舉秀才兄弟三人俱以文章一時詣闕論者榮之著碑誄銘頌詩賦百餘篇又著文章體式大爲後進所寶時人號爲文軌乃至海外高麗百濟亦共傳習稱爲杜家新書

常得志

京兆常得志博學善屬文官至秦王記室及王薨過故宮爲五言詩辭理悲壯甚爲時人所重復爲兄弟論義理可稱

尹式

河間尹式博學解屬文少有令問仁壽中官至漢王記室王甚重之及漢王敗式自殺其族人正卿彥卿俱有儁才名顯於世

劉善經

河間劉善經博物洽聞尤善詞筆歷仕著作佐郎太子舍人著酬德傳三十卷諸劉譜三十卷四聲指歸一卷行於世

祖君彥

范陽祖君彥齊尚書僕射孝徵之子也容貌短小言辭訥澀有才學大業末官至東平郡書佐郡陷於翟讓因爲李密所得密甚禮之署爲記室軍書羽檄皆成於其手及密敗爲王世充所殺

孔德紹

會稽孔德紹有清才官至景城縣丞竇建德稱王署爲中書令專典書檄及建德敗伏誅

劉斌

南陽劉斌頗有詞藻官至信都郡司功書佐竇建德署爲中書舍人建德敗復爲劉闥中書侍郎與劉闥亡歸突厥不知所終

史臣曰魏文有言古今文人類不護細行鮮能以名節自立信矣王胄虞綽之輩崔儦孝逸之倫或務氣負才遺落世事或學優命薄調高位下心鬱抑而孤憤志盤桓而不定嘯傲當世脫略公卿是知跅弛見遺嫉邪忤物不獨漢陽趙壹平原禰衡而已故多罹咎悔鮮克有終然其學涉稽古文詞辨麗並鄧林之一枝崑山之片玉矣有隋總一寰宇得人爲盛秀異之貢不過十數正玄昆季三人預焉華蕚相耀亦爲難兄弟矣

隋書卷七十六

隋書卷七十六考證

常得志尹式劉善經祖君彥孔德紹劉斌○監本目錄不載六人名史臣論贊亦不之及北史目錄六人名附法潛徽下今仍本文

隋書卷七十六考證

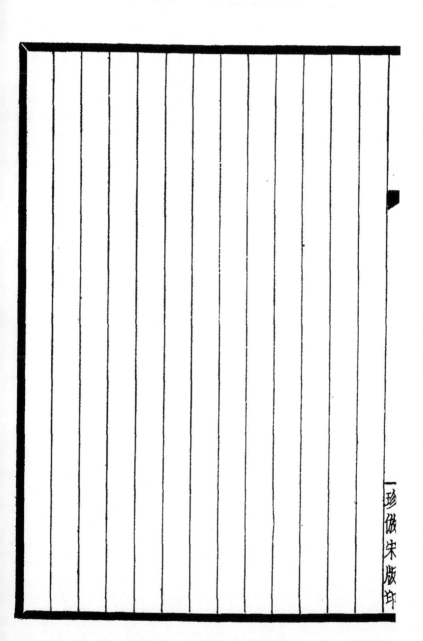

唐 特 進 臣 魏 徵 上

列傳第四十二

隱逸

自肇有書契綿歷百王雖時有盛衰未嘗無隱逸之士故易稱遯世無悶又曰不事王侯詩云皎皎白駒在彼空谷禮云儒有上不臣天子下不事王侯語曰舉逸民天下之人歸心焉雖出處殊途語默異用各言其志皆君子之道也洪崖兆其始箕山扇其風七人作乎周年四皓光乎漢日魏晉以降其流逾廣其大者則輕天下細萬物其小者則安苦節甘賤貧或與世同塵隨波瀾以俱逝或違時矯俗望江湖而獨往狎玩魚鳥左右琴書拾遺粒而織落毛飲石泉而蔭松柏放情宇宙之外自足懷抱之中然皆欣欣於獨善鮮汲汲於兼濟而受命哲王守文令主莫不束帛交馳蒲輪結轍奔走巖谷唯恐不逮者何哉以其道雖未弘志不可奪縱無舟楫之功終有賢貞之操足以立懦夫之志息貪競

之風與夫苟得之徒不可同年共日所謂無用以爲用無爲而無不爲者也故
敘其人列其行以備隱逸篇云

李士謙

李士謙字子約趙郡平棘人也髫齓喪父事母以孝聞母曾嘔吐疑爲中毒因
跪而嘗之伯父魏岐州刺史瑒深所嗟尙每稱曰此兒吾家之顏子也年十二
魏廣平王贊辟開府參軍事後丁母憂居喪骨立有姊適宋氏不勝哀而死士
謙服闋捨宅爲伽藍脫身而出詣學請業研精不倦遂博覽羣籍兼善天文術
數齊吏部尙書辛術召署員外郎趙郡王叡舉德行皆稱疾不就和士開亦重
其名將諷朝廷擢爲國子祭酒士謙知而固辭得免隋有天下畢志不仕自以
少孤未嘗飲酒食肉口無殺害之言至於親賓來萃輒陳罇俎對之危坐終日
不倦李氏宗黨豪盛每至春秋二社必高會極歡無不沉醉諠亂嘗集士謙所
盛饌盈前而先爲設黍謂羣從曰孔子稱黍爲五穀之長荀卿亦云食先黍稷
古人所尙容可違乎少長肅然不敢弛惰退而相謂曰既見君子方覺吾徒之

不德也士謙聞而自責曰何乃爲人所踈頓至於此家富於財躬處節儉每以振施爲務州里有喪事不辦者士謙輒奔走赴之隨乏供濟有兄弟分財不均至相鬩訟士謙聞而出財補其少者令與多者相埒兄弟媿懼更相推讓卒爲善士有牛犯其田者士謙牽置涼處飼之過於本主望見盜刈其禾黍者默而避之其家僮嘗執盜粟者士謙慰諭之曰窮困所致義無相責遽令放之其奴嘗與鄉人董震因醉角力震扼其喉斃於手下震惶懼請罪士謙謂之曰卿本無殺心何爲相謝然可遠去無爲吏之所拘性寬厚皆此類也其後出粟數千石以貸鄉人值年穀不登債家無以償皆來致謝士謙曰吾家餘粟本圖振贍豈求利哉於是悉召債家爲設酒食對之燔契曰債了矣幸勿爲念也各令罷去明年大熟債家爭來償謙謙拒之一無所受佗年又大飢多有死者士謙罄竭家資爲之糜粥賴以全活者將萬計收埋骸骨所見無遺至春又出糧種分給貧乏趙郡農民德之撫其子孫曰此乃李參軍遺惠也或謂士謙曰子多陰德士謙曰所謂陰德者何猶耳鳴己獨聞之人無知者今吾所作吾子皆知何

陰德之有士謙善談玄理嘗有一客在坐不信佛家應報之義以爲外典無聞焉士謙喻之曰積善餘慶積惡餘殃高門待封掃墓望喪豈非休咎之應邪佛經云輪轉五道無復窮已此則賈誼所言千變萬化未始有極忽然爲人之謂也佛道未東而賢者已知其然矣至若鯀爲黃熊杜宇爲鶗鴂褒君爲龍牛哀爲獸君子爲鵠小人爲猿彭生爲豕如意爲犬黃母爲黿宣武爲鼈鄧艾爲牛徐伯爲魚鈴下爲烏書生爲蛇羊祜前身李家之子此非佛家變受異形之謂邪客曰邢子才云豈有松柏後身化爲樗櫟僕以爲然士謙曰此不類之談也變化皆由心而作木豈有心乎客又問三教優劣士謙曰佛日也道月也儒五星也客亦不能難而止士謙平生喜爲詠懷詩輒毀弃其本不以示人又嘗論刑罰遺文不具載略曰帝王制法沿革不同自可損益無爲頓改今之贓重者死是酷而不懲也語曰人不畏死不可以死恐之愚謂此罪宜從肉刑刖其一趾再犯者斷其右腕流刑刖去右手三指又犯者下其腕小盜宜黥又犯則落其所用三指又不悛下其腕無不止也無賴之人竄之邊裔職爲亂階適所以

召戎矣非求治之道也博弈淫遊盜之萌也禁而不止黥之則可有識者頗以爲得治體開皇八年終於家時年六十六趙郡士女聞之莫不流涕曰我曹不死而令李參軍死乎會葬者萬餘人鄉人李景伯等以士謙道著丘園條其行狀詣尙書省請先生之諡事寢不行遂相與樹碑於墓其妻范陽盧氏亦有婦德及夫終後所有賻贈一無所受謂州里父老曰參軍平生好施今雖殞沒安可奪其志哉於是散粟五百石以振窮乏

崔廓子賾

崔廓字士玄博陵安平人也父子元齊燕州司馬廓少孤貧而母賤由是不爲邦族所齒長爲里佐屢逢屈辱於是感激逃入山中遂博覽書籍多所通涉山東學者皆宗之既還鄉里不應辟命與趙郡李士謙爲忘年之友每相往來時稱崔李及士謙死廓哭之慟爲之作傳輸之祕府士謙妻盧氏寡居每有家事輒令人諮廓取定廓嘗著論言刑名之理其義甚精文多不載大業中終于家時年八十有子曰賾賾字祖濬七歲能屬文容貌短小有口才開皇初秦孝王

薦之射策高第詔與諸儒定禮樂授校書郎尋轉協律郎太常卿蘇威雅重之母憂去職性至孝水漿不入口者五日徵爲河南豫章二王侍讀每更日來往二王之第及河南爲晉王轉記室參軍自此去豫章王重之不已遺瞔書曰昔漢氏西京梁王建國平臺東苑慕義如林馬卿辭武騎之官枚乘罷弘農之守每覽史傳嘗切怪之何乃脫略官榮棲遲藩邸以今望古方知雅志彼二子者豈徒然哉足下博聞強記鉤深致遠視漢臣之三篋似涉蒙山對梁相之五車若吞雲夢吾兄欽賢重士敬愛忘疲先築郭隗之宮常置穆生之醴今者重開土宇更誓山河地方七百牢籠曲阜城兼七十包舉臨淄大啓南陽方開東閤想得奉飛蓋曳長裾藉玳筵躡珠履歌山桂之偃蹇賦池竹之檀欒其崇貴也如彼其風流也如此幸甚幸甚何樂如之高視上京有懷德祖才謝天人多慚子建書不盡意寧俟繁辭瞔答曰一昨伏奉教書榮貺非恆心靈自失若乃理高象繫管輅思而不解事富山海郭璞注而未詳至於五色相宣八音繁會鳳鳴不足喻龍章莫之比吳札之論周頌詎盡揄揚郢客之奏陽春誰堪赴節伏

惟令王殿下稟潤天潢承輝日觀雅道貴於東平文藝高於北海漢則馬遷蕭
望晉則裴楷張華雞樹騰聲鵷池播美望我清塵悠然路絶祖濬燕南贅客河
朔惰遊本無意於希顔豈有心於慕藺未嘗聚螢映雪懸頭刺股讀論唯取一
篇披莊不過盈尺復況桑榆漸暮藜藿屢空舉燭無成穿楊盡棄但以燕求馬
首薛養雞鳴謬齒鴻儀虛班驥阜挾太山而超北海比報德而非難堙崐崙以
爲池匹酬恩而反易忽屬周桐錫瑞唐水承家門有將相樹宜桃李真龍將下
誰好有名濫吹先逃何須別聽但慈旨抑揚損上益下江海所以稱王丘陵爲
之不逮曹植儻預聞高論則不隕令名楊脩若切在下風亦詎虧淳德無任荷
戴之至謹奉啓以聞豫章得書賚米五十石并衣服錢帛時晉邸文翰多成其
手王入東宮除太子齋師俄還舍人及元德太子薨以疾歸于家後徵授起居
舍人大業四年從駕汾陽宮次河陽鎮藍田令王曇於藍田山得一玉人長三
尺四寸著大領衣冠幘奏之詔問羣臣莫有識者蹟答曰謹按漢文已前未有
冠幘卽是文帝以來所制作也臣見魏大司農盧元明撰嵩高山廟記云有神

人以玉爲形像長數寸或出或隱出則令世延長伏惟陛下應天順民定鼎嵩雒岳神自見臣敢稱慶因再拜百官畢賀天子大悅賜縑二百匹從駕登太行山詔問蹟曰何處有羊腸坂蹟對曰臣按漢書地理志上黨壺關縣有羊腸坂帝曰不是又荅曰臣按皇甫士安撰地書云太原北九十里有羊腸坂帝曰是也因謂牛弘曰崔祖濬所謂問一知二五年受詔與諸儒撰區宇圖志二百五十卷奏之帝不善之更令虞世基許善心衍爲六百卷以父憂去職尋起令視事遼東之役授鷹揚長史置遼東郡縣名皆蹟之議也奉詔作東征記九年除越王長史于時山東盜賊蜂起帝令撫慰高陽襄國歸首者八百餘人十二年從駕江都宇文化及之弒帝也引爲著作郎稱疾不起在路發疾卒於彭城時年六十九蹟與洛陽元善河東柳䛒太原王劭吳興姚察琅邪諸葛頴信都劉焯河間劉炫相善每因休假清談竟日所著詞賦碑誌十餘萬言撰洽聞志七卷八代四科志三十卷未及施行江都傾覆咸爲煨燼

徐則

徐則東海郯人也幼沈靜寡嗜欲受業於周弘正善三玄精於議論聲擅都邑則歎曰名者實之賓吾其爲賓乎遂懷棲隱之操杖策入縉雲山後學數百人苦請教授則謝而遣之不娶妻常服巾褐陳太建時應召來憩於至真觀朞月又辭入天台山因絕穀養性所資唯松水而已雖隆冬沍寒不服綿絮太傅徐陵爲之刊山立頌初在縉雲山太極真人徐君降之曰汝年出八十當爲王者師然後得道也晉王廣鎮揚州知其名手書召之曰夫道得衆妙法體自然包涵二儀混成萬物人能弘道道不虛行先生履德養空宗玄齊物深明義味曉達法門悅性沖玄怡神虛白餐松餌朮棲息煙霞望赤城而待風雲遊玉堂而駕龍鳳雖復藏名台岳猶且騰實江淮藉甚嘉猷有勞寤寐欽承素道久積虛襟側席幽人夢想巖穴霜風已冷海氣將寒偃息茂林道體休念昔商山四皓輕舉漢庭淮南八公來儀藩邸古今雖異山谷不殊市朝之隱前賢已說導凡述聖非先生而誰故遣使人往彼延請想無勞束帛賁然來思不待蒲輪去彼空谷希能屈己佇望披雲則謂門人曰吾今年八十一王來召我徐君之旨信

而有徵於是遂詣揚州晉王將請受道法則辭以時日不便其後夕中命侍者
取香火如平常朝禮之儀至於五更而死支體柔弱如生停留數旬顏色無變
晉王下書曰天台真隱東海徐先生虛確居宗沖玄成德齊物處外檢行安身
草褐蒲衣餐松餌朮棲隱靈岳五十餘年卓矣仙才飄然勝氣千尋萬頃莫測
其涯寡人欽承道風久餐德素頻遣使乎遠此延屈冀得虔受上法式建良緣
至止甫爾未淹旬日厭塵羽化反真靈府身體柔軟顏色不變經方所謂屍梁
地仙者哉誠復師禮未申而心許有在雖忘怛化猶愴于懷喪事所資隨須供
給霓裳羽蓋既且騰雲空槨餘衣詎藉墳壟但杖舄猶存示同俗法宜遣使人
送還天台定葬是時自江都至於天台在道多見則徒步云得放還至其舊居
取經書道法分遺弟子仍令淨掃一房曰若有客至宜延之於此然後跨石解
而去不知所之須臾屍柩至方知其靈化時年八十二晉王聞而益異之賵物
千段遣畫工圖其狀貌令柳䛒為之讚曰可道非道常道無名上德不德至德
無盈玄風扇矣而有先生夙鍊金液怡神玉清石髓方軟雲丹欲成言追葛稚

將侶茅嬴我王遙屬爰感靈誠柱下暫啓河上沉精留符告信化杖飛聲永思靈迹曷用攄情時披素繪如臨赤城時有建安宋玉泉會稽孔道茂丹陽王遠知等亦行辟穀以松水自給皆爲煬帝所重

張文詡

張文詡河東人也父琚開皇中爲洹水令以清正聞有書數千卷教訓子姪皆以明經自達文詡博覽文籍特精三禮其周易詩書及春秋三傳並皆通習每好鄭玄注解以爲通博其諸儒異說亦皆詳究焉高祖引致天下名儒碩學之士其房暉遠張仲讓孔籠之徒並延之於博士之位文詡時遊太學暉遠等莫不推伏之學內翕然咸共宗仰其門生多詣文詡請質疑滯文詡輒博引證據辨說無窮唯其所擇治書侍御史皇甫誕一時朝彥恆執弟子之禮適至南臺遽飾所乘馬就學邀屈文詡每牽馬步進意在不因人以自致也右僕射蘇威聞其名而召之與語大悅勸令從官文詡意不在仕固辭焉仁壽末學廢文詡策杖而歸灌園爲業州郡頻舉皆不應命事母以孝聞每以德化人鄉黨頗移

風俗嘗有人夜中竊刈其麥者見而避之盜因感悟弃麥而謝文詡慰諭之自誓不言固令持去經數年盜者向鄉人說之始爲遠近所悉鄰家築牆心有不直文詡因毀舊堵以應之文詡嘗有腰疾會醫者自言善禁文詡令禁之遂爲刃所傷至於頓伏牀枕醫者叩頭請罪文詡遽遣之因爲其隱謂妻子曰吾昨風眩落坑所致其掩人之短皆此類也州縣以其貧素將加振貽輒辭不受每閑居無事從容長歎曰老冉冉而將至恐脩名之不立以如意擊几皆有處所時人方之閔子騫原憲焉終於家年四十鄉人爲立碑頌號曰張先生

史臣曰古之所謂隱逸者非伏其身而不見也非閉其言而不出也非藏其智而不發也蓋以恬淡爲心不皦不昧安時處順與物無私者也士謙等忘懷纓冕畢志丘園隱不違親貞不絕俗不教而勸虛往實歸愛之如父母懷之如親戚非有自然之純德其孰能至於斯乎然士謙聞譽不喜文詡見傷無愠徐則志在沉冥不可親疏莫能貴賤皆抱樸之士矣崔廓感於屈辱遂以肥遯見稱祖濬文籍之美足以克隆先構父子雖動靜殊方其於成名一也美哉

隋書卷七十七

隋書卷七十七考證

李士謙傳君子爲鵠小人爲猿○按抱朴子周穆王南征一軍盡化君子爲猿鶴小人爲沙蟲與此小異

隋書卷七十七考證

珍做朱版印

隋書卷七十八

唐　特　進　臣　魏　徵　上

列傳第四十三

藝術

夫陰陽所以正時日順氣序者也卜筮所以決嫌疑定猶豫者也醫巫所以禦妖邪養性命者也音律所以和人神節哀樂者也相術所以辯貴賤明分理者也技巧所以利器用濟艱難者也此皆聖人無心因民設教救恤災患禁止淫邪自三五哲王其所由來者矣然昔之言陰陽者則有箕子裨竈梓慎子韋曉音律者則師曠師摯伯牙杜夔敍卜筮則史扁史蘇嚴君平司馬季主論相術則內史叔服姑布子卿唐舉許負語醫則文摯扁鵲季咸華陀其巧思則奚仲墨翟張平子馬德衡凡此諸君者仰觀俯察探賾索隱咸詣幽微思侔造化通靈入妙殊才絕技或弘道以濟時或隱身以利物深不可測固無得而稱焉近古涉乎斯術者鮮有存夫貞一多肆其淫僻厚誣天道或變亂陰陽曲成君欲

或假託神怪熒惑民心遂令時俗妖訛不獲返其真性身罹災毒莫得壽終而死藝成而下意在茲乎歷觀經史百家之言無不存夫藝術或敘其玄妙或記其迂誕非徒用廣異聞將以明乎勸戒是以後來作者或相祖述故今亦採其尤著者列為藝術篇云

庾季才 子質 耿詢 盧太翼

庾季才字叔奕新野人也八世祖滔隨晉元帝過江官至散騎常侍封遂昌侯因家于南郡江陵縣祖詵梁處士與宗人易齊名父曼倩光祿卿季才幼穎悟八歲誦尚書十二通周易好占玄象居喪以孝聞梁廬陵王續辟荊州主簿湘東王繹重其術藝引授外兵參軍西臺建累遷中書郎領太史封宜昌縣伯季才固辭太史元帝曰漢司馬遷歷世尸掌魏高堂隆猶領此職不無前例卿何憚焉帝亦頗明星曆因共仰觀從容謂季才曰朕猶慮禍起蕭墻何方可息季才曰頃天象告變秦將入郢陛下宜留重臣作鎮荊陝整旆還都以避其患假令羯寇侵蹙止失荊湘在於社稷可得無慮必久停留恐非天意也帝初然之

後與吏部尚書宗懍等議乃止俄而江陵陷滅竟如其言周太祖一見季才深
加優禮令參掌太史每有征討恒預侍從賜宅一區水田十頃幷奴婢牛羊什
物等謂季才曰卿是南人未安北土故有此賜者欲絕卿南望之心宜盡誠事
我當以富貴相答初郢都之陷也衣冠士人多沒爲賤季才散所賜物購求親
故文帝問何能若此季才曰僕聞魏克襄陽先昭異度晉平建業喜得士衡伐
國求賢古之道也今郢都覆敗君信有罪縉紳何咎皆爲賤隸鄙人羈旅不敢
獻言誠切哀之故贖購耳太祖乃悟曰吾之過也微君遂失天下之望因出令
免梁俘爲奴婢者數千口武成二年與王褒庾信同補麟趾學士累遷稍伯大
夫車騎大將軍儀同三司其後大冢宰宇文護執政謂季才曰比日天道有何
徵祥季才對曰荷恩深厚若不盡言便同木石頃上台有變不利宰輔公宜歸
政天子請老私門此則自享期頤而受旦奭之美子孫藩屏終保維城之固不
然者非復所知護沈吟久之謂季才曰吾本意如此但辭未獲免耳公既王官
可依朝例無煩別參寡人也自是漸疎不復別見及護滅之後閱其書記武帝

親自臨檢有假託符命妄造異端者皆致誅戮唯得季才書兩紙盛言緯候災祥宜反政歸權帝謂少宗伯斛斯徵曰庾季才至誠謹慤甚得人臣之禮因賜粟三百石帛二百段遷太史中大夫詔撰靈臺祕苑加上儀同封臨頴伯邑六百戶宣帝嗣位加驃騎大將軍開府儀同三司增邑三百戶及高祖爲丞相嘗夜召季才而問曰吾以庸虛受茲顧命天時人事卿以爲何如季才曰天道精微難可意察切以人事卜之符兆已定季才縱言不可公豈復得爲箕潁之事乎高祖默然久之因舉首曰吾今譬猶騎獸誠不得下矣因賜雜綵五十匹絹二百段曰愧公此意宜善爲思之大定元年正月季才言曰今月戊戌平旦青氣如樓闕見於國城之上俄而變紫逆風西行氣經云天不能無雲而雨皇王不能無氣而立今王氣已見須卽應之二月日出卯入酉居天之正位謂之二八之門日者人君之象人君卽位宜用二月其月十三日甲子甲爲六甲之始子爲十二辰之初甲數九子數又九九爲天數其日卽是驚蟄陽氣壯發之時昔周武王以二月甲子定天下享年八百漢高帝以二月甲午卽帝位享年四

百故知甲子甲午爲得天數今二月甲午宜應天受命上從之開皇元年授通直散騎常侍高祖將遷都夜與高熲蘇威二人定議季才旦而奏曰臣仰觀玄象俯察圖記龜兆允襲必有遷都且堯都平陽舜都冀土是知帝王居止世代不同且漢營此城經今將八百歲水皆鹹鹵不甚宜人願陛下協天人之心爲遷徙之計高祖愕然謂熲等曰是何神也遂發詔施行賜絹三百段馬兩匹進爵爲公謂季才曰朕自今已後信有天道矣於是令季才與其子質撰垂象地形等志上謂季才曰天地祕奧推測多途執見不同或致差舛朕不欲外人干預此事故使公父子共爲之也及書成奏之賜米千石絹六百段九月出爲均州刺史策書始降將就藩時議以季才術藝精通有詔還委舊任季才以年老頻表去職每降優旨不許會張冑玄曆行及袁充言日景長上以問季才季才因言充謬上大怒由是免職給半祿歸第所有祥異常使人就家訪焉仁壽三年卒時年八十八季才局量寬弘術業優博篤於信義志好賓遊常吉日良辰與琅琊王褒彭城劉瑴河東裴政及宗人信等爲文酒之會次有劉臻明克讓

柳䛒之徒雖爲後進亦申遊款撰靈臺祕苑一百二十卷垂象志一百四十二卷地形志八十七卷並行於世

庾質字行修少而明敏早有志向八歲誦梁世祖玄象言志等十賦拜童子郎仕周齊煬王記室開皇元年除奉朝請歷鄢陵令遷隴州司馬大業初授太史令操履貞慤立言忠鯁每有災異必指事面陳而煬帝性多忌刻齊王暕亦被猜嫌質子儉時爲齊王屬帝謂質曰汝不能一心事我乃使兒事齊王何向背如此邪質曰臣事陛下子事齊王實是一心不敢有二帝怒不解由是出爲合水令八年帝親伐遼東徵詣行在所至臨渝謁見帝謂質曰朕承先旨親事高麗度其土地人民纔當我一郡卿以爲剋不質對曰以臣管窺伐之可剋切有愚見不願陛下親行帝作色曰朕今總兵至此豈可未見賊而自退也質又曰陛下若行慮損軍威臣猶願安駕住此命驍將勇士指授規模倍道兼行出其不意事宜在速緩必無功帝不悅曰汝既難行可住此也及師還授太史令九年復征高麗又問質曰今段復何如對曰臣實愚迷猶執前見陛下若親動萬

乘糜費實多帝怒曰我自行尚不能剋直遣人去豈有成功也帝遂行既而禮部尚書楊玄感據黎陽反兵部侍郎斛斯政奔高麗帝大懼遽而西還謂質曰卿前不許我行當爲此耳今者玄感其成事乎質曰玄感地勢雖隆德望非素因百姓之勞苦冀僥倖而成功今天下一家未易可動帝曰熒惑入斗如何對曰斗楚之分玄感之所封也今火色衰謝終必無成十年帝自西京將往東都質諫曰比歲伐遼民實勞敝陛下宜鎮撫關內使百姓畢力歸農三五年間令四海少得豐實然後巡省於事爲宜陛下思之帝不悅質辭疾不從帝聞之怒遣使馳傳鎖質詣行在所至東都詔令下獄竟死獄中子儉亦傳父業兼有學識仕歷襄武令元德太子學士齊王屬義寧初爲太史令時有盧太翼耿詢並以星曆知名

盧太翼字協昭河間人也本姓章仇氏七歲詣學日誦數千言州里號曰神童及長閑居味道不求榮利博綜羣書爰及佛道皆得其精微尤善占候算曆之術隱於白鹿山數年徙居林慮山茱萸㵎請業者自遠而至初無所拒後憚其

煩逃於五臺山地多藥物與弟子數人廬於嚴下蕭然絶世以爲神仙可致皇太子勇聞而召之太翼知太子必不爲嗣謂所親曰吾拘逼而來不知所稅駕也及太子廢坐法當死高祖惜其才而不害配爲官奴久之乃釋其後目盲以手摸書而知其字仁壽末高祖將避暑仁壽宮太翼固諫不納至于再三太翼曰臣愚豈敢飾詞但恐是行鑾輿不反高祖大怒繫之長安獄期還而斬之高祖至宮寢疾臨崩謂皇太子曰章仇翼非常人也前後言事未嘗不中吾來日道當不反今果至此爾宜釋之及煬帝即位漢王諒反帝以問之答曰上稽玄象下參人事何所能爲未幾諒果敗帝常從容言及天下氏族謂太翼曰卿姓章仇四岳之胄與盧同源於是賜姓爲盧氏大業九年從駕至遼東太翼言於帝曰黎陽有兵氣後數日而玄感反書聞帝甚異之數加賞賜太翼所言天文之事不可稱數關諸祕密世莫得聞後數載卒於雒陽

耿詢字敦信丹陽人也滑稽辯給伎巧絶人陳後主之世以客從東衡州刺史王勇於嶺南勇卒詢不歸遂與諸越相結皆得其歡心會郡俚反叛推詢爲主

柱國王世積討禽之罪當誅自言有巧思世積釋之以爲家奴久之見其故人高智寶以玄象直太史詢從之受天文算術詢創意造渾天儀不假人力以水轉之施於闇室中使智寶外候天時合如符契世積知而奏之高祖配詢爲官奴給使太史局後賜蜀王秀從往益州秀甚信之及秀廢復當誅何稠言於高祖曰耿詢之巧思若有神臣誠爲朝廷惜之上於是特原其罪詢作馬上刻漏世稱其妙煬帝卽位進欹器帝善之放爲良民歲餘授右尚方署監事七年車駕東征詢上書曰遼東不可討師必無功帝大怒命左右斬之何稠苦諫得免及平壤之敗帝以詢言爲中以詢守太史丞宇文化及弒逆之後從至黎陽謂其妻曰近觀人事遠察天文宇文必敗李氏當王吾知所歸矣詢欲去之爲化及所殺著鳥情占一卷行於世

韋鼎

韋鼎字超盛京兆杜陵人也高祖玄隱於商山因而歸宋祖叡梁開府儀同三司父正黃門侍郎鼎少通脫博涉經史明陰陽逆刺尤善相術仕梁起家湘東

王法曹參軍遭父憂水漿不入口者五日哀毀過禮殆將滅性服闋爲邵陵王主簿侯景之亂鼎兄昂卒於京城鼎負屍出寄于中興寺求棺無所得鼎哀憤慟哭忽見江中有物流至鼎所鼎切異之往見乃新棺也因以充殮元帝聞之以爲精誠所感侯景平司徒王僧辯以爲戶曹屬歷太尉掾大司馬從事中書侍郎陳武帝在南徐州鼎望氣知其當王遂寄孥焉因謂陳武帝曰明年有大臣誅死後四歲梁其代終天之曆數當歸舜後昔周滅殷氏封嬀滿于宛丘其裔子孫因爲陳氏僕觀明公天縱神武繼絕統者無乃是乎武帝陰有圖僧辯意聞其言大喜因而定策及受禪拜黃門侍郎俄遷司農卿司徒右長史貞威將軍領安右晉安王長史行府國事轉廷尉卿大建中爲聘周主使加散騎常侍尋爲祕書監宣遠將軍轉臨海王長史吳行興郡事入爲太府卿至德初鼎盡質貨田宅寓居僧寺友人大匠卿毛彪問其故答曰江東王氣盡於此矣吾與爾當葬長安期運將及故破產耳初鼎之聘周也嘗與高祖相遇鼎謂高祖曰觀公容貌故非常人而神監深遠亦非羣賢所逮也不久必大貴貴則天下

一家歲一周天老夫當委質公相不可言願深自愛及陳平上馳召之授上儀同三司待遇甚厚上每與公王宴賞鼎恆預焉高祖嘗從容謂之曰韋世康與公相去遠近鼎對曰臣宗族分派南北孤絶自生以來未嘗訪問帝曰公百世卿族何得爾也乃命官給酒肴遣世康與鼎還杜陵樂飲十餘日鼎乃考校昭穆自楚太傅孟以下二十餘世作韋氏譜七卷時蘭陵公主寡上爲之求夫選親衞柳述及蕭瑒等以示於鼎鼎曰瑒當封侯而無貴妻之相述亦通顯而守位不終上曰位由我耳遂以主降述上又問鼎諸兒誰得嗣答曰至尊皇后所最愛者卽當與之非臣敢預知也上笑曰不肯顯言乎開皇十二年除光州刺史以仁義教導務弘清靜州中有土豪外修邊幅而內行不軌常爲劫盜鼎於都會時謂之曰卿是好人那忽作賊因條其徒黨謀議逗留其人驚懼卽自首伏又有人客遊通主家之妾及其還去妾盜珍物於夜逃亡尋於草中爲人所殺主家知客與妾通因告客殺之縣司鞫問具得姦狀因斷客死獄成上於鼎鼎覽之曰此客實姦而殺非也乃某寺僧詃妾盜物令奴殺之贓在某處卽放

此客遺掩僧弃獲贓物自是部內肅然不言咸稱其有神道無拾遺尋追入京以年老多病累加優賜頃之卒年七十九

來和

來和字弘順京兆長安人也少好相術所言多驗大冢宰宇文護引之左右由是出入公卿之門初爲夏官府下士累遷少卜上士賜爵安定鄉男遷畿伯下大夫進封洹水縣男高祖微時來詣和相和待人去謂高祖曰公當王有四海及爲丞相拜儀同既受禪進爵爲子開皇末和上表自陳曰臣早奉龍顏自周代天和三年已來數蒙陛下顧問當時具言至尊膺圖受命光宅區宇此乃天授非由人事所及臣無勞効坐致五品二十餘年臣是何人敢不慚懼愚臣不任區區之至謹錄陛下龍潛之時臣有所言一得書之祕府死無所恨昔陛下在周嘗與永富公竇榮定語臣曰我聞有行聲卽識其人臣當時卽言公眼如曙星無所不照當王有天下願忍誅殺建德四年五月周武帝在雲陽宮謂臣曰諸公皆汝所識隋公相祿何如臣報武帝曰隋公止是守節人可鎭一方若

爲將領陣無不破臣卽於宮東南奏聞陛下謂臣此語不忘明年烏丸軌言於武帝曰隋公非人臣帝尋以問臣臣知帝有疑臣詭報曰是節臣更無異相于時王誼梁彥光等知臣此語天象二年五月至尊從永巷東門入臣在永巷門東北面立陛下問臣曰我無災障不臣奏陛下曰公骨法氣色相應天命已有付屬未幾遂總百揆上覽之大悅進位開府賜物五百段米三百石地十頃和同郡韓則嘗詣和相和謂之曰後四五當得大官人初不知所謂則至開皇十五年五月而終人問其故和曰十五年爲三五加以五月爲四五大官椁也和言多此類著相經四十卷道士張賓焦子順鴈門人董子華此三人當高祖龍潛時並私謂高祖曰公當爲天子善自愛及踐阼以張賓爲華州刺史子順爲開府子華爲上儀同

蕭吉 楊伯醜 臨孝恭 劉祐

蕭吉字文休梁武帝兄長沙宣武王懿之孫也博學多通尤精陰陽算術江陵陷遂歸于周爲儀同宣帝時吉以朝政日亂上書切諫帝不納及隋受禪進上

儀同以本官太常考定古今陰陽書吉性孤峭不與公卿相沉浮又與楊素不協由是擯落於世鬱鬱不得志見上好徵祥之說欲乾沒自進遂矯其迹爲悅媚焉開皇十四年上書曰今年歲在甲寅十一月朔旦以辛酉爲冬至來年乙卯正月朔旦以庚申爲元日冬至之日卽在朔旦樂汁圖徵云天元十一月朔旦冬至聖王受享祚今聖主在位居天元之首而朔旦冬至此慶一也辛酉之日卽是至尊本命辛德在景此十一月建景子酉德在寅正月建寅爲本命與月德合而居元朔之首此慶二也庚申之日卽是行年乙德在庚卯德在申來年乙卯是行年與歲合德而在元旦之朝此慶三也陰陽書云年命與歲月合德者必有福慶洪範傳云歲之朝月之朝日之朝主王者經書並謂三長應之者延年福吉況乃甲寅部首十一月陽之始朔旦冬至是聖王上元正月是正陽之月歲之首月之先朔旦是歲之元月之朝日之先嘉辰之會而本命爲九元之先行年爲三長之首並與歲月合德所以靈寶經云角音龍精其祚日強來歲年命納音俱角曆之與經如合符契又甲寅乙卯天地合也甲寅之年以

辛酉冬至來年乙卯以甲子夏至冬至陽始郊天之日卽是至尊本命此慶四也夏至陰始祀地之辰卽是皇后本命此慶五也至尊德並乾之覆育皇后仁同地之載養所以二儀元氣並會本辰上覽之大悅賜物五百段房陵王時爲太子言東宮多鬼魃鼠妖數見上令吉詣東宮禳邪氣於宣慈殿設神坐有迴風從艮地鬼門來掃太子坐吉以桃湯葦火驅逐之風出宮門而止又謝土於未地設壇爲四門置五帝坐于時至寒有蝦蟇從西南來入人門升赤帝坐還從人門而出行數步忽然不見上大異之賞賜優洽又上言太子當不安位時上陰欲廢立得其言是之由此每被顧問及獻皇后崩上令吉卜擇葬所吉歷筮山原至一處云卜年二千卜世二百具圖而奏之上曰吉凶由人不在於地高緯父葬豈不卜乎國尋滅亡正如我家墓田若云不吉朕不當爲天子若云不凶我弟不當戰沒然竟從吉言吉表曰去月十六日皇后山陵西北雞未鳴前有黑雲方圓五六百步從地屬天東南又有旌旗車馬帳幕布滿七八里幷有人往來檢校部伍甚整日出乃滅同見者十餘人謹案葬書云氣王與姓相

生大吉今黑氣當冬王與姓相生是大吉利子孫無疆之候也上大悅其後上將親臨發殯吉復奏上曰至尊本命辛酉今歲斗魁及天罡臨卯酉謹按陰陽書不得臨喪上不納退而告族人蕭平仲曰皇太子遣宇文左率深謝余云公前稱我當爲太子竟有其驗終不忘也今卜山陵務令我早立我立之後當以富貴相報吾記之曰後四載太子御天下今山陵氣應上又臨喪兆益見矣且太子得政隋其亡乎當有真人出治之矣吾前紿云卜年二千者是三十字也卜世二百者取三十二運也吾言信矣汝其誌之及煬帝嗣位拜太府少卿加位開府嘗行經華陰見楊素冢上有白氣屬天密言於帝帝問其故吉曰其候素家當有兵禍滅門之象改葬者庶可免乎帝後從容謂楊玄感曰公家宜早改葬玄感亦微知其故以爲吉祥託以遼東未滅不遑私門之事未幾而玄感以反族滅帝彌信之後歲餘卒官著金海三十卷相經要錄一卷宅經八卷葬經六卷樂譜十二卷及帝王養生方二卷相手版要決一卷太一立成一卷並行於世時有楊伯醜臨孝恭劉祐俱以陰陽術數知名

楊伯醜馮翊武鄉人也好讀易隱於華山開皇初被徵入朝見公卿不爲禮無貴賤皆汝之人不能測也高祖召與語竟無所答上賜之衣服至朝堂捨之而去於是被髮陽狂遊行市里形體垢穢未嘗櫛沐嘗有張永樂者賣卜京師伯醜每從之遊永樂爲卦有不能決者伯醜輒爲分析爻象尋幽入微永樂嗟服自以爲非所及也伯醜亦開肆賣卜有人嘗失子就伯醜筮者卦成伯醜曰汝子在懷遠坊南門道東北壁上有青裙女子抱之可往取也如言果得或者有金數兩夫妻共藏之於後失金其夫意妻有異志將逐之其妻稱寃以詣伯醜爲筮之曰金在矣悉呼其家人指一人曰可取金來其人赧然應聲而取之道士韋知常詣伯醜問吉凶伯醜曰汝勿東北行必不得已當早還不然者楊素斬汝頭未幾上令知常事漢王諒俄而上崩諒舉兵反知常逃歸京師知常先與楊素有隙及素平并州先訪知常將斬之賴此獲免又人有失馬來詣伯醜卜者時伯醜爲皇太子所召在途遇之立爲作卦卦成曰我不遑爲卿占之卿且向西市東壁門南第三店爲我買魚作膾當得馬矣其人如此言須臾有一

人牽所失馬而至遂擒之崖州嘗獻徑寸珠其使者陰易之上心疑焉召伯醜令筮伯醜曰有物出自水中質圓而色光是大珠也今爲人所隱具言隱者姓名容狀上如言簿責之果得本珠上奇之賜帛二十匹國子祭酒何妥嘗詣之論易聞妥之言倏然而笑曰何用鄭玄王弼之言乎久之微有辯答所說辭義皆異先儒之旨而思理玄妙故論者以爲天然獨得非常人所及也竟以壽終

臨孝恭京兆人也明天文算術高祖甚親遇之每言災祥之事未嘗不中上因令考定陰陽官至上儀同著欹器圖三卷地動銅儀經一卷九宮五墓一卷遯甲月令十卷元辰經十卷元辰厄一百九卷百怪書十八卷祿命書二十卷九宮龜經一百一十卷太一式經三十卷孔子馬頭易卜書一卷並行於世

劉祐滎陽人也開皇初爲大都督封索盧縣公其所占候合如符契高祖甚親之初與張賓劉輝馬顯定曆後奉詔撰兵書十卷名曰金韜上善之復著陰策二十卷觀臺飛候六卷玄象要記五卷律曆術文一卷婚姻志三卷產乳志二卷式經四卷四時立成法一卷安曆志十二卷歸正易十卷並行於世

張胄玄

張胄玄勃海蓨人也博學多通尤精術數冀州刺史趙煚薦之高祖徵授雲騎尉直太史參議律曆事時輩多出其下由是太史令劉暉等甚忌之然暉言多不中胄玄所推步甚精密上異之令楊素與術數人立議六十一事皆舊法久難通者令暉與胄玄等辯析之暉杜口一無所答胄玄通者五十四焉由是擢拜員外散騎侍郎兼太史令賜物千段暉及黨與八人皆斥逐之改定新曆言前曆差一日內史通事顏敏楚上言曰漢時洛下閎改顓頊曆作太初曆云後當差一日八百年當有聖者定之計今相去七百一十年術者舉其成數聖者之謂其在今乎上大悅漸見親用胄玄所爲曆法與古不同者有三事其一宋祖沖之於歲周之末創設差分冬至漸移不循舊軌每四十六年却差一度至梁虞劆曆法嫌沖之所差太多因以一百八十六年冬至移一度胄玄以此二術年限懸隔追檢古注所失極多遂折中兩家以爲度法冬至所宿歲別漸移八十三年却行一度則上合堯時日永星火次符漢曆宿起牛初明其前後並

皆密當其二周馬顯造景寅元曆有陰陽轉法加減章分進退蝕食乃推定日創開此數當時術者多不能曉張賓因而用之莫能考正冑玄以為加時先後逐氣參差就月為斷於理未可乃因二十四氣列其盈縮所出實由日行遲則月逐日易及令合朔加時早日行速則月逐日少遲令合朔加時晚檢前代加時早晚以為損益之率日行自秋分已後至春分其勢速計一百八十二日而行一百八十度自春分已後至秋分日行遲計一百八十二日而行一百七十六度每氣之下卽其率也其三自古諸曆朔望值交不問內外入限便食張賓立法創有外限應食不食猶未能明冑玄以日行黃道歲一周天月行日道二十七日有餘一周天月道交絡黃道每行黃道內十三日有奇而出又行黃道外十三日有奇而入終而復始月經黃道謂之交朔望去交前後各十五度已下卽為當食若月行內道則在黃道之北食多有驗月行外道在黃道之南也雖遇正交無由掩映食多不驗遂因前法別立定限隨交遠近逐氣求差損益食分事皆明著其超古獨異者有七事其一古曆五星行度皆守恆率見伏盈

縮悉無格準胄玄推之各得其真率合見之數與古不同其差多者至加減三十許日即如熒惑平見在雨水氣即均加二十九日見在小雪氣則均減二十五日加減平見以爲定見諸星各有盈縮之數皆如此例但差數不同特其積候所知時人不能原其意旨二辰星舊率一終再見凡諸古曆皆以爲然應見不見人未能測胄玄積候知辰星一終之中有時一見及同類感召相隨而出即如辰星平晨見在雨水氣者應見即不見若不晨見在啓蟄氣者去日十八度外三十六度内晨有木火土金一星者亦相隨見其三古曆步術行有定限自見已後依率而推進退之期莫知多少胄玄積候知五星遲速留退真數皆與古法不同多者至差八十餘日留迴所在亦差八十餘度即如熒惑前疾初見在立冬初則二百五十日行一百七十七度定見在夏至初則一百七十日行九十二度追步天驗今古皆密其四古曆食分依平即用推驗多少實數罕符胄玄積候知月從木火土金四星行有向背月向四星即速背之則遲皆十五度外乃循本率遂於交分限其多少其五古曆加時朔望同術胄玄積候知

日食所在隨方改變傍正高下每處不同交有淺深遲速亦異約時立差皆會天象其六古曆交分即爲食數去交十四度者食一分去交十三度食二分去交十度食三分每近一度食益一分當交即食既其應少反多應多反少自古諸曆未悉其原胄玄積候知當交之中月掩日不能畢盡其食反少去交五六時月在日內掩日便盡故食乃既自此已後更遠者其食又少交之前後在冬至皆爾若近夏至其率又差所立食分最爲詳密其七古曆二分晝夜皆等胄玄積候知其有差春秋二分晝多夜漏半刻皆由日行遲疾盈縮使其然也凡此胄玄獨得於心論者服其精密大業中卒官

許智藏

許智藏高陽人也祖道幼嘗以母疾遂覽醫方因而究極世號名醫誡其諸子曰爲人子者嘗膳視藥不知方術豈謂孝乎由是世相傳授仕梁官至員外散騎侍郎父景武陵王諮議參軍智藏少以醫術自達仕陳爲散騎侍郎及陳滅高祖以爲員外散騎侍郎使詣揚州會秦孝王俊有疾上馳召之後夜中夢其

亡妃崔氏泣曰本來相迎比聞許智藏將至其人若到當必相苦爲之奈何明夜俊又夢崔氏曰妾得計矣當入靈府中以避之及智藏至爲俊診脈曰疾已入心卽當發癇不可救也果如言俊數日而薨上奇其妙賚物百段煬帝卽位智藏時致仕于家帝每有所苦輒令中使就詢訪或以轝迎入殿扶登御牀智藏爲方奏之用無不效年八十卒于家宗人許澄亦以醫術顯父奭仕梁太常丞中軍長史隨柳仲禮入長安與姚僧坦齊名拜上儀同三司澄有學識傳父業尤盡其妙歷尚藥典御諫議大夫封賀州縣伯父子俱以藝術名重於周隋二代史失事故附見云

萬寶常王令言

萬寶常不知何許人也父大通從梁將王琳歸于齊後復謀還江南事泄伏誅由是寶常被配爲樂戶因而妙達鍾律遍工八音造玉磬以獻于齊又嘗與人方食論及聲調時無樂器寶常因取前食器及雜物以箸扣之品其高下宮商畢備諧於絲竹大爲時人所賞然歷周洎隋俱不得調開皇初沛國公鄭譯等

定樂初爲黃鍾調寶常雖爲伶人譯等每召與議然言多不用後譯樂成奏之
上召寶常問其可不寶常曰此亡國之音豈陛下之所宜聞上不悅寶常因極
言樂聲哀怨淫放非雅正之音請以水尺爲律以調樂音上從之寶常奉詔遂
造諸樂器其聲率下鄭譯調二律幷撰樂譜六十四卷具論八音旋相爲宮之
法改絃移柱之變爲八十四調一百四十四律變化終於一千八百聲時人以
周禮有旋宮之義自漢魏已來知音者皆不能通見寶常特創其事皆哂之至
是試令爲之應手成曲無所凝滯見者莫不嗟異於是損益樂器不可勝紀其
聲雅淡不爲時人所好太常善聲者多排毀之又太子洗馬蘇夔以鍾律自命
尤忌寶常夔父威方用事凡言樂者皆附之而短寶常數詣公卿怨望蘇威因
詰寶常所爲何所傳受有一沙門謂寶常曰上雅好符瑞有言徵祥者上皆悅
之先生當言就胡僧受學云是佛家菩薩所傳音律則上必悅先生所爲可以
行矣寶常然之遂如其言以答威威怒曰胡僧所傳乃是四夷之樂非中國所
宜行也其事竟寢寶常嘗聽太常所奏樂泫然而泣人問其故寶常曰樂聲淫

厲而哀天下不久相殺將盡時四海全盛聞其言者皆謂爲不然大業之末其言卒驗寶常貧無子其妻因其臥疾遂竊其資物而逃寶常饑餒無人贍遺竟餓而死將死也取其所著書而焚之曰何用也爲見者於火中探得數卷見行於世時論哀之開皇之世有鄭譯何妥盧賁蘇夔蕭吉並討論墳籍撰著樂書皆爲當時所用至於天然識樂不及寶常遠矣安馬駒曹妙達王長通郭令樂等能造曲爲一時之妙又習鄭聲而寶常所爲皆歸於雅此輩雖公議不附寶常然皆心服謂以爲神時有樂人王令言亦妙達音律大業末煬帝將幸江都令言之子嘗從於戶外彈胡琵琶作翻調安公子曲令言時臥室中聞之大驚蹶然而起曰變變急呼其子曰此曲興自早晚其子對曰頃來有之令言遂歔欷流涕謂其子曰汝慎無從行帝必不反子問其故令言曰此曲宮聲往而不反宮者君也吾所以知之帝竟被殺於江都

史臣曰陰陽卜祝之事聖人之教在焉雖不可以專行亦不可得而廢也人能弘道則博利時俗行非其義則咎悔及身故昔之君子所以戒乎妄作今韋來

之骨法氣色庾張之推步盈虛雖洛下高堂許負朱建不能尚也伯醜龜策近

知鬼神之情耿詢渾儀不差辰象之度寶常聲律動應宮商之和雖不足遠擬

古人皆一時之妙也許氏之運鍼石世載可稱蕭吉之言陰陽近於誣誕矣

隋書卷七十八

隋書卷七十九

唐 特 進 臣 魏 徵 上

列傳第四十四

外戚

歷觀前代外戚之家乘母后之權以取高位厚秩者多矣然而鮮有克終之美必罹顛覆之患何哉皆由乎無德而尊不知紀極忽於滿盈之戒罔念高危之咎故鬼瞰其室憂必及之夫其誠著艱難功宣社稷不以謙冲自牧未免顛蹶之禍而況道不足以濟時仁不足以利物自矜於己以富貴驕人者乎此呂霍上官閻梁竇鄧所以繼踵而亡滅者也昔文皇潛躍之際獻后便相推轂煬帝大橫方兆蕭妃密勿經綸是以恩禮綢繆始終不易然內外親戚莫預朝權昆弟在位亦無殊寵至於居擅玉堂家稱金穴暉光戚里熏灼四方將三司以比儀命五侯而同拜者終始一代寂無聞焉考之前王可謂矯其弊矣故雖時經擾攘無有陷於不義市朝遷貿而皆得以保全比夫憑藉寵私階緣恩澤乘其

非據旋就顛隕者豈可同日而言哉此所謂愛之以禮能改覆車輒敘其事爲

外戚傳云

高祖外家呂氏

高祖外家呂氏其族蓋微平齊之後求訪不知所在至開皇初濟南郡上言有男子呂永吉自稱有姑字苦桃爲楊諱妻勘驗知是舅子始追贈外祖雙周爲上柱國太尉八州諸軍事青州刺史封齊郡公謚曰敬外祖母姚氏爲齊敬公夫人詔並改葬於齊州立廟置守冢十家以永吉襲爵留在京師大業中授上黨郡太守性識庸劣職務不理後去官不知所終永吉從父道貴性尤頑騃言詞鄙陋初自鄉里徵入長安上見之悲泣道貴略無戚容但連呼高祖名云種末定不可偷大似苦桃姊是後數犯忌諱動致違忤上甚恥之乃命高頻厚加供給不許接對朝士拜上儀同三司出爲濟南太守令卽之任斷其入朝道貴還至本郡高自崇重每與人言自稱皇舅數將儀衞出入閭里從故人遊宴官民咸苦之後郡廢終於家子孫無聞焉

獨孤羅弟陁

獨孤羅字羅仁雲中人也父信初仕魏爲荆州刺史武帝之入關也信弃父母妻子西歸長安歷職顯貴羅由是遂爲高氏所囚信後仕周爲大司馬及信爲宇文護所誅羅始見釋寓居中山孤貧無以自給齊將獨孤永業以宗族之故見而哀之爲買田宅遺以資畜初信入關之後復娶二妻郭氏生子六人善穆藏順陁整崔氏生獻皇后及齊亡高祖爲定州總管獻皇后遣人尋羅得之相見悲不自勝侍御者皆泣於是厚遺車馬財物未幾周武帝以羅功臣子久淪異域徵拜楚安郡太守以疾去官歸于京師諸弟見羅少長貧賤每輕侮之不以兄禮事也然性長者亦不與諸弟校競長短后由是重之及高祖爲丞相拜儀同常置左右既受禪下詔追贈羅父信官爵曰褒德累行往代通規追遠慎終前王盛典故柱國信風宇高曠獨秀生民叡哲居宗清猷映世宏謀長策道著於弼諧緯義經仁事深於拯濟方當宣風廊廟亮采台階而運屬艱危功高弗賞睠言令範事切於心今景運初開椒闈肅建載懷塗山之義無忘褒紀之

典可贈太師上柱國冀定等十州刺史趙國公邑萬戶其諸弟以羅母沒齊先
無夫人之號不當承襲上以問后后曰羅誠嫡長不可誣也於是襲爵趙國公
以其弟善爲河內郡公穆爲金泉縣公藏爲武平縣公陁爲武喜縣公整爲千
牛備身擢拜羅爲左領左右將軍尋遷左衛將軍前後賞賜不可勝計久而出
爲梁州總管進位上柱國仁壽中徵拜左武衛大將軍煬帝嗣位改封蜀國公
未幾卒官諡曰恭子纂嗣仕至河陽郡尉纂弟武都大業末亦爲河陽郡尉庶
長子開遠字文化及之弒逆也裴虔通率賊入成象殿宿衛兵士皆從逆開遠
時爲千牛與獨孤盛力戰於閤下爲賊所執賊義而捨之善後官至柱國卒子
覽嗣仕至左候衛將軍大業末卒
獨孤陁字黎邪仕周胥附上士坐父徙蜀郡十餘年宇文護被誅始歸長安高
祖受禪拜上開府右領左右將軍久之出爲郢州刺史進位上大將軍累轉延
州刺史好左道其妻母先事貓鬼因轉入其家上微聞而不之信也會獻皇后
及楊素妻鄭氏俱有疾召醫者視之皆曰此貓鬼疾也上以陁后之異母弟陁

妻楊素之異母妹由是意陁所爲陰令其兄穆以情喻之上又避左右諷陁
言無有上不悅左轉遷州刺史出怨言上令左僕射高熲納言蘇威大理正皇
甫孝緒大理丞楊遠等雜治之陁婢徐阿尼言本從陁母家來常事貓鬼每以
子日夜祀之言子者鼠也其貓鬼每殺人者所死家財物潛移於畜貓鬼家陁
嘗從家中索酒其妻曰無錢可酤陁因謂阿尼曰可令貓鬼向越公家使我足
錢也阿尼便呪之歸數日貓鬼向素家十一年上初從幷州還陁於園中謂阿
尼曰可令貓鬼向皇后所使多賜吾物阿尼復呪之遂入宮中楊遠乃於門下
外省遣阿尼呼貓鬼阿尼於是夜中置香粥一盆以匙扣而呼之曰貓女可來
無住宮中久之阿尼色正青若被牽曳者云貓鬼已至上以其事下公卿奇章
公牛弘曰妖由人興殺其人可以絕矣上令以犢車載陁夫妻將賜死於其家
陁弟司勳侍中整詣闕求哀於是免陁死除名爲民以其妻楊氏爲尼先是有
人訟其母爲人貓鬼所殺者上以爲妖妄怒而遣之及此詔誅被訟行貓鬼家
陁未幾而卒煬帝卽位追念舅氏聽以禮葬乃下詔曰外氏衰禍獨孤陁不幸

早世遷卜有期言念渭陽之情追懷傷切宜加禮命允備哀榮可贈正議大夫帝意猶不已復下詔曰舅氏之尊戚屬斯重而降年弗永凋落相繼緬惟先往宜崇徽秩復贈銀青光祿大夫有二子延福延壽陁弟整官至幽州刺史大業初卒贈金紫光祿大夫平鄉侯

蕭巋 子琮 琮弟瓛

蕭巋字仁遠梁昭明太子統之孫也父詧初封岳陽王鎮襄陽侯景之亂其兄河東王譽與其叔父湘東王繹不協爲繹所害及繹嗣位詧稱藩于西魏乞師請討繹周太祖以詧爲梁主遣柱國于謹等率騎五萬襲繹滅之詧遂都江陵有荊郡其西平州延袤三百里之地稱皇帝於其國車服節文一同王者仍置江陵總管以兵戍之詧薨巋嗣立年號天保巋俊辯有才學兼好內典周武帝平齊之後巋來賀帝享之甚歡親彈琵琶令巋起舞巋曰陛下親御五絃臣敢不同百獸高祖受禪恩禮彌厚遣使賜金五百兩銀千兩布帛萬匹馬五百匹巋來朝上甚敬焉詔巋位在王公之上巋被服端麗進退閑雅天子矚目百僚

傾慕賞賜以億計月餘歸藩帝親餞於滻水之上後備禮納其女爲晉王妃又欲以其子瑒尚蘭陵公主由是漸見親待獻皇后言於上曰梁主通家腹心所寄何勞猜防也上然之於是罷江陵總管巋專制其國歲餘巋又來朝賜縑萬匹珍玩稱是及還上親執手曰梁主久滯荊楚未復舊都故鄉之念良軫懷抱朕當振旅長江相送旋反耳巋拜謝而去其年五月寢疾臨終上表曰臣以庸闇曲荷天慈寵冠外藩恩踰連山爰及子女尚主婚王每願躬擐甲冑身先士卒掃蕩逋寇上報明時而攝生乖舛遽罹痾疾屬纊在辰顧陰待謝長違聖世感戀嗚咽遺嗣孤藐特乞降慈伏願聖躬與山岳同固皇基等天日俱永臣雖九泉實無遺恨幷獻所服金裝劍上覽而嗟悼焉巋在位二十三年年四十四薨梁之臣子謚曰孝明皇帝廟號世宗子琮嗣巋著孝經周易義記及大小乘幽微十四卷行於世

琮字温文性寬仁有大度倜儻不羈博學有文義兼善弓馬遣人伏地著帖琮馳馬射之十發十中持帖者亦不懼初封東陽王尋立爲梁太子及嗣位上賜

璽書曰負荷堂構其事甚重雖窮憂勞常須自力輯諧內外親任才良聿遵世
業是所望也彼之疆守咫尺陳人水潦之時特宜警備陳氏比日雖復朝聘相
尋疆埸之間猶未清肅唯當恃我必不可干勿得輕人而不設備朕與梁國世
積相知重以親姻情義彌厚江陵之地朝寄非輕爲國爲民深宜抑割恆加饘
粥以禮自存又賜梁之大臣璽書誡勉之時琮年號廣運有識者曰運之爲字
軍走也吾君將奔走乎其年琮遣大將軍戚昕以舟師襲陳公安不克而還徵
琮叔父岑入朝拜爲大將軍封懷義公因留不遣復置江陵總管以監之琮所
署大將軍許世武密以城召陳將宜黃侯陳紀謀洩琮誅之後二歲上徵琮入
朝率其臣下二百餘人朝於京師江陵父老莫不隕涕相謂曰吾君其不反矣
上以琮來朝遣武鄉公崔弘度將兵戍之軍至都州琮叔父巖及弟瓛等懼弘
度掩襲之遂引陳人至城下虜居民而叛於是廢梁國上遣左僕射高熲安集
之曲赦江陵死罪給民復十年梁二主各給守墓十戶拜琮爲柱國賜爵莒國
公煬帝嗣位以皇后之故甚見親重拜內史令改封梁公琮之宗族緦麻以上

並隨才擢用於是諸蕭昆弟布列朝廷琮性澹雅不以職務自嬰退朝縱酒而已內史令楊約與琮同列帝令約宣旨誡勵約復以私情喻之琮答曰琮若復事事則何異於公哉約笑而退約兄素時爲尙書令見琮嫁從父妹於鉗耳氏因謂琮曰公帝王之族望高戚美何乃適妹鉗耳氏乎琮曰前已嫁妹於侯莫陳氏此復何疑素曰鉗耳羌也侯莫陳虜也何得相比素意以虜優羌劣琮曰以羌異虜未之前聞素慚而止琮雖羈旅見北閭豪貴無所降下嘗與賀若弼深相友善弼旣被誅復有童謠曰蕭蕭亦復起帝由是忌之遂廢於家未幾而卒贈左光祿大夫子鉉襄城通守復以琮弟子鉅爲梁公鉅小名藏煬帝甚昵之以爲千牛與宇文皛出入宮掖伺察內外帝每有遊宴鉅未嘗不從焉遂於宮中多行淫穢江都之變爲宇文化及所殺

瓛字欽文少聰敏解屬文在梁爲荊州刺史頗有能名崔弘度以兵至都州瓛懼與其叔父巖奔於陳陳主以爲侍中安東將軍吳州刺史甚得物情三吳父老皆曰吾君子也及陳亡吳人推瓛爲主吳人見梁武簡文及晉歸等兄弟並

第三而踐尊位瓛自以歸之第三子也深自矜負有謝異者頗知廢興梁陳之際言無不驗江南人甚敬信之及陳主被擒異奔於瓛由是益爲衆所歸褒國公宇文述以兵討之瓛遣王袞守吳州自將拒述述遣兵別道襲吳州袞懼衣道士服棄城而遁瓛衆聞之悉無鬬志與述一戰而敗瓛將左右數人逃於太湖匿於民家爲人所執送於述所斬之長安時年二十一弟璟爲朝請大夫尚衣奉御瑒歷衛尉卿祕書監陶丘侯瑀歷內史侍郎河池太守

史臣曰三五哲王防深慮遠舅甥之國罕執鈞衡母后之家無聞傾敗爰及漢晉顛覆繼軌皆由乎進不以禮故其斃亦速若使獨孤權侔呂霍必敗於仁壽之前蕭氏勢均梁竇豈全於大業之後今或不隕舊基或更隆先構豈非處之以道不預權寵之所致乎

隋書卷七十九

隋書卷七十九考證

高祖外家呂氏傳有男子呂永吉自稱有姑字苦桃爲楊諱妻○監本諱訛作廣臣映斗按高祖外家呂氏苦桃即高祖之母高祖之父諱忠高祖諱堅煬帝諱廣廣當作爲楊忠妻原其所以訛者舊本必係諱字而本書惟晉王廣屢見廣字多作諱字後人改明諱字爲廣字遂幷此諱字亦改廣字而不覺其大謬也但此本隋朝奏牘若竟改忠字亦非本來不如從舊本作諱字

隋書卷七十九考證

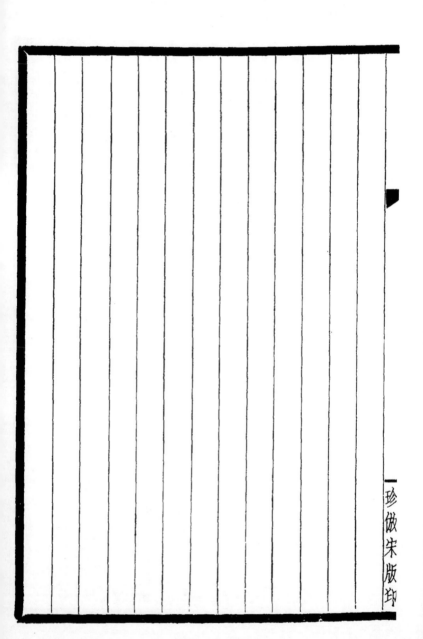

隋書卷八十

唐 特 進 臣 魏 徵 上

列傳第四十五

列女

自昔貞專淑媛布在方策者多矣婦人之德雖在於温柔立節垂名咸資於貞烈温柔仁之本也貞烈義之資也非温柔無以成其仁非貞烈無以顯其義是以詩書所記風俗所在圖像丹青流聲竹素莫不守約以居正殺身以成仁者也若文伯王陵之母白公杞殖之妻魯之義姑梁之高行衞君靈主之妾夏侯文寧之女或抱信以含貞或蹈忠而踐義不以存亡易心不以盛衰改節其修名彰於既往徽音傳於不朽不亦休乎或有王公大人之妃偶肆情於淫僻之俗雖衣繡衣食珍膳坐金屋乘玉輦不入彤管之書不霑良史之筆將草木以俱落與麋鹿而同死可勝道哉永言載思實庶姬之恥也觀夫今之靜女各勵松筠之操甘於玉折蘭摧足以無絕今古故述其雅志以纂前代之列女云

蘭陵公主

蘭陵公主字阿五高祖第五女也美姿儀性婉順好讀書高祖於諸女中特所鍾愛初嫁儀同王奉孝卒適河東柳述時年十八諸姊並驕踞主獨折節遵於婦道事舅姑甚謹遇有疾病必親奉湯藥高祖聞之大悅由是述漸見寵遇初晉王廣欲以主配其妃弟蕭瑒高祖初許之後遂適述晉王因不悅及述用事彌惡之高祖既崩述徙嶺表煬帝令主與述離絕將改嫁之公主以死自誓不復朝謁上表請免主號與述同徙帝大怒曰天下豈無男子欲與述同徙耶主曰先帝以妾適于柳家今其有罪妾當從坐不願陛下屈法申恩帝不從主憂憤而卒時年三十二臨終上表曰昔共姜自誓著美前詩鄎嬀不言傳芳往誥妾雖負罪竊慕古人生既不得從夫死乞葬於柳氏帝覽之愈怒竟不哭乃葬主於洪瀆川資送甚薄朝野傷之

南陽公主

南陽公主者煬帝之長女也美風儀有志節造次必以禮年十四嫁於許國公

宇文述子士及以謹肅聞及述病且卒主親調飲食手自奉上世以此稱之及宇文化及弑逆主隨至聊城而化及爲竇建德所敗士及自濟北西歸大唐時隋代衣冠並在其所建德引見之莫不惶懼失常唯主神色自若建德與語主自陳國破家亡不能報怨雪恥淚下盈襟聲辭不輟情理切至建德及觀聽者莫不爲之動容隕涕咸肅然敬異焉及建德誅化及時主有一子名禪師年且十歲建德遣武賁郎將於士澄謂主曰宇文化及躬行弑逆人神所不容今將族滅其家公主之子法當從坐若不能割愛亦聽留之主泣曰武賁旣是隋室貴臣此事何須見問建德竟殺之主尋請建德削髮爲尼及建德敗將歸西京復與士及遇於東都之下主不與相見士及就之立於戶外請復爲夫妻主拒之曰我與君讎家今恨不能手刃君者但謀逆之日察君不預知耳因與告絕訶令速去士及固請之主怒曰必欲就死可相見也士及見其言切知不可屈乃拜辭而去

襄城王恪妃

襄城王恪妃者河東柳氏女也父旦循州刺史妃姿儀端麗年十餘以良家子合法相娉以爲妃未幾而恪被廢妃修婦道事之愈敬煬帝嗣位恪復徙邊帝令使者殺之於道恪與辭訣妃曰若王死妾誓不獨生於是相對慟哭恪既死棺斂訖妃謂使者曰妾誓與楊氏同穴若身死之後得不別埋君之惠也遂撫棺號慟自經而卒見者莫不爲之涕流

華陽王楷妃

華陽王楷妃者河南元氏之女也父巖性明敏有氣幹仁壽中爲黃門侍郎封龍涸縣公煬帝嗣位坐與柳述連事除名爲民徙南海後會赦還長安有人譖巖逃歸收而殺之妃有姿色性婉順初以選爲妃未幾而楷被幽廢妃事楷踰謹每見楷有憂懼之色輒陳義理以慰諭之楷甚敬焉及江都之亂楷遇宇文化及之逆以妃賜其黨元武達武達初以宗族之禮置之別舍後因醉而逼之妃自誓不屈武達怒撻之百餘辭色彌厲因取鏡自毀其面血淚交下武達釋之妃謂其徒曰我不能早死致令將見侵辱我之罪也因不食而卒

譙國夫人

譙國夫人者高涼洗氏之女也世爲南越首領跨據山洞部落十餘萬家夫人幼賢明多籌略在父母家撫循部衆能行軍用師壓服諸越每勸親族爲善由是信義結於本鄉越人之俗好相攻擊夫人兄南梁州刺史挺恃其富強侵掠傍郡嶺表苦之夫人多所規諫由是怨隙止息海南儋耳歸附者千餘洞梁大同初羅州刺史馮融聞夫人有志行爲其子高涼太守寶娉以爲妻融本北燕苗裔初馮弘之投高麗也遣融大父業以三百人浮海歸宋因留於新會自業及融三世爲守牧他鄉羈旅號令不行至是夫人誡約本宗使從民禮每共寶參決辭訟首領有犯法者雖是親族無所舍縱自此政令有序人莫敢違遇侯景反廣州都督蕭勃徵兵援臺高州刺史李遷仕據大皋口遣召寶寶欲往夫人止之曰刺史無故不合召太守必欲詐君共爲反耳寶曰何以知之夫人曰刺史被召援臺乃稱有疾鑄兵聚衆而後喚君今者若往必留質追君兵衆此意可見願且無行以觀其勢數日遷仕果反遣主帥杜平虜率兵入灨石寶知

之遽告夫人曰平虜驍將也領兵入灨石卽與官兵相拒勢未得還遷仕在州無能爲也若君自往必有戰鬭宜遣使詐之卑辭厚禮云身未敢出欲遣婦往參彼聞之喜必無防慮於是我將千餘人步擔雜物唱言輸賧得至柵下賊必可圖寶從之遷仕果大喜覘夫人衆皆擔物不設備夫人擊之大捷遷仕遂走保于寧都夫人總兵與長城侯陳霸先會于灨石還謂寶曰陳都督大可畏極得衆心我觀此人必能平賊君宜厚資之及寶卒嶺表大亂夫人懷集百越數州晏然至陳永定二年其子僕年九歲遣帥諸首領朝于丹陽起家拜陽春郡守後廣州刺史歐陽紇謀反召僕至高安誘與爲亂僕遣使歸告夫人夫人曰我爲忠貞經今兩代不能惜汝輒負國家遂發兵拒境帥百越酋長迎章昭達內外逼之紇徒潰散僕以夫人之功封信都侯加平越中郎將轉石龍太守詔使持節冊夫人爲中郎將石龍太夫人賫繡幰油絡駟馬安車一乘給鼓吹一部幷麾幢旌節其鹵簿一如刺史之儀至德中僕卒後遇陳國亡嶺南未有所附數郡共奉夫人號爲聖母保境安民高祖遣總管韋洸安撫嶺外陳將徐璒

以南康拒守洸至嶺下逡巡不敢進初夫人以扶南犀杖獻于陳主至此晉王廣遣陳主遺夫人書諭以國亡令其歸化幷以犀杖及兵符爲信夫人見杖驗知陳亡集首領數千盡日慟哭遣其孫魂帥衆迎洸入至廣州嶺南悉定表魂爲儀同三司冊夫人爲宋康郡夫人未幾番禺人王仲宣反首領皆應之圍洸於州城進兵屯衡嶺夫人遣孫暄帥師救洸暄與逆黨陳佛智素相友善故遲留不進夫人知之大怒遣使執暄繫於州獄又遣孫盎出討佛智戰尅斬之進兵至南海與鹿愿軍會共敗仲宣夫人親被甲乘介馬張錦傘領彀騎衛詔使裴矩巡撫諸州其蒼梧首領陳坦岡州馮岑翁梁化鄧馬頭藤州李光略羅州龐靖等皆來參謁還令統其部落嶺表遂定高祖異之拜盎爲高州刺史仍赦出暄拜羅州刺史追贈寶爲廣州總管譙國公冊夫人爲譙國夫人以宋康邑迴授僕妾洗氏仍開譙國夫人幕府置長史以下官屬給印章聽發部落六州兵馬若有機急便宜行事降勑書曰朕撫育蒼生情均父母欲使率土清淨兆庶安樂而王仲宣等輒相聚結擾亂彼民所以遣往誅翦爲百姓除害夫人情

在奉國深識正理遂令孫盎斬獲佛智竟破羣賊甚有大功今賜夫人物五千段暄不進愆誠合罪責以夫人立此誠效故特原免夫人宜訓導子孫敦崇禮教遵奉朝化以副朕心皇后以首飾及宴服一襲賜之夫人並盛於金篋幷梁陳賜物各藏于一庫每歲時大會皆陳于庭以示子孫曰汝等宜盡赤心向天子我事三代主唯用一好心今賜物俱存此忠孝之報也願汝皆思念之時番州總管趙訥貪虐諸俚獠多有亡叛夫人遣長史張融上封事論安撫之宜幷言訥罪狀不可以招懷遠人上遣推訥得其贓賄竟致於法降敕委夫人招慰亡叛夫人親載詔書自稱使者歷十餘州宣述上意諭諸俚獠所至皆降高祖嘉之賜夫人臨振縣湯沐邑一千五百戶贈僕爲崖州總管平原郡公仁壽初卒賻物一千段諡爲誠敬夫人

鄭善果母

鄭善果母者淸河崔氏之女也年十三出適鄭誠生善果而誠討尉迥力戰死于陣母年二十而寡父彥穆欲奪其志母抱善果謂彥穆曰婦人無再見男子

之義且郡君雖死幸有此兒棄兒爲不慈背死爲無禮寧當割耳截髮以明素
心違禮滅慈非敢聞命善果以父死王事年數歲拜使持節大將軍襲爵開封
縣公邑一千戶開皇初進封武德郡公年十四授沂州刺史轉景州刺史尋爲
魯郡太守母性賢明有節操博涉書史通曉治方每善果出聽事母恆坐胡床
於鄣後察之聞其剖斷合理歸則大悅即賜之坐相對談笑若行事不允或妄
瞋怒母乃還堂蒙被而泣終日不食善果伏於牀前亦不敢起母方起謂之曰
吾非怒汝乃愧汝家耳吾爲汝家婦獲奉灑掃如汝先君忠勤之士也在官清
恪未嘗問私以身徇國繼之以死吾亦望汝副其此心汝既年小而孤吾寡婦
耳有慈無威使汝不知禮訓何可負荷忠臣之業乎汝自童子承襲茅土位至
方伯豈汝身致之邪安可不思此事而妄加瞋怒心緣驕樂墮於公政內則墜
爾家風或亡失官爵外則虧天子之法以取罪戾吾死之日亦何面目見汝先
人於地下乎母恆自紡績夜分而寐善果曰兒封侯開國位居三品秩俸幸足
母何自勤如是邪答曰嗚呼汝年已長吾謂汝知天下之理今聞此言故猶未

也至於公事何由濟乎今此秩俸乃是天子報爾先人之徇命也當須散贍六姻爲先君之惠妻子奈何獨擅其利以爲富貴哉又絲枲紡織婦人之務上自王后下至大夫士妻各有所製若墮業者是爲驕逸吾雖不知禮其可自敗名乎自初寡便不御脂粉常服大練性又節儉非祭祀賓客之事酒肉不妄陳於前靜室端居未嘗輒出門閤內外姻戚有吉凶事但厚加贈遺皆不詣其家非自手作及莊園祿賜所得雖親族禮遺悉不許入門善果歷任州郡唯內自出饌於衙中食之公廨所供皆不許受悉用修治廨宇及分給寮佐善果亦由此克己號爲清吏煬帝遣御史大夫張衡勞之考爲天下最徵授光祿卿其母卒後善果爲大理卿漸驕恣清公平允遂不如疇昔焉

孝女王舜

孝女王舜者趙郡王子春之女也子春與從兄長忻不協屬齊滅之際長忻與其妻同謀殺子春舜時年七歲有二妹粲年五歲璠年二歲並孤苦寄食親戚舜撫育二妹恩義甚篤而舜陰有復讎之心長忻殊不爲備姊妹俱長親戚欲

嫁之輒拒不從乃密謂其二妹曰我無兄弟致使父讐不復吾輩雖是女子何用生爲我欲共汝報復汝意如何二妹皆垂泣曰唯姊所命是夜姊妹各持刀踰牆而入手殺長忻夫妻以告父墓因詣縣請罪姊妹爭爲謀首州縣不能決高祖聞而嘉歎特原其罪

韓覬妻

韓覬妻者洛陽于氏女也字茂德父實周大左輔于氏年十四適于覬雖生長膏腴家門鼎盛而動遵禮度躬自儉約宗黨敬之年十八覬從軍戰沒于氏哀毀骨立慟感行路每至朝夕奠祭皆手自捧持及免喪其父以其幼少無子將嫁之誓無異志復令家人敦喻于氏晝夜涕泣截髮自誓其父嘒然傷感遂不奪其志焉因養夫之孽子世隆爲嗣身自撫育愛同己生訓導有方卒能成立自孀居已後唯時或歸寧至於親族之家絕不來往有尊卑就省謁者送迎皆不出戶庭蔬食布衣不聽聲樂以此終身高祖聞而嘉歎下詔褒美表其門閭長安中號爲節婦闕終于家年七十二

陸讓母

陸讓母者上黨馮氏女也性仁愛有母儀讓卽其孼子也仁壽中爲番州刺史數有聚斂贓貨狼藉爲司馬所奏上遣使按之皆驗於是囚詣長安親臨問讓稱冤上復令治書侍御史撫按之狀不易前乃命公卿百寮議之咸曰讓罪當死詔可其奏讓將就刑馮氏蓬頭垢面詣朝堂數讓曰無汗馬之勞致位刺史不能盡誠奉國以答鴻恩而反違犯憲章贓貨狼藉若言司馬誣汝百姓百官不應亦皆誣汝若言至尊不憐愍汝何故治書覆汝豈誠臣豈孝子不誠不孝何以爲人於是流涕嗚咽親持盂粥勸讓令食既而上表求哀詞情甚切上愍然爲之改容獻皇后甚奇其意致請於上治書侍御史柳彧進曰馮氏母德之至有感行路如或殺之何以爲勸上於是集京城士庶於朱雀門遣舍人宣詔曰馮氏以嫡母之德足爲世範慈愛之道義感人神特宜矜免用奬風俗讓可減死除名爲民復下詔曰馮氏體備仁慈夙閑禮度孼讓非其所生往犯憲章宜從極法躬自詣闕爲之請命匍匐頓顙朕哀其義特免死辜使天下婦人皆

如馮者豈不閨門雍睦風俗和平朕每嘉歎不能已宜標揚優賞用章有德可賜物五百段集諸命婦與馮相識以寵異之

劉昶女

劉昶女者河南長孫氏之婦也昶在周尚公主官至柱國彭國公數爲將帥位望隆顯與高祖有舊及受禪甚親任歷左武衛大將軍慶州總管其子居士爲太子千牛備身聚徒任俠不遵法度數得罪上以昶故每輒原之居士轉恣每大言曰男兒要當辮頭反縛籧篨上作獠儛取公卿子弟膂力雄健者輒將至家以車輪括其頸而棒之殆死能不屈者稱爲壯士釋而與交黨與三百人其趫捷者號爲餓鶻隊武力者號爲蓬轉隊每韝鷹紲犬連騎道中歐擊路人多所侵奪長安市里無貴賤見之者皆辟易至於公卿妃主莫敢與校者其女則居士之姊也每垂泣誨之殷勤懇惻居士不改至破家產昶年老奉養甚薄其女時寡居哀昶如此每歸寧于家躬勤紡績以致其甘脆有人告居士與其徒遊長安城登故未央殿基南向坐前後列隊意有不遜每相約曰當爲一死耳

又時有人言居士遣使引突厥令南寇當於京師應之帝謂昶曰今日之事當復如何昶猶恃舊恩不自引咎直答曰黑白在于至尊上大怒下昶獄捕居士黨與治之甚急憲司又奏昶事母不孝其女知昶必不免不食者數日每親調飲食手自捧持詣大理餉其父見獄卒長跪以進歔欷嗚咽見者傷之居士坐斬昶竟賜死于家詔百寮臨視時其女絕而復蘇者數矣公卿慰諭之其女言父無罪坐子以及於禍詞情哀切人皆不忍聞見遂布衣蔬食以終其身上聞而歎曰吾聞衰門之女興門之男固不虛也

鍾士雄母

鍾士雄母者臨賀蔣氏女也士雄仕陳爲伏波將軍陳主以士雄嶺南酋帥慮其反覆每質蔣氏於都下及晉王廣平江南以士雄在嶺表欲以恩義致之遣蔣氏歸臨賀既而同郡虞子茂鍾文華等作亂舉兵攻城遣人召士雄士雄將應之蔣氏謂士雄曰我前在揚都備嘗辛苦今逢聖化母子聚集沒身不能上報焉得爲逆哉汝若禽獸其心背德忘義者我當自殺於汝前士雄於是遂止

蔣氏復爲書與子茂等諭以禍福子茂不從尋爲官軍所敗上聞蔣氏甚異之封爲安樂縣君時尹州寡婦胡氏者不知何氏妻也甚有志節爲邦族所重當江南之亂諷諭宗黨皆守險不從叛逆封爲密陵郡君

孝婦覃氏

孝婦覃氏者上郡鍾氏婦也與其夫相見未幾而夫死時年十八事後姑以孝聞數年之閒姑及伯叔皆相繼而死覃氏家貧無以葬於是躬自節儉晝夜紡績稸財十年而葬八喪爲州里所敬上聞而賜米百石表其門閭

元務光母

元務光母者范陽盧氏女也少好讀書造次以禮盛年寡居諸子幼弱家貧不能就學盧氏每親自教授勗以義方世以此稱之仁壽末漢王諒舉兵反遣將綦良往山東略地良以務光爲記室及良敗慈州刺史上官政簿籍務光之家見盧氏悅而逼之盧氏以死自誓政爲人凶悍怒甚以燭燒其身盧氏執志彌固竟不屈節

裴倫妻

裴倫妻河東柳氏女也小有風訓大業末倫爲渭源令屬薛舉之亂縣城爲賊所陷倫遇害柳時年四十有二女及兒婦三人皆有美色柳氏謂之曰我輩遭逢禍亂汝父已死我自念不能全汝我門風有素義不受辱於羣賊我將與汝等同死如何其女等皆垂泣曰唯母所命柳氏遂自投于井其女及婦相繼而下皆重死於井中

趙元楷妻

趙元楷妻者清河崔氏之女也父儦在文學傳家有素範子女皆遵禮度元楷父爲僕射家富於財重其門望厚禮以聘之元楷甚敬崔氏雖在宴私不妄言笑進止服容動合禮儀化及之反也元楷隨至河北將歸長安至滏口遇盜攻掠元楷僅以身免崔氏爲賊所拘賊請以爲妻崔氏謂賊曰我士大夫女爲僕射子妻今日破亡自可卽死遣爲賊婦終必不能羣賊毀裂其衣形體悉露縛於牀簀之上將淩之崔氏懼爲所辱詐之曰今力已屈當聽處分不敢相違請

解縛賊遽釋之崔因著衣取賊佩刀倚樹而立曰欲殺我任加刀鋸若覓死可來相逼賊大怒亂射殺之元楷後得殺妻者支解之以祭崔氏之柩

史臣曰夫稱婦人之德皆以柔順爲先斯乃舉其中庸未臻其極者也至於明識遠圖貞心峻節志不可奪唯義所在考之圖史亦何世而無哉蘭陵主質邁寒松南陽主心踰匪石洗媪孝女之忠壯崔馮二母之誠懇足使義勇慙其志烈蘭玉謝其貞芳襄城華陽之妃裴倫元楷之婦時逢艱阻事乖好合甘心同穴顛沛靡它志勵冰霜言踰皎日雖詩詠共姜之自誓傳述伯姬之守死其將復何以加焉

隋書卷八十

唐　特　進　臣　魏　徵　上

列傳第四十六東夷

高麗

高麗之先，出自夫餘。夫餘王嘗得河伯女，因閉於室內，爲日光隨而照之，感而遂孕，生一大卵，有一男子破殼而出，名曰朱蒙。夫餘之臣以朱蒙非人所生，咸請殺之，王不聽。及壯，因從獵，所獲居多，又請殺之。其母以告朱蒙，朱蒙棄夫餘東南走。遇一大水，深不可越。朱蒙曰：「我是河伯外孫，日之子也。今有難，而追兵且及，如何得度？」於是魚鼈積而成橋，朱蒙遂度。追騎不得濟而還。朱蒙建國，自號高句麗，以高爲氏。朱蒙死，子閭達嗣。至其孫莫來興兵，遂幷夫餘。至裔孫位宮，以魏正始中入寇西安平，毌丘儉拒破之。位宮玄孫之子曰昭列帝，爲慕容氏所破，遂入丸都，焚其宮室，大掠而還。昭列帝後爲百濟所殺。其曾孫璉，通使後魏。璉六世孫湯，在周遣使朝貢，武帝拜湯上開府、遼東郡公、遼東王。高祖受

禪湯後遣使詣闕進授大將軍改封高麗王歲遣使朝貢不絕其國東西二千
里南北千餘里都於平壤城亦曰長安城東西六里隨山屈曲南臨浿水復有
國內城漢城並其都會之所其國中呼爲三京與新羅每相侵奪戰爭不息官
有太大兄次大兄次小兄次對盧次意侯奢次烏拙次太大使者次大使者次
小使者次褥奢次翳屬次仙人凡十二等復有內評外評五部褥薩人皆皮冠
使人加插鳥羽貴者冠用紫羅飾以金銀服大袖衫大口袴素皮帶黃革屨婦
人帬襦加襈兵器與中國略同每春秋校獵王親臨之人稅布五匹穀五石遊
人則三年一稅十人共細布一匹租戶一石次七斗下五斗反逆者縛之於柱
爇而斬之籍沒其家盜則償十倍用刑既峻罕有犯者樂有五絃琴箏篳篥橫
吹簫鼓之屬吹蘆以和曲每年初聚戲於浿水之上王乘腰輿列羽儀以觀之
事畢王以衣服入水分左右爲二部以水石相濺擲諠呼馳逐再三而止俗好
蹲踞潔淨自喜以趨走爲敬拜則曳一脚立各反拱行必搖手性多詭伏父子
同川而浴共室而寢婦人淫奔俗多遊女有婚嫁者取男女相悅然即爲之男

家送猪酒而已無財聘之禮或有受財者人共恥之死者殯於屋內經三年擇吉日而葬居父母及夫之喪服皆三年兄弟三月初終哭泣葬則鼓儛作樂以送之埋訖悉取死者生時服翫車馬置於墓側會葬者爭取而去敬鬼神多淫祠開皇初頻有使入朝及平陳之後湯大懼治兵積穀爲守拒之策十年上賜湯璽書曰朕受天命愛育率土委王海隅宣揚朝化欲使圓首方足各遂其心王每遣使人歲常朝貢雖稱藩附誠節未盡王既人臣須同朕德而乃驅逼靺鞨固禁契丹諸藩頓顙爲我臣妾忿善人之慕義何毒害之情深乎太府工人其數不少王必須之自可聞奏昔年潛行財貨利動小人私將弩手逃竄下國豈非脩理兵器意欲不臧恐有外聞故爲盜竊時命使者撫慰王藩本欲問彼人情教彼政術王乃坐之空館嚴加防守使其閉目塞耳永無聞見有何陰惡弗欲人知禁制官司畏其訪察又數遣馬騎殺害邊人屢騁姦謀動作邪說心在不賓朕於蒼生悉如赤子賜王土宇授王官爵深恩殊澤彰著遐邇王專懷不信恆自猜疑常遣使人密覘消息純臣之義豈若是也蓋當由朕訓導不

明王之愆違一己寬恕今日已後必須改革守藩臣之節奉朝正之典自化爾藩勿忤他國則長享富貴實稱朕心彼之一方雖地狹人少然普天之下皆爲朕臣今若黜王不可虛置終須更選官屬就彼安撫王若洒心易行率由憲章卽是朕之良臣何勞別遣才彥也昔帝王作法仁信爲先有善必賞有惡必罰四海之內具聞朕旨王若無罪朕忽加兵自餘藩國謂朕何也王必虛心納朕此意愼勿疑惑更懷異圖往者陳叔寶代在江陰殘害人庶驚動我烽候抄掠我邊境朕前後誡勑經歷十年彼則恃長江之外聚一隅之衆惛狂驕傲不從朕言故命將出師除彼凶逆往來不盈旬月兵騎不過數千歷代逋寇一朝清蕩遐邇乂安人神胥悅聞王歎恨獨致悲傷黜陟幽明有司是職罪王不爲陳滅賞王不爲陳存樂禍好亂何爲爾也王謂遼水之廣何如長江高麗之人多少陳國朕若不存含育責王前愆命一將軍何待多力慇懃曉示許王自新耳宜得朕懷自求多福湯得書惶恐將奉表陳謝會病卒子元嗣立高祖使使拜元爲上開府儀同三司襲爵遼東郡公賜衣一襲元奉表謝恩幷賀祥瑞因請

封王高祖優冊元爲王明年元率靺鞨之衆萬餘騎寇遼西營州總管韋沖擊走之高祖聞而大怒命漢王諒爲元帥總水陸討之下詔黜其爵位時餽運不繼六軍乏食師出臨渝關復遇疾疫王師不振及次遼水元亦惶懼遣使謝罪上表稱遼東糞土臣元云云上於是罷兵待之如初元亦歲遣朝貢煬帝嗣位天下全盛高昌王突厥啓人可汗並親詣闕貢獻於是徵元入朝元懼藩禮頗闕大業七年帝將討元之罪車駕度遼水上營於遼東城分道出師各頓兵於其城下高麗率兵出拒戰多不利於是皆嬰城固守帝令諸軍攻之又勑諸將高麗若降者卽宜撫納不得縱兵城將陷賊輒言請降諸將奉旨不敢赴機先令馳奏比報至賊守禦亦備隨出拒戰如此者再三帝不悟由是食盡師老轉輸不繼諸軍多敗績於是班師是行也唯於遼水西拔賊武厲邏置遼東郡及通定鎭而還九年帝復親征之乃勑諸軍以便宜從事諸將分道攻城賊勢日蹙會楊玄感作亂反書至帝大懼卽日六軍並還兵部侍郎斛斯政亡入高麗高麗具知事實悉銳來追殿軍多敗十年又發天下兵會盜賊蜂起人多流亡

所在阻絶軍多失期至遼水高麗亦困弊遣使乞降因送斛斯政以贖罪帝許之頓於懷遠鎮受其降款仍以俘囚軍實歸至京師以高麗使者親告於太廟因拘留之仍徵元入朝元竟不至帝勅諸軍嚴裝更圖後舉會天下大亂遂不克復行

百濟

百濟之先出自高麗國其國王有一侍婢忽懷孕王欲殺之婢云有物狀如雞子來感於我故有娠也王捨之後遂生一男棄之廁溷久而不死以爲神命養之名曰東明及長高麗王忌之東明懼逃至淹水夫餘人共奉之東明之後有仇台者篤於仁信始立其國于帶方故地漢遼東太守公孫度以女妻之漸以昌盛爲東夷強國初以百家濟海因號百濟歷十餘代代臣中國前史載之詳矣開皇初其王餘昌遣使貢方物拜昌爲上開府帶方郡公百濟王其國東西四百五十里南北九百餘里南接新羅北拒高麗其都曰居拔城官有十六品長曰左平次大率次恩率次德率次杆率次柰率次將德服紫帶次施德皁帶次

固德赤帶次李德青帶次對德以下皆黃帶次文督次武督次佐軍次振武次
尅虞皆用白帶其冠制並同唯柰率以上飾以銀花長史三年一交代畿內爲
五部部有五巷士人居焉五方各有方領一人方佐二之方有十郡郡有將其
人雜有新羅高麗倭等亦有中國人其衣服與高麗略同婦人不加粉黛辮髮
垂後已出嫁則分爲兩道盤於頭上俗尚騎射讀書史能吏事亦知醫藥蓍龜
占相之術以兩手據地爲敬有僧尼多寺塔有鼓角箜篌箏竽篪笛之樂投壺
圍棋樗蒲握槊弄珠之戲行宋元嘉曆以建寅月爲歲首國中大姓有八族沙
氏燕氏劦氏解氏貞氏國氏木氏苗氏婚娶之禮略同於華喪制如高麗有五
穀牛猪雞多不火食厥田下人皆山居有巨栗每以四仲之月王祭天及五帝
之神立其始祖仇台廟於國城歲四祠之國西南人島居者十五所皆有城邑
平陳之歲有一戰船漂至海東𨈭牟羅國其船得還經于百濟昌資送之甚厚
并遣使奉表賀平陳高祖善之下詔曰百濟王既聞平陳遠令奉表往復至難
若逢風浪便致傷損百濟王心迹淳至朕已委知相去雖遠事同言面何必數

遣使來相體悉自今以後不須年別入貢朕亦不遣使往王宜知之使者舞蹈而去開皇十八年昌使其長史王辯那來獻方物屬興遼東之役遣使奉表請爲軍導帝下詔曰往歲爲高麗不供職貢無人臣禮故命將討之高元君臣恐懼畏服歸罪朕已赦之不可致伐厚其使而遣之高麗頗知其事以兵侵掠其境昌死子餘宣立死子餘璋立大業三年璋遣使者燕文進朝貢其年又遣使者王孝鄰入獻請討高麗煬帝許之令覘高麗動靜然璋內與高麗通和挾詐以窺中國七年帝親征高麗璋使其臣國智牟來請軍期帝大悅厚加賞錫遣尚書起部郎席律詣百濟與相知明年六軍度遼璋亦嚴兵於境聲言助軍實持兩端尋與新羅有隙每相戰爭十年復遣使朝貢後天下亂使命遂絕其南海行三月有躭牟羅國南北千餘里東西數百里土多麞鹿附庸於百濟百濟自西行三日至貊云

新羅

新羅國在高麗東南居漢時樂浪之地或稱斯羅魏將毋丘儉討高麗破之奔

沃沮其後復歸故國留者遂爲新羅焉故其人雜有華夏高麗百濟之屬兼有
沃沮不耐韓獩之地其王本百濟人自海逃入新羅遂王其國傳祚至金真平
開皇十四年遣使貢方物高祖拜真平爲上開府樂浪郡公新羅王其先附庸
於百濟後因百濟征高麗高麗人不堪戎役相率歸之遂致強盛因襲百濟附
庸於迦羅國其官有十七等其一曰伊罰干貴如相國次伊尺干次迎干次破
彌干次大阿尺干次阿尺干次乙吉干次沙咄干次及伏干次大奈摩干次柰
摩次大舍次小舍次吉土次大烏次小烏次造位外有郡縣其文字甲兵同於
中國選人壯健者悉入軍烽戍邏俱有屯管部伍風俗刑政衣服略與高麗百
濟同每正月旦相賀王設宴會班賚羣官其日拜日月神至八月十五日設樂
令官人射賞以馬布其有大事則聚羣官詳議而定之服色尚素婦人辮髮繞
頭以雜綵及珠爲飾婚嫁之禮唯酒食而已輕重隨貧富新婚之夕女先拜舅
姑次卽拜夫死有棺斂葬起墳陵王及父母妻子喪持服一年田甚良沃水陸
兼種其五穀果菜鳥獸物產略與華同大業以來歲遣朝貢新羅地多山險雖

與百濟構隙百濟亦不能圖之

靺鞨

靺鞨在高麗之北邑落俱有酋長不相總一凡有七種其一號粟末部與高麗相接勝兵數千多驍武每寇高麗中其二曰伯咄部在粟末之北勝兵七千其三曰安車骨部在伯咄東北其四曰拂涅部在伯咄東其五曰號室部在拂涅東其六曰黑水部在安車骨西北其七曰白水部在粟末東南勝兵並不過三千而黑水部尤爲勁健自拂涅以東矢皆石鏃卽古之肅愼氏也所居多依山水渠帥曰大莫弗瞞咄東夷中爲强國有徒太山者俗甚敬畏上有熊羆豹狼皆不害人人亦不敢殺地卑濕築土如堤鑿穴以居開口向上以梯出入相與偶耕土多粟麥穄水氣醎生鹽於木皮之上其畜多猪嚼米爲酒飲之亦醉婦人服布男子衣猪狗皮俗以溺洗手面於諸夷最爲不潔其俗婬而妬其妻外婬人有告其夫者夫輒殺妻殺而後悔必殺告者由是姦婬之事終不發揚人皆射獵爲業角弓長三尺箭長尺有二寸常以七八月造毒藥傅矢以射禽獸

中者立死開皇初相率遣使貢獻高祖詔其使曰朕聞彼土人庶多能勇捷今來相見實副朕懷朕視爾等如子爾等宜敬朕如父對曰臣等僻處一方道路悠遠聞内國有聖人故來朝拜既蒙勞賜親奉聖顏下情不勝懽喜願得長爲奴僕也其國西北與契丹相接每相劫掠後因其使來高祖誡之曰我憐念契丹與爾無異宜各守土境豈不安樂何爲輒相攻擊甚乖我意使者謝罪高祖因厚勞之令宴飲於前使者與其徒皆起舞其曲折多戰鬭之容上顧謂侍臣曰天地閒乃有此物常作用兵意何其甚也然其國與隋懸隔唯粟末白山爲近煬帝初與高麗戰頻敗其衆渠帥度地稽率其部來降拜爲右光祿大夫居之柳城與邊人來往悅中國風俗請被冠帶帝嘉之賜以錦綺而褒寵之及遼東之役度地稽率其徒以從每有戰功賞賜優厚十三年從帝幸江都尋放歸柳城在途遇李密之亂密遣兵邀之前後十餘戰僅而得免至高陽復没於王須拔未幾遁歸羅藝

流求國

流求國居海島之中當建安郡東水行五日而至土多山洞其王姓歡斯氏名
渴剌兜不知其由來有國代數也彼土人呼之爲可老羊妻曰多拔荼所居曰
波羅檀洞塹柵三重環以流水樹棘爲藩王所居舍其大一十六間琱刻禽獸
多鬭鏤樹似橘而葉密條纖如髮然下垂國有四五帥統諸洞洞有小王往往
有村村有鳥了帥並以善戰者爲之自相樹立理一村之事男女皆以白紵繩
纏髮從項後盤繞至額其男子用鳥羽爲冠裝以珠貝飾以赤毛形製不同婦
人以羅紋白布爲帽其形正方織鬭鏤皮幷雜色紵及雜毛以爲衣製裁不一
綴毛垂螺爲飾雜色相間下垂小貝其能如珮綴璫施釧懸珠於頸織藤爲笠
飾以毛羽有刀矟弓箭劍鈹之屬其處少鐵刃皆薄小多以骨角輔助之編紵
爲甲或用熊豹皮王乘木獸令左右輿之而行導從不過數十人小王乘機鏤
爲獸形國人好相攻擊人皆驍健善走難死而耐創諸洞各爲部隊不相救助
兩陣相當勇者三五人出前跳噪交言相罵因相擊射如其不勝一軍皆走遣
人致謝卽共和解收取鬭死者共聚而食之仍以髑髏將向王所王則賜之以

冠使爲隊帥無賦斂有事則均稅用刑亦無常準皆臨事科決犯罪皆斷於鳥
了帥不伏則上請於王王令臣下共議定之獄無枷鏁唯用繩縛決死刑以鐵
錐大如筯長尺餘鑽頂而殺之輕罪用杖俗無文字望月虧盈以紀時節候草
藥枯以爲年歲人深目長鼻頗類於胡亦有小慧無君臣上下之節拜伏之禮
父子同牀而寢男子拔去髭鬢身上有毛之處皆亦除去婦人以墨黥手爲蟲
蛇之文嫁娶以酒肴珠貝爲聘或男女相悅便相匹偶婦人產乳必食子衣產
後以火自炙令汗出五日便平復以木槽中暴海水爲鹽木汁爲酢釀米麴爲
酒其味甚薄食皆用手偶得異味先進尊者凡有宴會執酒者必待呼名而後
飲上王酒者亦呼王名銜杯共飲頗同突厥歌呼蹋蹄一人唱衆皆和音頗哀
怨扶女子上膊搖手而舞其死者氣將絕舉至庭親賓哭泣相弔浴其屍以布
帛纏之裹以葦草親土而殯上不起墳子爲父者數月不食肉南境風俗少異
人有死者邑里共食之有熊羆豺狼尤多豬雞無牛羊驢馬厥田良沃先以火
燒而引水灌之持一插以石爲刃長尺餘闊數寸而墾之土宜稻粱床黍麻豆

赤豆胡豆黑豆等木有楓栝樟松楩楠杉梓竹籐果藥同於江表風土氣候與
嶺南相類俗事山海之神祭以酒肴鬭戰殺人便將所殺人祭其神或依茂樹
起小屋或懸髑髏於樹上以箭射之或累石繫幡以為神主王之所居壁下多
聚髑髏以為佳人間門戶上必安獸頭骨角大業元年海師何蠻等每春秋二
時天清風靜東望依希似有煙霧之氣亦不知幾千里三年煬帝令羽騎尉朱
寬入海求訪異俗何蠻言之遂與蠻俱往因到流求國言不相通掠一人而返
明年帝復令寬慰撫之流求不從寬取其布甲而還時倭國使來朝見之曰此
夷邪久國人所用也帝遣武賁郎將陳稜朝請大夫張鎮州率兵自義安浮海
擊之至高華嶼又東行二日至鼅鼊嶼又一日便至流求初稜將南方諸國人
從軍有崐崘人頗解其語遣人慰諭之流求不從拒逆官軍稜擊走之進至其
都頻戰皆敗焚其宮室虜其男女數千人載軍實而還自爾遂絕

倭國

倭國在百濟新羅東南水陸三千里於大海之中依山島而居魏時譯通中國

三十餘國皆自稱王夷人不知里數但計以日其國境東西五月行南北三月行各至於海其他勢東高西下都於邪靡堆則魏志所謂邪馬臺者也古云去樂浪郡境及帶方郡並一萬二千里在會稽之東與儋耳相近漢光武時遣使入朝自稱大夫安帝時又遣使朝貢謂之俀奴國桓靈之間其國大亂遞相攻伐歷年無主有女子名卑彌呼能以鬼道惑衆於是國人共立爲王有男弟佐卑彌理國其王有侍婢千人罕有見其面者唯有男子二人給王飲食通傳言語其王有宮室樓觀城柵皆持兵守衞爲法甚嚴自魏至于齊梁代與中國相通開皇二十年俀王姓阿每字多利思北孤號阿輩雞彌遣使詣闕上令所司訪其風俗使者言俀王以天爲兄以日爲弟天未明時出聽政跏趺坐日出便停理務云委我弟高祖曰此大無義理於是訓令改之王妻號雞彌後宮有女六七百人名太子爲利歌彌多弗利無城郭內官有十二等一曰大德次小德次大仁次小仁次大義次小義次大禮次小禮次大智次小智次大信次小信員無定數有軍尼一百二十人猶中國牧宰八十戶置一伊尼翼如今里長也

十伊尼翼屬一軍尼其服飾男子衣冪襦其袖微小履如屨形漆其上繫之於
脚人庶多跣足不得用金銀爲飾故時衣横幅結束相連而無縫頭亦無冠但
垂髮於兩耳上至隋其王始制冠以錦綵爲之以金銀鏤花爲飾婦人束髮於
後亦衣冪襦裳皆有襈攕竹爲梳編草爲薦雜皮爲表緣以文皮有弓矢刀矟
弩穳斧漆皮爲甲骨爲矢鏑雖有兵無征戰其王朝會必陳設儀仗奏其國樂
戸可十萬其俗殺人強盜及姦皆死盜者計贓酬物無財者沒身爲奴自餘輕
重或流或杖每訊究獄訟不承引者以木壓膝或張強弓以絃鋸其項或置小
石於沸湯中令所競者探之云理曲者即手爛或置蛇瓮中令取之云曲者即
螫手矣人頗恬靜罕爭訟少盜賊樂有五絃琴笛男女多黥臂點面文身沒水
捕魚無文字唯刻木結繩敬佛法於百濟求得佛經始有文字知卜筮尤信巫
覡每至正月一日必射戲飲酒其餘節略與華同好棊博握槊樗蒲之戲氣候
溫暖草木冬青土地膏腴水多陸少以小環挂鸕鷀項令入水捕魚日得百餘
頭俗無盤俎藉以槲葉食用手餔之性質直有雅風女多男少婚嫁不取同姓

男女相悅者卽爲婚婦入夫家必先跨犬乃與夫相見婦人不淫妬死者斂以
棺槨親賓就屍歌舞妻子兄弟以白布製服貴人三年殯於外庶人卜日而瘞
及葬置屍船上陸地牽之或以小輿有阿蘇山其石無故火起接天者俗以爲
異因行禱祭有如意寶珠其色青大如雞卵夜則有光云魚眼精也新羅百濟
皆以俀爲大國多珍物並敬仰之恆通使往來大業三年其王多利思北孤遣
使朝貢使者曰聞海西菩薩天子重興佛法故遣朝拜兼沙門數十人來學佛
法其國書曰日出處天子致書日沒處天子無恙云云帝覽之不悅謂鴻臚卿
曰蠻夷書有無禮者勿復以聞明年上遣文林郎裴清使於俀國度百濟行至
竹島南望䏲羅國經都斯麻國逈在大海中又東至一支國又至竹斯國又東
至秦王國其人同於華夏以爲夷洲疑不能明也又經十餘國達於海岸自竹
斯國以東皆附庸於俀俀王遣小德阿輩臺從數百人設儀仗鳴鼓角來迎後
十日又遣大禮哥多毗從二百餘騎郊勞旣至彼都其王與清相見大悅曰我
聞海西有大隋禮義之國故遣朝貢我夷人僻在海隅不聞禮義是以稽留境

內不即相見今故淸道飾館以待大使冀聞大國惟新之化淸荅曰皇帝德並
二儀澤流四海以王慕化故遣行人來此宣諭旣而引淸就館其後淸遣人謂
其王曰朝命旣達請即戒塗於是設宴享以遣淸復令使者隨淸來貢方物此
後遂絶
史臣曰廣谷大川異制人生其閒異俗嗜欲不同言語不通聖人因時設教所
以達其志而通其俗也九夷所居與中夏懸隔然天性柔順無獷暴之風雖緜
邈山海而易以道御夏殷之代時或來王暨箕子避地朝鮮始有八條之禁疏
而不漏簡而可久化之所感千載不絶今遼東諸國或衣服參冠冕之容或飲
食有俎豆之器好尚經術愛樂文史遊學於京都者往來繼路或亡沒不歸非
先哲之遺風其孰能致於斯也故孔子曰言忠信行篤敬雖蠻貊之邦行矣誠
哉斯言其俗之可採者豈徒楛矢之貢而已乎自高祖撫有周餘惠此中國開
皇之末方事遼左天時不利師遂無功二代承基志包宇宙頻踐三韓之域屢
發千鈞之弩小國懼亡敢同困獸兵連不戢四海騷然遂以土崩喪身滅國兵

志有之曰務廣德者昌務廣地者亡然遼東之地不列於郡縣久矣諸國朝正奉貢無闕於歲時二代震而矜之以爲人莫若己不能懷以文德遽動干戈內恃富強外思廣地以驕取怨以怒興師若此而不亡自古未聞之也然則四夷之戒安可不深念哉

隋書卷八十一

珍做朱版邦

唐 特 進 臣 魏 徵 上

列傳第四十七南蠻

南蠻雜類與華人錯居曰蜒曰獽曰俚曰獠曰㐌俱無君長隨山洞而居古先所謂百越是也其俗斷髮文身好相攻討浸以微弱稍屬於中國皆列爲郡縣同之齊人不復詳載大業中南荒朝貢者十餘國其事迹多湮滅而無聞今所存錄四國而已

林邑

林邑之先因漢末交阯女子徵側之亂內縣功曹子區連殺縣令自號爲王無子其甥范熊代立死子逸立日南人范文因亂爲逸僕隸遂教之築宮室造器械逸甚信任使文將兵極得衆心文因間其子弟或奔或徙及逸死國無嗣文自立爲王其後范佛爲晉揚威將軍戴桓所破宋交州刺史檀和之將兵擊之深入其境至梁陳亦通使往來其國延袤數千里土多香木金寶物產大抵與

交阯同以塼爲城蜃灰塗之東向戸尊官有二其一曰西那婆帝其二曰薩婆地歌其屬官三等其一曰倫多姓次歌倫致帝次乙他伽蘭外官分爲二百餘部其長官曰弗羅次曰可輪如牧宰之差也王戴金花冠形如章甫衣朝霞布珠璣瓔珞足躡草履時復錦袍良家子侍衞者二百許人皆執金裝刀有弓箭刀槊以竹爲弩傅毒於矢樂有琴笛琵琶五絃頗與中國同每擊鼓以警衆吹蠡以卽戎其人深目高鼻髮拳色黑俗皆徒跣以幅布纏身冬月衣袍婦人椎髻施椰葉席每有婚媾令媒者齎金銀釧酒二壺魚數頭至女家於是擇日夫家會親賓歌儛相對女家請一婆羅門送女至男家壻盥手因牽女授之王死七日而葬有官者三日庶人一日皆以函盛屍鼓儛導從輿至水次積薪焚之收其餘骨王則內金甖中沉之於海有官者以銅甖沉之於海口庶人以瓦送之於江男女皆截髮隨喪至水次盡哀而止歸則不哭每七日然香散花復哭盡哀而止盡七七而罷至百日三年亦如之人皆奉佛文字同於天竺高祖既平陳乃遣使獻方物其後朝貢遂絕時天下無事羣臣言林邑多奇寶者仁壽

末上遣大將軍劉方爲驩州道行軍總管率欽州刺史寧長真驩州刺史李暈開府秦雄步騎萬餘及犯罪者數千人擊之其王梵志率其徒乘巨象而戰方軍不利方於是多掘小坑草覆其上因以兵挑之梵志悉衆而陣方與戰僞北梵志逐之至坑所其衆多陷轉相驚駭軍遂亂方縱兵擊之大破之頻戰輒敗遂棄城而走方入其都獲其廟主十八枚皆鑄金爲之蓋其有國十八葉矣方班師梵志復其故地遣使謝罪於是朝貢不絕

赤土

赤土國扶南之別種也在南海中水行百餘日而達所都土色多赤因以爲號東波羅剌國西婆羅娑國南訶羅旦國北拒大海地方數千里其王姓瞿曇氏名利富多塞不知有國近遠稱其父釋王位出家爲道傳位於利富多塞在位十六年矣有三妻並鄰國王之女也居僧祗城有門三重相去各百許步每門圖畫飛仙仙人菩薩之像縣金花鈴毦婦女數十人或奏樂或捧金花又飾四婦人容飾如佛塔邊金剛力士之狀夾門而立門外者持兵仗門內者執白拂

夾道垂素網綴花王宮諸屋悉是重閣北戶北面而坐坐三重之榻衣朝霞布
冠金花冠垂雜寶瓔珞四女子立侍左右兵衛百餘人王榻後作一木龕以金
銀五香木雜鈿之龕後懸一金光燄夾榻又樹二金鏡鏡前並陳金甕甕前各
有金香爐當前置一金伏牛牛前樹寶蓋蓋左右皆有寶扇婆羅門等數百
人東西重行相向而坐其官有薩陀迦羅一人陀拏達叉二人迦利密迦三人
共掌政事俱羅末帝一人掌刑法每城置那邪迦一人鉢帝十人其俗等皆穿
耳翦髮無跪拜之禮以香油塗身其俗敬佛尤重婆羅門婦人作髻於項後男
女通以朝霞朝雲雜色布爲衣豪富之室恣意華靡唯金鏁非王賜不得服用
每婚嫁擇吉日女家先期五日作樂飲酒父執女手以授壻七日乃配焉既娶
則分財別居唯幼子與父同居父母兄弟死則剔髮素服就水上構竹木爲棚
棚內積薪以屍置上燒香建幡吹蠡擊鼓以送之縱火焚薪遂落於水貴賤皆
同唯國王燒訖收灰貯以金瓶藏於廟屋冬夏常溫雨多霽少種植無時特宜
稻穄白豆黑麻自餘物產多同於交阯以甘蔗作酒雜以紫瓜根酒色黃赤味

亦香美亦名椰漿爲酒煬帝即位募能通絶域者大業三年屯田主事常駿虞部主事王君政等請使赤土帝大悅賜駿等帛各百匹時服一襲而遣齎物五千段以賜赤土王其年十月駿等自南海郡乘舟晝夜二旬每值便風至焦石山而過東南泊陵伽鉢拔多洲西與林邑相對上有神祠焉又南行至師子石自是島嶼連接又行二三日西望見狼牙須國之山於是南達雞籠島至於赤土之界其王遣婆羅門鳩摩羅以舶三十艘來迎吹蠡擊鼓以樂隋使進金鏁以纜駿船月餘至其都王遣其子那邪迦請與駿等禮見先遣人送金盤貯香花并鏡鑷金合二枚貯香油金瓶八枚貯香水白疊布四條以擬供使者盥洗其日未時那邪迦又將象二頭持孔雀蓋以迎使人并致金花金盤以藉詔函男女百人奏蠡鼓婆羅門二人導路至王宮駿等奉詔書上閣王以下皆坐宣詔訖引駿等坐奏天竺樂事畢駿等還館又遣婆羅門就館送食以草葉爲盤其大方丈因謂駿曰今是大國中人非復赤土國矣飲食疏薄願爲大國意而食之後數日請駿等入宴儀衛導從如初見之禮王前設兩牀牀上並設草葉

盤方一丈五尺上有黃白紫赤四色之餅牛羊魚鱉猪蝳蝐之肉百餘品延駿
升牀從者坐於地席各以金鍾置酒女樂迭奏禮遺甚厚尋遣那邪迦隨駿貢
方物并獻金芙蓉冠龍腦香以鑄金爲多羅葉隱起成文以爲表金函封之令
婆羅門以香花奏蠡鼓而送之既入海見綠魚羣飛水上浮海十餘日至林邑
東南並山而行其海水闊千餘步色黃氣腥舟行一日不絕云是大魚糞也循
海北岸達於交阯駿以六年春與那邪迦於弘農謁帝大悅賜駿等物二百段
俱授秉義尉那邪迦等官賞各有差

真臘

真臘國在林邑西南本扶南之屬國也去日南郡舟行六十日而南接車渠國
西有朱江國其王姓刹利氏名質多斯那自其祖漸已彊盛至質多斯那遂兼
扶南而有之死子伊奢那先代立居伊奢那城郭下二萬餘家城中有一大堂
是王聽政之所總大城三十城有數千家各有部帥官名與林邑同其王三日
一聽朝坐五香七寶牀上施寶帳其帳以文木爲竿象牙金鈿爲壁狀如小屋

懸金光燄有同於赤土前有金香爐二人侍側王着朝霞古貝瞞絡腰腹下垂至脛頭戴金寶花冠被真珠瓔珞足履革屣耳懸金璫常服白疊以象牙爲屩若露髮則不加瓔珞臣人服製大抵相類有五大臣一曰孤落支二曰高相憑三曰婆何多陵四曰舍摩陵五曰髯多婁及諸小臣朝於王者輒以階下三稽首王喚上階則跪以兩手抱膊遶王環坐議政事訖跪伏而去階庭門閤侍衞有千餘人被甲持仗其國與參半朱江二國和親數與林邑陀桓二國戰爭其人行止皆持甲仗若有征伐因而用之其俗非王正妻子不得爲嗣王初立之日所有兄弟並刑殘之或去一指或劓其鼻別處供給不得仕進人形小而色黑婦人亦有白者悉拳髮垂耳性氣捷勁居處器物頗類赤土以右手爲淨左手爲穢每旦澡洗以楊枝淨齒讀誦經呪又澡洒乃食食罷還用楊枝淨齒又讀經呪飲食多蘇酪沙糖秔粟米餅欲食之時先取雜肉羹與餅相和手擩而食娶妻者唯送衣一具擇日遣媒人迎婦男女二家各八日不出晝夜燃燈不息男婚禮畢即與父母分財別居父母死如有未婚者以餘財與之若婚畢財

物入官其喪葬兒女皆七日不食剔髮而哭僧尼道士親故皆來聚會音樂送之以五香木燒屍收灰以金銀瓶盛送于大水之內貧者或用瓦而以彩色畫之亦有不焚送屍山中任野獸食者其國北多山阜南有水澤地氣尤熱無霜雪饒瘴癘毒蠚土宜粱稻少黍粟果菜與日南九真相類異者有婆那娑樹無花葉似柿實似冬瓜菴羅樹花葉似棗實似李毗野樹花似木瓜葉似杏實似楮婆田羅樹花葉實並似棗而小異歌畢佗樹花似林檎葉似楡而厚大實似李其大如升自餘多同九真海中有魚名建同四足無鱗其鼻如象吸水上噴高五六十尺有浮胡魚其形似鮔觜如鸚鵡有八足多大魚半身出水望之如山每五六月中毒氣流行即以白豬白牛白羊於城西門外祠之不然者五穀不登六畜多死人衆疾疫近都有陵伽鉢婆山上有神祠每以兵五千人守衛之城東有神名婆多利祭用人肉其王年別殺人以夜祀禱亦有守衛者千人其敬鬼如此多奉佛法尤信道士佛及道士並立像於館大業十三年遣使貢獻帝禮之甚厚其後亦絕

婆利

婆利國自交趾浮海南過赤土丹丹乃至其國國界東西四月行南北四十五日行王姓刹利邪伽名護濫那婆官曰獨訶邪拏次曰獨訶氏拏國人善投輪刀其大如鏡中有竅外鋒如鋸遠以投人無不中其餘兵器與中國略同俗類真臘物產同於林邑其殺人及盜截其手姦者鏁其足朞年而止祭祀必以月晦盤貯酒肴浮之流水每十一月必設大祭海出珊瑚有鳥名舍利解人語大業十二年遣使朝貢後遂絕于時南荒有丹丹盤盤二國亦來貢方物其風俗物產大抵相類云

史臣曰禮云南方曰蠻有不火食者矣書稱蠻夷猾夏詩曰蠢爾蠻荊種類實繁代爲紛梗自秦并二楚漢平百越地窮丹徼景極日南水陸可居咸爲郡縣暨乎境分吳蜀時經晉宋道有汙隆服叛不一高祖受命克平九宇煬帝纂業威加八荒甘心遠夷志求珍異故師出於流求兵加於林邑威振殊俗過於秦漢遠矣雖有荒外之功無救域中之敗傳曰非聖人外寧必有內憂誠哉斯言

也

隋書卷八十二

隋書卷八十二考證

南蠻傳序南蠻雜類與華人錯居曰蜒曰獽曰俚曰獠曰㐌○按蜒當作蜑華陽國志漢髮縣有鹽井諸縣北有獽蜑韓愈房公墓碣林蠻洞蜑蜒本音延字典蜑一作蜒今仍之元本俚訛貍從閣本改博物志交州夷名曰俚子

隋書卷八十二考證

隋書卷八十三

唐　特　進　臣　魏　徵　上

列傳第四十八西域

漢氏初開西域有三十六國其後分立五十五王置校尉都護以撫納之王莽篡位西域遂絕至於後漢班超所通者五十餘國西至西海東西四萬里皆來朝貢復置都護校尉以相統攝其後或絕或通漢朝以爲勞弊中國其官時廢時置暨魏晉之後互相吞滅不可詳焉煬帝時遣侍御史韋節司隸從事杜行滿使於西蕃諸國至罽賓得碼碯柸王舍城得佛經史國得十儛女師子皮火鼠毛而還帝復令聞喜公裴矩於武威張掖閒往來以引致之其有君長者四十四國矩因其使者入朝啗以厚利令其轉相諷諭大業年中相率而來朝者三十餘國帝因置西域校尉以應接之尋屬中國大亂朝貢遂絕然事多亡失今所存錄者二十國焉

吐谷渾

吐谷渾本遼西鮮卑徒河涉歸子也初涉歸有二子庶長曰吐谷渾少曰若洛廆涉歸死若洛廆代統部落是爲慕容氏吐谷渾與若洛廆不協遂西度隴止于甘松之南洮水之西南極白蘭山數千里之地其後遂以吐谷渾爲國氏焉當魏周之際始稱可汗都伏俟城在青海西十五里有城郭而不居隨逐水草官有王公僕射尚書郎中將軍其主以皁爲帽妻戴金花其器械衣服略與中國同其王公貴人多戴羃䍦婦人帬襦辮髮綴以珠貝國無常稅殺人及盜馬者死餘坐則徵物以贖罪風俗頗同突厥喪有服制葬訖而除性皆貪忍有大麥粟豆青海周迴千餘里中有小山其俗至冬輒放牝馬於其上言得龍種吐谷渾嘗得波斯草馬放入海因生驄駒能日行千里故時稱青海驄焉多氂牛饒銅鐵朱砂地兼鄯善且末西北有流沙數百里夏有熱風傷斃行旅風之將至老駝預知之則引項而鳴聚立以口鼻埋沙中人見則知之以氈擁蔽口鼻而避其患其主呂夸在周數爲邊寇及開皇初以兵侵弘州高祖以弘州地曠人梗因而廢之遣上柱國元諧率步騎數萬擊之賊悉發國中兵自曼頭至於

樹敦甲騎不絕其所署河西總管定城王鍾利房及其太子可博汗前後來拒戰諧頻擊破之俘斬甚衆呂夸大懼率其親兵遠遁其名王十三人各率部落而降上以其高寧王移茲裒素得衆心拜爲大將軍封河南王以統降衆自餘官賞各有差未幾復來寇邊旭州刺史皮子信出兵拒戰爲賊所敗子信死之汶州總管梁遠以銳卒擊之斬千餘級奔退俄而入寇廓州州兵擊走之呂夸在位百年屢因喜怒廢其太子而殺之其後太子懼見廢辱遂謀執呂夸而降請兵於邊吏秦州總管河閒王弘請將兵應之上不許太子謀洩爲其父所殺復立其少子嵬王訶爲太子疊州刺史杜粲請因其釁而討之上又不許六年嵬王訶復懼其父誅之謀率部落萬五千人戶將歸國遣使詣闕請兵迎接上謂侍臣曰渾賊風俗特異人倫父既不慈子復不孝朕以德訓人何有成其惡逆也吾當教之以義方耳乃謂使者曰朕受命於天撫育四海望使一切生人皆以仁義相向況父子天性何得不相親愛也吐谷渾主既是嵬王之父嵬王是吐谷渾主太子父有不是子須陳諫若諫而不從當令近臣親戚內外諷諭

必不可泣涕而道之人皆有情必當感悟不可潛謀非法受不孝之名溥天之下皆是朕臣妾各爲善事即稱朕心嵬王既有好意欲來投朕朕唯教嵬王爲臣子之法不可遠遣兵馬助爲惡事嵬王乃止八年其名王拓拔木彌請以千餘家歸化上曰溥天之下皆曰朕臣雖復荒遐未識風教朕之撫育俱以仁孝爲本渾賊惛狂妻子懷怖並思歸化自救危亡然叛夫背父不可收納又其本意正自避死若今遣拒又復不仁若更有意信但宜慰撫任其自拔不須出兵馬應接之其妹夫及甥欲來亦任其意不勞勸誘也是歲河南王移茲裒死高祖令其弟樹歸襲統其衆平陳之後呂夸大懼遁逃保險不敢爲寇十一年呂夸卒子伏立使其兄子無素奉表稱藩并獻方物請以女備後庭上謂滕王曰此非至誠但急計耳乃謂無素曰朕知渾主欲令女事朕若依來請他國聞之便當相學一許一塞是謂不平若並許之又非好法朕情存安養欲令遂性豈可聚斂子女以實後宮乎竟不許十二年遣刑部尚書宇文弼撫慰之十六年以光化公主妻伏伏上表稱公主爲天后上不許明年其國大亂國人殺伏立

其弟伏允爲主使使陳廢立之事幷謝專命之罪且請依俗尚主上從之自是朝貢歲至而常訪國家消息上甚惡之煬帝卽位伏允遣其子順來朝時鐵勒犯塞帝遣將軍馮孝慈出敦煌以禦之孝慈戰不利鐵勒遣使謝罪請降帝遣黃門侍郎裴矩慰撫之諷令擊吐谷渾以自効鐵勒許諾卽勒兵襲吐谷渾大敗之伏允東走保西平境帝復令觀王雄出澆河許公宇文述出西平以掩之大破其衆伏允遁逃部落來降者十萬餘口六畜三十餘萬述追之急伏允懼南遁於山谷閒其故地皆空自西平臨羌城以西且末以東祁連以南雪山以北東西四千里南北二千里皆爲隋有置郡縣鎭戍發天下輕罪徙居之於是留順不之遣伏允無以自資率其徒二千騎客於党項帝立順爲主送出玉門令統餘衆以其大寶王尼洛周爲輔至西平其部下殺洛周順不果入而還大業末天下亂伏允復其故地屢寇河右郡縣不能禦焉

党項

党項羌者三苗之後也其中有宕昌白狼皆自稱獮猴種東接臨洮西平西拒

葉護南北數千里處山谷間每姓別爲部落大者五千餘騎小者千餘騎織聲
牛尾及羖羺毛以爲屋服裘褐披氈以爲上飾俗尚武力無法令各爲生業有
戰陣則相屯聚無徭賦不相往來牧養聲牛羊豬以供食不知稼穡其俗婬穢
蒸報於諸夷中最爲甚無文字但候草木以記歲時三年一聚會殺牛羊以祭
天人年八十以上死者以爲令終親戚不哭少而死者則云大枉共悲哭之有
琵琶橫吹擊缶爲節魏周之際數來擾邊高祖爲丞相時中原多故因此大爲
寇掠蔣公梁睿既平王謙請因還師以討之高祖不許開皇四年有千餘家歸
化五年拓拔寧叢等各率衆詣旭州內附授大將軍其部下各有差十六年復
寇會州詔發隴西兵以討之大破其衆又相率請降願爲臣妾遣子弟入朝謝
罪高祖謂之曰還語爾父兄人生須有定居養老長幼而乃乍還乍走不羞鄉
里邪自是朝貢不絕

高昌

高昌國者則漢車師前王庭也去敦煌十三日行其境東西三百里南北五百

里四面多大山昔漢武帝遣兵西討師旅頓敝其中尤困者因住焉其地有漢時高昌壘故以爲國號初蠕蠕立闞伯周爲高昌王伯周死子義成立爲從兄首歸所殺首歸自立爲高昌王又爲高車阿伏至羅所殺以敦煌人張孟明爲主孟明爲國人所殺更以馬儒爲王以鞏顧麴嘉二人爲左右長史儒又通使後魏請內屬內屬人皆戀土不願東遷相與殺儒立嘉爲王嘉字靈鳳金城榆中人既立又臣于茹茹及茹茹王爲高車所殺嘉又臣于高車屬焉耆爲挹怛所破衆不能自統請主於嘉嘉遣其第二子爲焉耆王由是始大益爲國人所服嘉死子堅立其都城周迴一千八百四十步於坐室畫魯哀公問政於孔子之像國內有城十八官有令尹一人次公二人次左右衞次八長史次五將軍次八司馬次侍郎校郎主簿從事省事大事決之於王小事長子及公評斷不立文記男子胡服婦人帬襦頭上作髻其風俗政令與華夏略同地多石磧氣候温暖穀麥再熟宜蠶多五果有草名爲羊刺其上生蜜而味甚佳出赤鹽如朱白鹽如玉多蒲陶酒俗事天神兼信佛法國中羊馬牧於隱僻之處以避外

寇非貴人不知其所北有赤石山山北七十里有貪汚山夏有積雪此山之北鐵勒界也從武威西北有捷路度沙磧千餘里四面茫然無有蹊徑欲往者尋有人畜骸骨而去路中或聞歌哭之聲行人尋之多致亡失蓋魑魅魍魎也故商客往來多取伊吾路開皇十年突厥破其四城有二千人來歸中國堅死子伯雅立其大母本突厥可汗女其父死突厥令依其俗伯雅不從者久之突厥逼之不得已而從煬帝嗣位引致諸蕃大業四年遣使貢獻帝待其使甚厚明年伯雅來朝因從擊高麗還尚宗女華容公主八年冬歸蕃下令國中曰夫經國宇人以保存爲貴寧邦緝政以全濟爲大先者以國處邊荒境連猛狄同人無咎被髮左衽今大隋統御宇宙平一普天率土莫不齊向孤既沐浴和風庶均大化其庶人以上皆宜解辮削衽帝聞而甚善之下詔曰彰德嘉善聖哲所隆顯誠遂良典謨貽則光祿大夫弁國公高昌王伯雅識量經遠器懷温裕丹款夙著亮節遐宣本自諸華歷祚西壤昔因多難淪廹獯戎數窮毀冕翦爲胡服自我皇隋平一宇宙化偃九圍德加四表伯雅踰沙忘阻奉賮來庭觀禮容

於舊章纂威儀之盛典於是襲纓解辮削衽曳裾變夷從夏義光前載可賜衣冠之具仍班製造之式并遣使人部領將送被以采章復見車服之美棄彼氈毳還爲冠帶之國然伯雅先臣鐵勒而鐵勒恆遣重臣在高昌國有商胡往來者則稅之送於鐵勒雖有此令取悅中華然竟畏鐵勒而不敢改也自是歲令使人貢其方物

康國

康國者康居之後也遷徙無常不恆故地然自漢以來相承不絕其王本姓溫月氏人也舊居祁連山北昭武城因被匈奴所破西踰葱嶺遂有其國支庶各分王故康國左右諸國並以昭武爲姓示不忘本也王字代失畢爲人寬厚甚得衆心其妻突厥達度可汗女也都於薩寶水上阿祿迪城城多衆居大臣三人共掌國事其王索髮冠七寶金花衣綾羅錦繡白疊其妻有髻幪以皁巾丈夫翦髮錦袍名爲強國而西域諸國多歸之米國史國曹國何國安國小安國那色波國烏那曷國穆國皆歸附之有胡律置於祆祠決罰則取而斷之重罪

者族次重者死賊盜截其足人皆深目高鼻多鬚髯善於商賈諸夷交易多湊
其國有大小鼓琵琶五絃箜篌笛婚姻喪制與突厥同國立祖廟以六月祭之
諸國皆來助祭俗奉佛爲胡書氣候溫宜五穀勤修園蔬樹木滋茂出馬駝騾
驢封牛黃金鐃沙貼香阿薩那香瑟瑟麞皮氍毹錦疊多蒲陶酒富家或致千
石連年不敗大業中始遣使貢方物後遂絶焉

安國

安國漢時安息國也王姓昭武氏與康國王同族字設力登妻康國王女也都
在那密水南城有五重環以流水宮殿皆爲平頭王坐金駝座高七八尺每聽
政與妻相對大臣三人評理國事風俗同於康國唯妻與姊妹及母子遞相禽
獸此爲異也煬帝卽位之後遣司隸從事杜行滿使於西域至其國得五色鹽
而返國之西百餘里有畢國可千餘家其國無君長安國統之大業五年遣使
貢獻後遂絶焉

石國

石國居於藥殺水都城方十餘里其王姓石名涅國城之東南立屋置座於中正月六日七月十五日以王父母燒餘之骨金甕盛之置于牀上巡遶而行散以花香雜果王率臣下設祭焉禮終王與夫人出就別帳臣下以次列坐享宴而罷有粟麥多良馬其俗善戰曾貳於突厥射匱可汗興兵滅之令特勤甸職攝其國事南去鏺汗六百里東南去瓜州六千里甸職以大業五年遣使朝貢其後不復至

女國

女國在葱嶺之南其國代以女爲王王姓蘇毗字末羯在位二十年女王之夫號曰金聚不知政事國內丈夫唯以征伐爲務山上爲城方五六里人有萬家王居九層之樓侍女數百人五日一聽朝復有小女王共知國政其俗婦人輕丈夫而性不妬忌男女皆以彩色塗面一日之中或數度變改之人皆被髮以皮爲鞋課稅無常氣候多寒以射獵爲業出鍮石朱砂麝香犛牛駿馬蜀馬尤多鹽恆將鹽向天竺興販其利數倍亦數與天竺及党項戰爭其女王死國中

則厚斂金錢求死者族中之賢女二人一爲女王次爲小王貴人死剝取皮以金屑和骨肉置於瓶內而埋之經一年又以其皮內於鐵器埋之俗事阿修羅神又有樹神歲初以人祭或用獮猴祭畢入山祝之有一鳥如雌雉來集掌上破其腹而視之有粟則年豐沙石則有災謂之鳥卜開皇六年遣使朝貢其後遂絶

焉耆

焉耆國都白山之南七十里漢時舊國其王姓龍字突騎都城方二里國內有九城勝兵千餘人國無綱維其俗奉佛書類婆羅門婚姻之禮有同華夏死者焚之持服七日男子剪髮有魚鹽蒲葦之利東去高昌九百里西去龜茲九百里皆沙磧東南去瓜州二千二百里大業中遣使貢方物

龜茲

龜茲國都白山之南百七十里漢時舊國也其王姓白字蘇尼咥都城方六里勝兵者數千俗殺人者死劫賊斷其一臂幷刖一足俗與焉耆同王頭繫綵帶

垂之於後坐金師子座土多稻粟菽麥饒銅鐵鉛麖皮氍毹鐃沙鹽綠雌黃胡粉安息香良馬封牛東去焉耆九百里南去于闐千四百里西去疏勒千五百里西北去突厥牙六百餘里東南去瓜州三千一百里大業中遣使貢方物

疏勒

疏勒國都白山南百餘里漢時舊國也其王字阿彌厥手足皆六指產子非六指者卽不育都城方五里國內有大城十二小城數十勝兵者二千人王戴金師子冠土多稻粟麻麥銅鐵錦雌黃每歲常供送於突厥南有黃河西帶葱嶺東去龜兹千五百里西去鏺汗國千里南去朱俱波八九百里東北去突厥牙千餘里東南去瓜州四千六百里大業中遣使貢方物

于闐

于闐國都葱嶺之北二百餘里其王姓王字卑示閉練都城方八九里國中大城有五小城數十勝兵者數千人俗奉佛尤多僧尼王每持齋戒城南五十里有贊摩寺者云是羅漢比丘比盧旃所造石上有辟支佛徒跣之跡于闐西五

百里有比摩寺云是老子化胡成佛之所俗無禮義多賊盜淫縱王錦帽金鼠冠妻戴金花其王髮不令人見俗云若見王髮年必儉土多麻麥粟稻五果多園林山多美玉東去鄯善千五百里南去女國三千里西去朱俱波千里北去龜茲千四百里東北去瓜州二千八百里大業中頻遣使朝貢

鏺汗

鏺汗國都葱嶺之西五百餘里古渠搜國也王姓昭武字阿利柒都城方四里勝兵數千人王坐金羊牀妻戴金花俗多朱砂金鐵東去疏勒千里西去蘇對沙那國五百里西北去石國五百里東北去突厥牙二千餘里東去瓜州五千五百里大業中遣使貢方物

吐火羅

吐火羅國都葱嶺西五百里與挹怛雜居都城方二里勝兵者十萬人皆習戰其俗奉佛兄弟同一妻迭寢焉每一人入房戶外挂其衣以為志生子屬其長兄其山穴中有神馬每歲牧牝馬於穴所必產名駒南去漕國千七百里東去

瓜州五千八百里大業中遣使朝貢

挹怛

挹怛國都烏滸水南二百餘里大月氏之種類也勝兵者五六千人俗善戰先時國亂突厥遣通設字詰強領其國都城方十餘里多寺塔皆飾以金兄弟同妻婦人有一夫者冠一角帽夫兄弟多者依其數爲角南去漕國千五百里東去瓜州六千五百里大業中遣使貢方物

米國

米國都那密水西舊康居之地也無王其城主姓昭武康國王之支庶字閉拙都城方二里勝兵數百人西北去康國百里東去蘇對沙那國五百里西南去史國二百里東去瓜州六千四百里大業中頻貢方物

史國

史國都獨莫水南十里舊康居之地也其王姓昭武字逖遮亦康國王之支庶也都城方二里勝兵千餘人俗同康國北去康國二百四十里南去吐火羅五

百里西去那色波國二百里東北去米國二百里東去瓜州六千五百里大業中遣使貢方物

曹國

曹國都那密水南數里舊是康居之地也國無主康國王令子烏建領之都城方三里勝兵千餘人國中有得悉神自西海以東諸國並敬事之其神有金人焉金破羅闊丈有五尺高下相稱每日以駝五頭馬十匹羊一百口祭之常有千人食之不盡東南去康國百里西去何國百五十里東去瓜州六千六百里大業中遣使貢方物

何國

何國都那密水南數里舊是康居之地也其王姓昭武亦康國王之族類字敦都城方二里勝兵千人其王坐金羊座東去曹國百五十里西去小安國三百里東去瓜州六千七百五十里大業中遣使貢方物

烏那曷

烏那曷國都烏滸水西舊安息之地也王姓昭武亦康國種類字佛食都城方二里勝兵數百人王坐金羊座東北去安國四百里西北去穆國二百餘里東去瓜州七千五百里大業中遣使貢方物

穆國

穆國都烏滸河之西亦安息之故地與烏那曷爲鄰其王姓昭武亦康國王之種類也字阿濫密都城方三里勝兵二千人東北去安國五百里東去烏那曷二百餘里西去波斯國四千餘里東去瓜州七千七百里大業中遣使貢方物

波斯

波斯國都達曷水之西蘇藺城卽條支之故地也其王字庫薩和都城方十餘里勝兵二萬餘人乘象而戰國無死刑或斷手刖足沒家財或剃去其鬚或繫排於項以爲標異人年三歲已上出口錢四文妻其姊妹人死者弃屍于山持服一月王著金花冠坐金師子座傅金屑於鬚上以爲飾衣錦袍加瓔珞於其上土多良馬大驢師子白象大鳥卵真珠頗黎獸魄珊瑚瑠璃碼碯水精瑟瑟

呼洛羯呂騰火齊金剛金銀鍮石銅鑌鐵錫錦疊細布氍毹毾㲪護那越諾布檀金縷織成赤麖皮朱砂水銀薰陸鬱金蘇合青木等諸香胡椒畢撥石蜜半蜜千年棗附子訶黎勒無食子鹽綠雌黃突厥不能至其國亦羈縻之波斯每遣使貢獻西去海數百里東去穆國四千餘里西北去拂菻四千五百里東去瓜州萬一千七百里煬帝遣雲騎尉李昱使通波斯尋遣使隨昱貢方物

漕國

漕國在葱嶺之北漢時罽賓國也其王姓昭武字順達康國王之宗族都城方四里勝兵者萬餘人國法嚴整殺人及賊盜皆死其俗淫祠葱嶺山有順天神者儀制極華金銀鍱爲屋以銀爲地祠者日有千餘人祠前有一魚脊骨其孔中通馬騎出入國王戴金魚頭冠坐金馬座土多稻粟豆麥饒象馬封牛金銀鑌鐵氍毹朱砂青黛安息青木等香石蜜半蜜黑鹽阿魏藥白附子北去帆延七百里東北去劫國六百里東北去瓜州六千六百里大業中遣使貢方物

附國

附國者蜀郡西北二千餘里卽漢之西南夷也有嘉良夷卽其東部所居種姓自相率領土俗與附國同言語少殊不相統一其人並無姓氏附國王字宜繒其國南北八百里東西千五百里無城柵近川谷傍山險俗好復讎故壘石爲礫而居以避其患其礫高至十餘丈下至五六丈每級丈餘以木隔之基方三四步礫上方二三步狀似浮圖於下級開小門從內上通夜必關閉以防賊盜國有二萬餘家號令自王出嘉良夷政令繫之酋帥重罪者死輕罪罰牛人皆輕捷便於擊劍漆皮爲牟甲弓長六尺以竹爲弦妻其羣母及嫂兒弟死父兄亦納其妻好歌儛鼓簧吹長笛有死者無服制置屍高牀之上沐浴衣服被以牟甲覆以獸皮子孫不哭帶甲儛劍而呼云我父爲鬼所取我欲報冤殺鬼自餘親戚哭三聲而止婦人哭必以兩手掩面死家殺牛親屬以猪酒相遺共飲噉而瘞之死後十年而大葬其葬必集親賓殺馬動至數十匹立其祖父神而事之其俗以皮爲帽形圓如鉢或帶冪䍦衣多毛毼皮裘全剝牛腳皮爲靴項繫鐵鎖手貫鐵釧王與酋帥金爲首飾胸前懸一金花徑三寸其土高氣候涼

多風少雨土宜小麥青稞山出金銀多白雉水有嘉魚長四尺而鱗細大業四年其王遣使素福等八人入朝明年又遣其弟子宜林率嘉良夷六十人朝貢欲獻良馬以路險不通請開山道以修貢職煬帝以勞人不許嘉良有水闊六七十丈附國有水闊百餘丈並南流用皮爲舟而濟附國南有薄緣夷風俗亦同西有女國其東北連山綿亘數千里接於党項往往有羌大小左封昔衞葛延白狗向人望族林臺春桑利豆迷桑婢藥大硤白蘭北利摸徒那鄂當迷渠步桑悟千碉並在深山窮谷無大君長其風俗略同於党項或役屬吐谷渾或附附國大業中來朝貢緣西南邊置諸道總管以遙管之

史臣曰自古開遠夷通絕域必因宏放之主皆起好事之臣張騫鑿空於前班超投筆於後或結之以重寶或懾之以利劍投軀萬死之地以要一旦之功皆由主尚來遠之名臣殉輕生之節是知上之所好下必有甚者也煬帝規摹宏侈掩吞秦漢裴矩方進西域圖記以蕩其心故萬乘親出玉門關置伊吾且末而關右暨於流沙騷然無聊生矣若使北狄無虞東夷告捷必將修輪臺之戍

築烏壘之城求大秦之明珠致條支之鳥卵往來轉輸將何以堪其敝哉古者
哲王之制方五千里務安諸夏不事要荒豈威不能加德不能被蓋不以四夷
勞中國不以無用害有用也是以秦戍五嶺漢事三邊或道殣相望或戶口減
半隋室恃其強盛亦狠狙於清海此皆一人失其道故億兆罹其毒若深思卽
敍之義固辭都護之請返其千里之馬不求白狼之貢則七戎九夷候風重譯
雖無遼東之捷豈及江都之禍乎

隋書卷八十三

隋書卷八十四

唐　特　進　臣　魏　徵　上

列傳第四十九 北狄

突厥

突厥之先平涼雜胡也姓阿史那氏後魏太武滅沮渠氏阿史那以五百家奔茹茹世居金山工於鐵作金山狀如兜鍪俗呼兜鍪爲突厥因以爲號或云其先國於西海之上爲鄰國所滅男女無少長盡殺之至一兒不忍殺刖足斷臂棄於大澤中有一牝狼每銜肉至其所此兒因食之得以不死其後遂與狼交狼有孕焉彼鄰國者復令人殺此兒而狼在其側使者將殺之其狼若爲神所憑欻然至於海東止於山上其山在高昌西北下有洞穴狼入其中遇得平壤茂草地方二百餘里其後狼生十男其一姓阿史那氏最賢遂爲君長故牙門建狼頭纛示不忘本也有阿賢設者率部落出於穴中世臣茹茹至大葉護種類漸強當後魏之末有伊利可汗以兵擊鐵勒大敗之降五萬餘家遂求婚於

茹茹茹茹主阿那瓌大怒遣使罵之伊利斬其使率衆襲茹茹破之卒弟逸可汗立又破茹茹病且卒捨其子攝圖立其弟俟斗稱爲木杆可汗木杆勇而多智遂擊茹茹滅之西破挹怛東走契丹北方戎狄悉歸之抗衡中夏後與西魏師入侵東魏至于太原其俗畜牧爲事隨逐水草不恆厥處穹廬氈帳被髮左衽食肉飲酪身衣裘褐賤老貴壯官有葉護次設特勤次俟利發次吐屯發下至小官凡二十八等皆世爲之有角弓鳴鏑甲矟刀劍善騎射性殘忍無文字刻木爲契候月將滿輒爲寇鈔謀反叛殺人者皆死淫者割勢而腰斬之鬭傷人目者償之以女無女則輸婦財折支體者輸馬盜者則償贓十倍有死者停屍帳中家人親屬多殺牛馬而祭之遶帳號呼以刀劃面血淚交下七度而止於是擇日置屍馬上而焚之取灰而葬表木爲塋立屋其中圖畫死者形儀及其生時所經戰陣之狀嘗殺一人則立一石有至千百者父兄死子弟妻其羣母及嫂五月中多殺羊馬以祭天男子好樗蒱女子踏鞠飲馬酪取醉歌呼相對敬鬼神信巫覡重兵死而恥病終大抵與匈奴同俗木扞在位二十年卒復

捨其子大邏便而立其弟是爲佗鉢可汗佗鉢以攝圖爲爾伏可汗統其東面又以其弟褥但可汗子爲步離可汗居西方時佗鉢控弦數十萬中國憚之周齊爭結姻好傾府藏以事之佗鉢益驕每謂其下曰我在南兩兒常孝順何患貧也齊有沙門惠琳被掠入突厥中因謂佗鉢曰齊國富強者爲有佛法耳遂說以因緣果報之事佗鉢聞而信之建一伽藍遣使聘于齊氏求淨名涅槃華嚴等經幷十誦律佗鉢亦躬自齋戒遶塔行道恨不生內地在位十年病且卒謂其子菴羅曰吾聞親莫過於父子吾兄不親其子委地於我我死汝當避大邏便也及佗鉢卒國中將立大邏便以其母賤衆不服菴羅母貴突厥素重之攝圖最後至謂國中曰若立菴羅者我當率兄弟以事之如立大邏便我必守境利刃長矛以相待矣攝圖長而且雄國人皆憚莫敢拒者竟立菴羅爲嗣大邏便不得立心不服菴羅每遣人罵辱之菴羅不能制因以國讓攝圖國中相與議曰四可汗之子攝圖最賢因迎立之號伊利俱盧設莫何始波羅可汗一號沙鉢略治都斤山菴羅降居獨洛水稱第二可汗大邏便乃請沙鉢略曰我

與爾俱可汗子各承父後爾今極尊我獨無位何也沙鉢略患之以爲阿波可汗還領所部沙鉢略勇而得衆北夷皆歸附之及高祖受禪待之甚薄北夷大怨會營州刺史高寶寧作亂沙鉢略與之合軍攻陷臨渝鎮上勑緣邊脩保鄣峻長城以備之仍命重將出鎮幽幷沙鉢略妻宇文氏之女曰千金公主自傷宗祀絶滅每懷復隋之志日夜言之於沙鉢略由是悉衆爲寇控弦之士四十萬上令柱國馮昱屯乙弗泊蘭州總管叱李長叉守臨洮上柱國李崇屯幽州達奚長儒據周槃皆爲虜所敗於是縱兵自木硤石門兩道來寇武威天水安定金城上郡弘化延安六畜咸盡天子震怒下詔曰往者魏道衰敝禍難相尋周齊抗衡分割諸夏突厥之虜俱通二國周人東慮恐齊好之深齊氏西虞懼周交之厚謂虜意輕重國逐安危非徒並有大敵之憂思減一邊之防竭生民之力供其來往傾府庫之財棄於沙漠華夏之地實爲勞擾猶復劫剝烽戍殺害吏民無歲月而不有也惡積禍盈非止今日朕受天明命子育萬方愍臣庶之勞除既往之弊以爲厚斂兆庶多惠豺狼未嘗感恩資而爲賊違天地之意

非帝王之道節之以禮不爲虛費省徭薄賦國用有餘因入賊之物加賜將士息道路之民務於耕織清邊制勝成策在心凶醜愚闇未知深旨將大定之日比戰國之時乘昔世之驕結今時之恨近者盡其巢窟俱犯北邊朕分置軍旅所在邀截望其深入一舉滅之而遠鎮偏師逢而摧翦未及南上遽已奔北應弦染鍔過半不歸且彼渠帥其數凡五昆季爭長父叔相猜外示彌縫內乖心腹世行暴虐家法殘忍東夷諸國盡挾私讎西戎羣長皆有宿怨突厥之北契丹之徒切齒磨牙常伺其便達頭前攻酒泉其後于闐波斯挹怛三國一時即叛沙鉢略近趣周槃其部內薄孤束紇羅尋亦翻動往年利稽察大爲高麗靺鞨所破娑毗設又爲紇支可汗所殺與其爲鄰皆願誅剿部落之下盡異純民千種萬類仇敵怨偶泣血拊心銜悲積恨圓首方足皆人類也有一於此更切朕懷彼地咎徵祅作年將一紀乃獸爲人語人作神言云其國亡訖而不見每冬雷震觸地火生種類資給惟藉水草去歲四時竟無雨雪川枯蝗暴卉木燒盡饑疫死亡人畜相半舊居之所赤地無依遷徙漠南偷存晷刻斯蓋上天所

忿驅就齊斧幽明合契今也其時故選將治兵贏糧聚甲義士奮發壯夫肆憤願取名王之首思撻單于之背雲歸霧集不可數也東極滄海西盡流沙縱百勝之兵橫萬里之衆亘朔野之追躡望天崖而一掃此則王恢所說其猶射癰何敵能當何遠不服但皇王舊迹北止幽都荒遐之表文軌所棄得其地不可而居得其民不忍皆殺無勞兵革遠規溟海諸將今行義兼含育有降者納有違者死異域殊方被其擁抑放聽復舊廣闢邊境嚴治關塞使其不敢南望永服威刑臥鼓息烽暫勞終逸制御夷狄義在斯乎何用侍子之朝寧勞渭橋之拜普告海內知朕意焉於是以河間王弘上柱國豆盧勣竇榮定左僕射高熲右僕射虞慶則並爲元帥出塞擊之沙鉢略率阿波貪汗二可汗等來拒戰皆敗走遁去時虜饑甚不能得食於是粉骨爲糧又多災疫死者極衆既而沙鉢略以阿波驍悍忌之因其先歸襲擊其部大破之殺阿波之母阿波還無所歸西奔達頭可汗達頭者名玷厥沙鉢略之從父也舊爲西面可汗既而大怒遣阿波率兵而東其部落歸之者將十萬騎遂與沙鉢略相攻又有貪汗可汗素

睦於阿波沙鉢略奪其衆而廢之貪汗亡奔達頭沙鉢略從弟地勤察別統部落與沙鉢略有隙復以衆叛歸阿波連兵不已各遣使詣闕請和求援上皆不許會千金公主上書請爲一子之例高祖遣開府徐平和使於沙鉢略晉王廣時鎮并州請因其釁而乘之上不許沙鉢略遣使致書曰辰年九月十日從天生大突厥天下賢聖天子伊利俱盧設莫何始波羅可汗致書大隋皇帝使人開府徐平和至辱告言語具聞也皇帝是婦父卽是翁此是女夫卽是兒例兩境雖殊情義是一今重疊親舊子子孫孫乃至萬世不斷上天爲證終不違負此國所有羊馬都是皇帝畜生彼有繒綵都是此物彼此有何異也高祖報書曰大隋天子貽書大突厥伊利俱盧設莫何沙鉢略可汗得書知大有好心向此也既是沙鉢略婦翁今日看沙鉢略共兒子不異既以親舊厚意常使之外今特別遣大臣虞慶則往彼看女復看沙鉢略也沙鉢略陳兵列其寶物坐見慶則稱病不能起且曰我父伯以來不向人拜慶則責而喻之千金公主私謂慶則曰可汗豺狼性過與爭將齧人長孫晟說諭之攝圖辭屈乃頓顙跪受璽

書以戴於首既而大慚其羣下因相聚慟哭慶則又遣稱臣沙鉢略謂其屬曰
何名為臣報曰隋國稱臣猶此稱奴耳沙鉢略曰得作大隋天子奴虞僕射之
力也贈慶則馬千匹幷以從妹妻之時沙鉢略既為達頭所困又東畏契丹遣
使告急請將部落度漠南寄居白道川內有詔許之詔晉王廣以兵援之給以
衣食賜以車服鼓吹沙鉢略因西擊阿波破擒之而阿拔國部落乘虛掠其妻
子官軍為擊阿拔敗之所獲悉與沙鉢略沙鉢略大喜乃立約以磧為界因上
表曰大突厥伊利俱盧設始波羅莫何可汗臣攝圖言大使尚書右僕射虞慶
則至伏奉詔書兼宣慈旨仰惟恩信之著逾久愈明徒知負荷不能答謝伏惟
大隋皇帝之有四海上契天心下順民望二儀之所覆載七曜之所照臨莫不
委質來賓回首面內實萬世之一聖千年之一期求之古昔未始聞也突厥自
天置以來五十餘載保有沙漠自王蕃隅地過萬里士馬億數恆力兼戎夷抗
禮華夏在於北狄莫與為大頃者氣候清和風雲順序意以華夏其有大聖興
焉況今被霑德義仁化所及禮讓之風自朝滿野竊以天無二日土無二王伏

惟大隋皇帝真皇帝也豈敢阻兵恃險偷竊名號今便感慕淳風歸心有道屈膝稽顙永爲藩附雖復南瞻魏闕山川悠遠北面之禮不敢廢失當今侍子入朝神馬歲貢朝夕恭承唯命是視至於削衽解辮華音從律習俗已久未能改變闔國同心無不銜荷不任下情欣慕之至謹遣第七兒臣窟含真等奉表以聞高祖下詔曰沙鉢略稱雄漠北多歷世年百蠻之大莫過於此往雖與和猶是二國今作君臣便成一體情深義厚朕甚嘉之荷天之休海外有截豈朕薄德所能致此已勑有司肅告郊廟宜普頒天下咸使知聞自是詔答諸事並不稱其名以異之其妻可賀敦周千金公主賜姓楊氏編之屬籍改封大義公主策拜窟含真爲柱國封安國公宴於內殿引見皇后賞勞甚厚沙鉢略大悅於是歲時貢獻不絕七年正月沙鉢略遣其子入貢方物因請獵於恆代之間又許之仍遣人賜其酒食沙鉢略率部落再拜受賜沙鉢略一日手殺鹿十八頭齎尾舌以獻還至紫河鎮其牙帳爲火所燒沙鉢略惡之月餘而卒上爲廢朝三日遣太常弔祭焉贈物五千段初攝圖以其子雍虞閭性愞遣令立其弟葉

護處羅侯雍虞閭遣使迎處羅侯將立之處羅侯曰我突厥自木扞可汗以來多以弟代兄以庶奪嫡失先祖之法不相敬畏汝當嗣位我不憚拜汝也雍虞閭又遣使謂處羅侯曰叔與我父共根連體我是枝葉寧有我作主令根本反同枝葉令叔父之尊下我卑稚又亡父之命其可廢乎願叔勿疑相讓者五六處羅侯竟立是爲葉護可汗以雍虞閭爲葉護遣使上表言狀上賜之鼓吹幡旗處羅侯長頤僂背眉目踈朗勇而有謀以隋所賜旗鼓西征阿波敵人以爲得隋兵所助多來降附遂生擒阿波既而上書請阿波死生之命上下其議左僕射高熲進曰骨肉相殘教之蠹也存養以示寬大上曰善熲因奉觴進曰自軒轅以來獯粥多爲邊患今遠窮北海皆爲臣妾此之盛事振古未聞臣敢再拜上壽其後處羅侯又西征中流矢而卒其衆奉雍虞閭爲主是爲頡伽施多那都藍可汗雍虞閭遣使詣闕賜物三千段每歲遣使朝貢時有流人楊欽亡入突厥中謬云彭國公劉昶與宇文氏謀反令大義公主發兵擾邊都藍執欽以聞幷貢勃布魚膠其弟欽羽設部落強盛都藍忌而擊之斬首於陣其年遣

其母弟褥但持勤獻于闐玉杖上拜褥但爲柱國康國公明年突厥部落大人
相率遣使貢馬萬匹羊二萬口駝牛各五百頭尋遣使請緣邊置市與中國貿
易詔許之平陳之後上以陳叔寶屏風賜大義公主主心恆不平因書屏風爲
詩敍陳亡自寄其辭曰盛衰等朝暮世道若浮萍榮華實難守池臺終自平富
貴今何在空事寫丹青盃酒恆無樂弦歌詎有聲余本皇家子飄流入虜庭一
朝覩成敗懷抱忽縱橫古來共如此非我獨申名唯有明君曲偏傷遠嫁情上
聞而惡之禮賜益薄公主復與西面突厥泥利可汗連結上恐其爲變將圖之
會主與所從胡私通因發其事下詔廢黜之恐都藍不從遣奇章公牛弘將美
妓四人以啗之時沙鉢略子曰染干號突利可汗居北方遣使求婚上令裴矩
謂之曰當殺大義主者方許婚突厥以爲然復譖之都藍因發怒遂殺公主於
帳都藍與達頭可汗有隙數相征伐上和解之各引兵而去十七年突利遣使
來逆女上舍之太常教習六禮妻以宗女安義公主上欲離間北夷故特厚其
禮遣牛弘蘇威斛律孝卿相繼爲使突厥前後遣使入朝三百七十輩突利本

居北方以尙主之故南徙度斤舊鎭錫賚優厚雍虞閭怒曰我大可汗也反不如染干於是朝貢遂絶數爲邊患十八年詔蜀王秀出靈州道以擊之明年又遣漢王諒爲元帥左僕射高熲率將軍王督上柱國趙仲卿並出朔州道右僕射楊素率柱國李徹韓僧壽出靈州上柱國燕榮出幽州以擊之雍虞閭爲玷厥擧兵攻染干盡殺其兄弟子姪遂渡河入蔚州染干夜以五騎與隋使長孫晟歸朝上令染干與雍虞閭使者因頭特勤相辯詰染干辭直上乃厚待之雍虞閭弟都速六棄其妻子與突利歸朝上嘉之勅染干與都速六樗蒲稍稍輸以寶物用慰其心夏六月高熲楊素擊玷厥大破之拜染干爲意利珍豆啓民可汗華言意智健也啓民上表謝恩曰臣既蒙豎立復改官名昔日姦心今悉除去奉事至尊不敢違法上於朔州築大利城以居之是時安義主已卒上以宗女義成公主妻之部落歸者甚衆雍虞閭又擊之上復令入塞雍虞閭侵掠不已遷於河南在夏勝二州之間發徒掘壍數百里東西拒河盡爲啓民畜牧之地於是遣越國公楊素出靈州行軍總管韓僧壽出慶州太平公史萬歲出

燕州大將軍姚辯出河州以擊都藍師未出塞而都藍爲其麾下所殺達頭自立爲步迦可汗其國大亂遣太平公史萬歲出朔州以擊之遇達頭於大斤山虜不戰而遁追斬首虜二千餘人晉王廣出靈州達頭遁逃而去尋遣其弟子俟利伐從磧東攻啓民上又發兵助啓民守要路俟利伐退走入磧啓民上表陳謝曰大隋聖人莫緣可汗憐養百姓如天無不覆也如地無不載也諸姓蒙威恩赤心歸服並將部落歸投聖人可汗來也或南入長城或住白道人民羊馬偏滿山谷染干譬如枯木重起枝葉枯骨重生皮肉千萬世長與大隋典羊馬也仁壽元年代州總管韓洪爲虜所敗於恆安廢爲庶人詔楊素爲雲州道行軍元帥率啓民北征斛薛等諸姓初附于啓民至是而叛素軍河北值突厥阿勿思力俟斤等南度掠啓民男女六千口雜畜二十餘萬而去素率上大將軍梁默輕騎追之轉戰六十餘里大破俟斤悉得人畜以歸啓民素又遣柱國張定和領軍大將軍劉昇別路邀擊並多斬獲而還兵既渡河賊復掠啓民部落素率驃騎范貴於窟結谷東南奮擊復破之追奔八十餘里是歲泥利可汗

及葉護俱被鐵勒所敗步迦尋亦大亂奚霫五部內從步迦奔吐谷渾啓民遂
有其衆歲遣朝貢大業三年四月煬帝幸榆林啓民及義成公主來朝行宮前
後獻馬三千匹帝大悅賜物萬三千段啓民上表曰已前聖人先帝莫緣可汗
存在之日憐臣賜臣安義公主種種無少短臣種末爲聖人先帝憐養臣兄弟
妬惡相共殺臣臣當時無處去向上看只見天下看只見地實憶聖人先帝言
語投命去來聖人先帝見臣大憐臣死命養活勝於往前遣臣作大可汗坐著
也其突厥百姓死者以外還聚作百姓也至尊今還如聖人先帝捉天下四方
坐也還養活臣及突厥百姓實無少短臣今憶想聖人及至尊養活事具奏不
可盡並至尊聖心裏在臣今非是舊日邊地突厥可汗臣即是至尊臣民至尊
憐臣時乞依大國服飾法用一同華夏臣今率部落敢以上聞伏願天慈不違
所請表奏帝下其議公卿請依所奏帝以爲不可乃下詔曰先王建國夷夏殊
風君子教民不求變俗斷髮文身咸安其性旃裘卉服各尙所宜因而利之其
道弘矣何必化諸削衽縻以長纓豈遂性之至理非包含之遠度衣服不同既

辨要荒之敘庶類區別彌見天地之情仍璽書答啓民以爲磧北未靜猶須征戰但使好心孝順何必改變衣服也帝法駕御千人大帳享啓民及其部落酋長三千五百人賜物二十萬段其下各有差復下詔曰德合天地覆載所以弗遺功格區寓聲教所以咸洎至於梯山航海請受正朔襲冠解辮同彼臣民是故王會納貢義彰前冊呼韓入臣待以殊禮突厥意利珍寶啓民可汗志懷沈毅世修藩職往者挺身違難拔足歸仁先朝嘉此款誠授以徽號資其甲兵之衆收其破滅之餘復祀於既亡之國繼絕於不存之地斯固施均亭育澤漸要荒者矣朕以薄德祇奉靈命思播遠猷光融令緒是以親巡朔野撫寧藩服啓民深委誠心入奉朝覲率其種落拜首軒墀言念丹款良足嘉尚宜隆榮數式優恆典可賜路車乘馬鼓吹幡旗贊拜不名位在諸侯王上帝親巡雲內泝金河而東北幸啓民所居啓民奉觴上壽跪伏甚恭帝大悅賦詩曰鹿塞鴻旗駐龍庭翠輦迴氈帷望風舉穹廬向日開呼韓頓顙至屠耆接踵來索辮擎羶肉韋鞲獻酒杯何如漢天子空上單于臺帝賜啓民及主金甕各一及衣服被褥

錦綵特勤以下各有差先是高麗私通使啓民所啓民推誠奉國不敢隱境外之交是日將高麗使人見勅令牛弘宣旨謂之曰朕以啓民誠心奉國故親至其所明年當往涿郡爾還日語高麗王知宜早來朝勿自疑懼存育之禮當同於啓民如或不朝必將啓民巡行彼土使人甚懼啓民仍扈從入塞至定襄詔令歸藩明年朝於東都禮賜益厚是歲疾終上爲之廢朝三日立其子咄吉世是爲始畢可汗表請尚公主詔從其俗十一年來朝於東都其年車駕避暑汾陽宮八月始畢率其種落入寇圍帝於鴈門詔諸郡發兵赴行在所援軍方至始畢引去由是朝貢遂絕明年復寇馬邑唐公以兵擊走之隋末亂離中國人歸之者無數遂大強盛勢陵中夏迎蕭皇后置於定襄薛舉竇建德王世充劉武周梁師都李軌高開道之徒雖僭尊號皆北面稱臣受其可汗之號使者往來相望於道也

西突厥

西突厥者木扞可汗之子大邏便也與沙鉢略有隙因分爲二漸以強盛東拒

都斤西越金山龜茲鐵勒伊吾及西域諸胡悉附之大邏便爲處羅侯所執其國立鞅素特勤之子是爲泥利可汗卒子達漫立號泥撅處羅可汗其母向氏本中國人生達漫而泥利卒向氏又嫁其弟婆實特勤開皇末婆實共向氏入朝遇達頭亂遂留京師每舍之鴻臚寺處羅可汗居無恆處然多在烏孫故地復立二小可汗分統所部一在石國北以制諸胡國一居龜茲北其地名應娑官有俟發闔洪達以評議國事自餘與東國同每五月八日相聚祭神歲遣重臣向其先世所居之窟致祭焉當大業初處羅可汗撫御無道其國多叛與鐵勒屢相攻大爲鐵勒所敗時黃門侍郎裴矩在敦煌引致西域聞國亂復知處羅思其母氏因奏之煬帝遣司朝謁者崔君肅齎書慰諭之處羅甚踞受詔不肯起君肅謂處羅曰突厥本一國也中分爲二自相仇敵每歲交兵積數十年而莫能相滅者明知啓民與處羅國其勢敵耳今啓民舉其部落兵且百萬入臣天子甚有丹誠者何也但以切恨可汗而不能獨制故卑事天子以借漢兵連二大國欲滅可汗耳百官兆庶咸請許之天子弗違師出有日矣顧可汗母

向氏本中國人歸在京師處于賓館聞天子之詔懼可汗之滅旦夕守闕哭泣悲哀是以天子憐焉爲其輟策向夫人又匍匐謝罪因請發使以召可汗令入內屬乞加恩禮同於啓民天子從之故遣使到此可汗若稱藩拜詔國乃永安而母得延壽不然者則向夫人爲誑天子必當取戮而傳首虜庭發大隋之兵資北蕃之衆左提右挈以擊可汗死亡則無日矣奈何惜兩拜之禮剿慈母之命恡一句稱臣喪匈奴國也處羅聞之矍然而起流涕再拜跪受詔書君肅又說處羅曰啓民內附先帝嘉之賞賜極厚故致兵強國富今可汗後附與之爭寵須深結於天子自表至誠旣以道遠未得朝覲宜立一功以明臣節處羅曰如何君肅曰吐谷渾者啓民少子莫賀咄設之母家也今天子又以義成公主妻於啓民啓民畏天子之威而與之絕吐谷渾亦因憾漢故職貢不脩可汗若請誅之天子必許漢擊其內可汗攻其外破之必矣然後身自入朝道路無阻因見老母不亦可乎處羅大喜遂遣使朝貢帝將西狩六年遣侍御史韋節召處羅令與車駕會於大升拔谷其國人不從處羅謝使者辭以佗故帝大怒無

如之何適會其酋長射匱遣使來求婚裴矩因奏曰處羅不朝恃強大耳臣請以計弱之分裂其國卽易制也射匱者都六之子達頭之孫世爲可汗君臨西面今聞其失職附隸於處羅故遣使來以結援耳願厚禮其使拜爲大可汗則突厥勢分兩從我矣帝曰公言是也因遣裴矩朝夕至館微諷諭之帝於仁風殿召其使者言處羅不順之意稱射匱有好心吾將立爲大可汗令發兵誅處羅然後當爲婚也帝取桃竹白羽箭一枝以賜射匱因謂之曰此事宜速使疾如箭也使者返路經處羅處羅愛箭將留之使者譎而得免射匱聞而大喜興兵襲處羅處羅大敗棄妻子將左右數千騎東走在路又被劫掠遁於高昌東保時羅漫山高昌王麴伯雅上狀帝遣裴矩將向氏親要左右馳至玉門關晉昌城矩遣向氏使詣處羅所論朝廷弘養之義丁寧曉諭之遂入朝然每有快快之色以七年冬處羅朝於臨朔宮帝享之處羅稽首謝曰臣總西面諸蕃不得早來朝拜今參見遲晚罪責極深臣心裏悚懼不能道盡帝曰往者與突厥相侵擾不得安居今四海旣清與一家無異朕皆欲存養使遂性靈譬如天上

止有一箇日照臨莫不寧帖若有兩箇三箇日萬物何以得安比者亦知處羅總攝事繁不得早來相見今日見處羅懷抱豁然歡喜處羅亦當豁然不煩在意明年元會處羅上壽曰自天以下地以上日月所照唯有聖人可汗千歲萬歲常如今日也詔留其累弱萬餘口令其弟達度闕牧畜會寧郡處羅從征高麗賜號爲曷薩那可汗賞賜甚厚十年正月以信義公主嫁焉賜錦綵袍千具綵萬匹帝將復其故地以遼東之役故未遑也每從巡幸江都之亂隨化及至河北化及將敗奔歸京師爲北蕃突厥所害

鐵勒

鐵勒之先匈奴之苗裔也種類最多自西海之東依據山谷往往不絕獨洛河北有僕骨同羅韋紇拔也古覆羅並號俟斤蒙陳吐如紇斯結渾斛薛等諸姓勝兵可二萬伊吾以西焉耆之北傍白山則有契弊薄落職乙咥蘇婆那曷烏讙紇骨也咥於尼讙等勝兵可二萬金山西南有薛延陁咥勒兒十槃達契等一萬餘兵康國北傍阿得水則有訶咥曷截撥忽比千具海曷比悉何蓋蘇拔

也末渴達等有三萬許兵得嶷海東西有蘇路羯三索咽蔑促隆忽等諸姓八千餘拂菻東則有恩屈阿蘭北褥九離伏嗢昏等近二萬人北海南則都波等雖姓氏各別總謂爲鐵勒並無君長分屬東西兩突厥居無恆所隨水草流移人性凶忍善於騎射貪婪尤甚以寇抄爲生近西邊者頗爲藝植多牛羊而少馬自突厥有國東西征討皆資其用以制北荒開皇末晉王廣北征納民大破步迦可汗鐵勒於是分散大業元年突厥處羅可汗擊鐵勒諸部厚稅斂其物又猜忌薛延陁等恐爲變遂集其魁帥數百人盡誅之由是一時反叛拒處羅遂立俟利發俟斤契弊歌楞爲易勿眞莫何可汗居貪汗山復立薛延陁內俟斤字也咥爲小可汗處羅可汗既敗莫何可汗始大莫何勇毅絕倫甚得衆心爲鄰國所憚伊吾高昌焉耆諸國悉附之其俗大抵與突厥同唯丈夫婚畢便就妻家待產乳男女然後歸舍死者埋殯之此其異也大業三年遣使貢方物自是不絕云

奚

奚本曰庫莫奚東部胡之種也爲慕容氏所破遺落者竄匿松漠之閒其俗甚爲不潔而善射獵好爲寇鈔初臣於突厥後稍強盛分爲五部一曰辱紇主二曰莫賀弗三曰契箇四曰木昆五曰室得每部俟斤一人爲其帥隨逐水草頗同突厥有阿會氏五部中爲盛諸部皆歸之每與契丹相攻擊虜獲財畜因而得賞死者以葦薄裹屍懸之樹上自突厥稱藩之後亦遣使入朝或通或絕最爲無信大業時歲遣使貢方物

契丹室韋

契丹之先與庫莫奚異種而同類並爲慕容氏所破俱竄於松漠之閒其後稍大居黃龍之北數百里其俗頗與靺鞨同好爲寇盜父母死而悲哭者以爲不壯但以其屍置於山樹之上經三年之後乃收其骨而焚之因酹而祝曰冬月時向陽食若我射獵時使我多得豬鹿其無禮頑嚚於諸夷最甚當後魏時爲高麗所侵部落萬餘口求內附止于白貔河其後爲突厥所逼又以萬家寄於高麗開皇四年率諸莫賀弗來謁五年悉其衆款塞高祖納之聽居其故地六

年其諸部相攻擊久不止又與突厥相侵高祖使使責讓之其國遣使詣闕頓顙謝罪其後契丹別部出伏等背高麗率衆內附高祖納之安置於渴奚那頡之北開皇末其別部四千餘家背突厥來降上方與突厥和好重失遠人之心悉令給糧還本敕突厥撫納之固辭不去部落漸衆遂北徙逐水草當遼西正北二百里依託紇臣水而居東西亘五百里南北三百里分爲十部兵多者三千少者千餘逐寒暑隨水草畜牧有征伐則酋帥相與議之興兵動衆合符契

突厥沙鉢略可汗遣吐屯潘垤統之契丹之類也其南者爲契丹在北者號室韋分爲五部不相總一所謂南室韋北室韋鉢室韋深末怛室韋大室韋並無君長人民貧弱突厥常以三吐屯總領之南室韋在契丹北三千里土地卑濕至夏則移向西北貸勃欠對二山多草木饒禽獸又多蚊蚋人皆巢居以避其患漸分爲二十五部每部有餘莫弗瞞咄猶酋長也死則子弟代立嗣絕則擇賢豪而立之其俗丈夫皆被髮婦人盤髮衣服與契丹同乘牛車籧篨爲屋如突厥氈車之狀渡水則束薪爲桴或以皮爲舟者馬則織草爲韉結繩爲轡寢

則屈爲屋以籧篨覆上移則載行以豬皮爲席編木爲藉婦女皆抱膝而坐氣候多寒田收甚薄無羊少馬多豬牛造酒食噉與靺鞨同俗婚嫁之法二家相許壻輒盜婦將去然後送牛馬爲娉更將歸家待有娠乃相隨還舍婦人不再嫁以爲死人之妻難以共居部落共爲大棚人死則置屍其上居喪三年年唯四哭其國無鐵取給於高麗多貂南室韋北行十一日至北室韋分爲九部落繞吐紇山而居其部落渠帥號乞引莫賀咄每部有莫何弗三人以貳之氣候最寒雪深沒馬冬則入山居土穴中牛畜多凍死饒麞鹿射獵爲務食肉衣皮鑿氷沒水中而網射魚鼈地多積雪懼陷坑穽騎木而行俗皆捕貂爲業冠以狐貉衣以魚皮又北行千里至鉢室韋依胡布山而住人衆多北室韋不知爲幾部落用樺皮蓋屋其餘同北室韋從鉢室韋西南四日行至深末怛室韋因水爲號也冬月穴居以避太陰之氣又西北數千里至大室韋徑路險阻語言不通尤多貂及青鼠北室韋時遣使貢獻餘無至者

史臣曰四夷之爲中國患也久矣北狄尤甚焉種落寔繁迭雄邊塞年代遐邈

非一時也五帝之世則有獯粥焉其在三代則獫狁焉逮乎兩漢則匈奴焉當塗典午則烏丸鮮卑焉後魏及周則蠕蠕突厥焉此其酋豪相繼互爲君長者也皆以畜牧爲業侵鈔爲資倏來忽往雲飛鳥集智謀之士議和親於廟堂之上折衝之臣論奮擊於塞垣之下然事無恆規權無定勢親踈因其強弱服叛在其盛衰衰則款塞頓顙盛則彎弓寇掠屈申異態強弱相反正朔所不及冠帶所不加唯利是視不顧盟誓至於莫相救讓驕黠憑陵和親約結之謀行師用兵之事前史論之備矣故不詳而究焉及蠕蠕衰微突厥始大至於木扞遂雄朔野東極東胡舊境西盡烏孫之地彎弓數十萬列處於代陰南向以臨周齊二國莫之能抗爭請盟好求結和親乃與周合從終亡齊國高祖遷鼎厥徒孔熾負其衆力將蹈秦郊內自相圖遂以乖亂達頭可汗遠遁啓民願保塞下於是推亡固存反其舊地助討餘燼部衆遂強卒於仁壽不侵不叛暨乎始畢未虧臣禮煬帝撫之非道始有鴈門之圍俄屬羣盜並興於此寖以雄盛豪傑雖建名號莫不請好息民於是分置官司總統中國子女玉帛相繼於道使者

之車往來結轍自古蕃夷驕僭未有若斯之甚也及聖哲膺期掃除氛陽暗於
時變猶懷旅拒率其羣醜屢隳亭鄣殘毀我雲代搖蕩我大原肆掠於涇禝飲
馬於渭汭聖上奇謀潛運神機密動遂使百世不羈之虜一舉而滅瀚海龍庭
之地盡爲九州幽都窮髮之民隸於編戶實帝皇所不及書契所未聞由此言
之雖天道有盛衰亦人事之工拙也加以爲而弗恃有而弗居類天地之含容
同陰陽之化育斯乃大道之行也固無得而稱焉

隋書卷八十四

隋書卷八十五

唐　特　進　臣　魏　徵　上

列傳第五十

夫肖形天地人稱最靈以其知父子之道識君臣之義異夫禽獸者也傳曰人生在三事之如一然則君臣父子其道不殊父不可以不父子不可以不子君不可以不君臣不可以不臣故曰君猶天也天可讎乎是以有罪歸刑見危授命竭忠貞以立節不臨難而苟免故聞其風者懷夫慷慨千載之後莫不願以爲臣此其所以生榮死哀取貴前哲者矣至於委質策名代卿世祿出受心膂之寄入參帷幄之謀身處機衡肆趙高之姦宄世荷權寵行王莽之桀逆生靈之所讎疾犬豕不食其餘雖薦社汙宮彰必誅之釁斲棺焚骨明篡殺之咎可以懲夫既往未足深誡將來昔孔子修春秋而亂臣賊子知懼抑使之求名不得欲蓋而彰者也今故正其罪名以冠於篇首庶後之君子見作者之意焉

宇文化及弟智及　司馬德戡　裴虔通

宇文化及左翊衛大將軍述之子也性兇險不循法度好乘肥挾彈馳騖道中由是長安謂之輕薄公子煬帝爲太子時常領千牛出入臥內累遷至太子僕數以受納貨賄再三免官太子嬖昵之俄而復職又以其弟士及尚南陽公主化及由此益驕處公卿間言辭不遜多所陵轢見人子女狗馬珍玩必請託求之常與屠販者遊以規其利煬帝卽位拜太僕少卿益恃舊恩貪冒尤甚大業初煬帝幸榆林化及與弟智及違禁與突厥交市帝大怒囚之數月還至青門外欲斬之而後入城解衣辮髮以公主故久之乃釋并智及並賜述爲奴述薨後煬帝追憶之遂起化及爲右屯衛將軍智及爲將作少監是時李密據洛口煬帝懼留淮左不敢還都從駕驍果多關中人久客羇旅見帝無西意謀欲叛歸時武賁郎將司馬德戡總領驍果屯於東城風聞兵士欲叛未之審遣校尉元武達陰問驍果知其情因謀構逆共所善武賁郎將元禮直閤裴虔通互相扇惑曰今聞陛下欲築宮丹陽勢不還矣所部驍果莫不思歸人人耦語並謀逃去我欲言之陛下性忌惡聞兵走卽恐先事見誅今知而不言其後事發又

當族滅我矣進退爲戮將如之何虔通曰上實爾誠爲公憂之德戡謂兩人曰
我聞關中陷沒李孝常以華陰叛陛下收其二弟將盡殺之吾等家屬在西安
得無所慮也虔通曰我子弟已壯誠不自保正恐旦暮及誅計無所出德戡曰
同相憂當共爲計取驍果若走可與俱去虔通等曰誠如公言求生之計無以
易此因遞相招誘又轉告內史舍人元敏鷹揚郎將孟秉符璽郎李覆牛方裕
直長許弘仁薛良城門郎唐奉義醫正張愷等日夜聚博約爲刎頸之交情相
款昵言無迴避於坐中輒論叛計並相然許時李孝質在禁令驍果守之中外
交通所謀益急趙行樞者樂人之子家產巨萬先交智及勳侍楊士覽者宇文
甥二人同告智及智及素狂悖聞之喜卽共見德戡期以二月十五日舉兵同
叛劫十二衞武馬虜掠居人財物結黨西歸智及曰不然當今天實喪隋英雄
並起同心叛者已數萬人因行大事此帝王業也德戡然之行樞薛良請以化
及爲主相約既定方告化及化及性本駑怯初聞大懼色動流汗久之乃定義
寧二年三月一日德戡欲宣言告衆恐以人心未一更思譎詐以脅驍果謂許

弘仁張愷曰君是良醫國家任使出言惑衆衆必信君可入備身府告識者言
陛下聞說驍果欲叛多醞毒酒因享會盡鴆殺之獨與南人留此弘仁等宣布
此言驍果聞之遞相告語謀叛逾急德戡知計旣行遂以十日總召故人諭以
所爲衆皆伏曰唯將軍命其夜奉義主閉城門乃與虔通相知諸門皆不下鑰
至夜二更德戡於東城內集兵得數萬人舉火與城外相應帝聞有聲問是何
事虔通僞曰草坊被燒外人救火故諠囂耳中外隔絕帝以爲然孟秉智及於
城外得千餘人劫候衞武賁馮普樂共布兵分捉郭下街巷至五更中德戡授
虔通兵以換諸門衞士虔通因自開門領數百騎至成象殿殺將軍獨孤盛武
賁郎將元禮遂引兵進宿衞者皆走虔通進兵排左閤馳入永巷問陛下安在
有美人出方指云在西閣從往執帝帝謂虔通曰卿非我故人乎何恨而反虔
通曰臣不敢反但將士思歸奉陛下還京師耳帝曰與汝歸虔通因勒兵守之
至旦孟秉以甲騎迎化及化及未知事果戰慄不能言人有來謁之者但低頭
據鞍答云罪過時士及在公主第弗之知也智及遣家僮莊桃樹就第殺之桃

樹不忍執詰智及久之乃見釋化及至城門德戡迎謁引入朝堂號爲丞相令將帝出江都門以示羣賊因復將入遣令狐行達弑帝於宮中又執朝臣不同己者數十人及諸外戚無少長害之唯留秦孝王子浩立以爲帝十餘日奪江都人舟檝從水路西歸至顯福宮宿公麥孟才折衝郎將沈光等謀擊化及反爲所害化及於是入據六宮其自奉養一如煬帝故事每於帳中南面端坐人有白事者嘿然不對下牙時方收取啓狀共奉義方裕良愷等參決之行至徐州水路不通復奪人車牛得二千兩並載宮人珍寶其戈甲戎器悉令軍士負之道遠疲極三軍始怨德戡失望竊謂行樞曰君大謬誤我當今撥亂必藉英賢化及庸暗羣小在側事將必敗當若之何行樞曰在我等爾廢之何難因共李本宇文導師尹正卿等謀以後軍萬餘兵襲殺化及更立德戡爲主弘仁知之密告化及盡收捕德戡及其支黨十餘人皆殺之引兵向東郡通守王軌以城降之元文都推越王侗爲主拜李密爲太尉令擊化及密遣徐勣據黎陽倉化及度河保黎陽縣分兵圍勣密壁清淇與勣以烽火相應化及每攻倉密輒

引兵救之化及數戰不利其將軍于弘達爲密所擒送於侗所鑊烹之化及糧盡度永濟渠與密決戰於童山遂入汲郡求軍糧又遣使拷掠東郡吏民以責米粟王軌怨之以城歸於李密化及大懼自汲郡將率衆圖以北諸州其將陳智略率嶺南驍果萬餘人張童兒率江東驍果數千人皆叛歸李密化及尚有衆二萬北走魏縣張愷等與其將陳伯謀去之事覺爲化及所殺腹心稍盡兵勢日蹙兄弟更無佗計但相聚酣宴奏女樂醉後因尤智及曰我初不知由汝爲計強來立我今所向無成士馬日散負殺主之名天下所不納今者滅族豈不由汝乎持其兩子而泣智及怒曰事捷之日都不賜尤及其將敗乃欲歸罪何不殺我以降建德兄弟數相鬭鬩言無長幼醒而復飲以此爲恆其衆多亡自知必敗化及歎曰人生故當死豈不一日爲帝乎於是鴆殺浩僭皇帝位於魏縣國號許建元爲天壽署置百官攻元寶藏於魏州四旬不剋反爲所敗亡失千餘人乃東北趣聊城將招攜海曲諸賊時遣士及徇濟北求餽餉大唐遣淮安王神通安撫山東幷招化及化及不從神通進兵圍之十餘日不剋而退

竇建德悉衆攻之先是齊州賊帥王薄聞其多寶物詐來投附化及信之與共居守至是薄引建德入城生擒化及悉虜其衆先執智及元武達孟秉楊士覽許弘仁皆斬之乃以轞車載化及之河間數以殺君之罪并二子承基承趾皆斬之傳首於突厥義成公主梟於虜庭士及自濟北西歸長安智及幼頑凶好與人羣鬭所共遊處皆不逞之徒相聚鬭雞習放鷹狗初以父功賜爵濮陽郡公烝淫醜穢無所不爲其妻長孫妒而告述述雖爲隱而大忿之纖芥之愆必加鞭箠弟士及恃尚主又輕忽之唯化及每事營護父再三欲殺輒救免之由是頗相親昵遂勸化及遣人入蕃私爲交易事發當誅述獨證智及罪惡而爲化及請命帝因兩釋述將死抗表言其凶勃必且破家帝後思述授智及將作少監其江都弒逆之事智及之謀也化及爲丞相以爲左僕射領十二衛大將軍化及僭號封齊王竇建德破聊城獲而斬之并其黨十餘人皆暴屍梟首

司馬德戡扶風雍人也父元謙仕周爲都督德戡幼孤以屠豕自給有桑門釋粲通德戡母和氏遂撫教之因解書計開皇中爲侍宮漸遷至大都督從楊素

出討漢王諒充內營左右進止便僻佞辯多姦計素大善之以勳授儀同三司
大業三年爲鷹揚郎將從討遼左進位正議大夫遷武賁郎將煬帝甚昵之從
至江都領左右備身驍果萬人營於城內因隋末大亂乃率驍果謀反語在化
及事中既獲煬帝與其黨孟秉等推化及爲丞相化及首封德戡爲溫國公邑
三千戶加光祿大夫仍統本兵化及意甚忌之後數日化及署諸將分配士卒
乃以德戡爲禮部尚書外示美遷實奪其兵也由是憤怨所獲賞物皆賂於智
及智及爲之言行至徐州捨舟登陸令德戡將後軍乃與趙行樞李本尹正卿
宇文導師等謀襲化及遣人使於孟海公結爲外助遷延未發以待使報許弘
仁張愷知之以告化及因遣其弟士及陽爲遊獵至于後軍德戡不知事露出
營參謁因命執之幷其黨與化及責之曰與公勠力共定海內出於萬死今始
事成願得同守富貴公又何爲反也德戡曰本殺昏主苦其毒害推立足下而
又甚之逼於物情不獲已也化及不對命送至幕下縊而殺之時年三十九
裴虔通河東人也初煬帝爲晉王以親信從稍遷至監門校尉煬帝即位擢舊

左右授宣惠尉遷監門直閤累從征役至通議大夫與司馬德戡同謀作亂先開宮門騎至成象殿殺將軍獨孤盛擒帝于西閤化及以虔通爲光祿大夫莒國公化及引兵之北也令鎭徐州化及敗後歸于大唐即授徐州總管轉辰州刺史封長蚰男尋以隋朝殺逆之罪除名徙於嶺表而死

王充段達

王充字行滿本西域人也祖支頹褥徙居新豐頹褥死其妻少寡與儀同王粲野合生子曰瓊粲遂納之以爲小妻其父收幼孤隨母嫁粲粲愛而養之因姓王氏官至懷汴二州長史充捲髮豺聲沈猜多詭詐頗窺書傳尤好兵法曉龜策推步盈虛然未嘗爲人言也開皇中爲左翊衞後以軍功拜儀同授兵部員外善敷奏明習法律而舞弄文墨高下其心或有駮難之者充利口飾非辭義鋒起衆雖知其不可而莫能屈稱爲明辯煬帝時累遷至江都郡丞時帝數幸江都充善候人主顏色阿諛順旨每入言事帝善之又以郡丞領江都宮監乃雕飾池臺陰奏遠方珍物以媚於帝由是益昵之大業八年隋始亂充內懷徼

倖卑身禮士陰結豪俊多收衆心江淮間人素輕悍又屬盜賊羣起人多犯法
有繫獄抵罪者充皆枉法出之以樹私恩及楊玄感反吳人朱爕晉陵人管崇
起兵江南以應之自稱將軍擁衆十餘萬帝遣將軍吐萬緒魚俱羅討之不能
剋充募江都萬餘人擊頻破之每有剋捷必歸功於下所獲軍實皆推與士卒
身無所受由此人爭爲用功最居多十年齊郡賊帥孟讓自長白山寇掠諸郡
至盱眙有衆十餘萬充以兵拒之而羸師示弱保都梁山爲五柵相持不戰後
因其懈弛出兵奮擊大破之乘勝盡滅賊讓以數十騎遁去斬首萬人六畜軍
資莫不盡獲帝以充有將帥才略始遣領兵討諸小盜所向皆破之然性矯僞
詐爲善能自勤苦以求聲譽十二年突厥圍帝于雁門充盡發江都人將往赴
難在軍中反首垢面悲泣無度曉夜不解甲藉草而臥帝聞之以爲愛己益信
任之十二年還江都通守時厭次之格謙爲盜數年兵十餘萬在豆子䴚中充
帥師破斬之威振羣賊又擊盧明月破之於南陽斬首數萬虜獲極多後還江
都帝大悅自執杯酒以賜之時充又知帝好內乃言江淮良家有美女並願備

後庭無由自進帝逾喜因密令閱視諸女姿質端麗合相者取正庫及應入京物以娉納之所用不可勝計帳上云敕別用不顯其實有合意者則厚賞充或不中者又以賚之後令以船送東京而道路賊起使者苦役於淮泗中沉船溺之者前後十數或有發露充爲秘之又遽飾閱以供進是後益見親昵遇李密攻陷興洛倉進逼東都官軍數却光祿大夫裴仁基以武牢降于密帝惡之大發兵將討焉發中詔遣充爲將軍於洛口以拒密前後百餘戰互有勝負充乃引軍度洛水逼倉城李密與戰充敗績赴水溺死者萬餘人時天寒大雪兵士既度水衣皆霑溼在道凍死者又數萬人比至河陽纔以千數充自繫獄請罪越王侗遣使赦之召令還都收合亡散復得萬餘人屯於含嘉城中不敢復出宇文化及殺帝於江都充與太府卿元文都將軍皇甫無逸右司郎盧楚奉侗爲主侗以充爲吏部尚書封鄭國公及侗取元文都盧楚之謀拜李密爲太尉尚書令密遂稱臣復以兵拒化及於黎陽遣使告捷衆皆悅充獨謂其麾下諸將曰文都之輩刀筆吏耳吾觀其勢必爲李密所擒且吾軍人每與密戰殺其

父兄子弟前後已多一旦爲之下吾屬無類矣出此言以激怒其衆文都知而
大懼與楚等謀將因充入內伏甲而殺之期有日矣將軍段達遣其女壻張志
以楚謀告之充夜勒兵圍宮城將軍費曜田世闍等與戰於東太陽門外曜軍
敗充遂攻門而入無逸以單騎遁走獲楚殺之時宮門尚閉充令扣門言於侗
曰元文都等欲執皇帝降於李密段達知而以告臣臣非敢謀反誅反者耳文
都聞變入奉侗於乾陽殿陳兵衛之令將帥乘城以拒難兵敗又獲文都殺之
侗命開門以納充充悉遣人代宿衞者乃入謁頓首流涕而言曰文都等無狀
謀相屠害事急爲此不敢背國侗與之盟充尋遣韋節等諷侗令拜爲尚書左
僕射總督內外諸軍事又授其兄惲爲內史令入居禁中未幾李密破化及還
其勁兵良馬多戰死士卒皆勌充欲乘其敝而擊之恐人不一乃假託鬼神言
夢見周公乃立祠於洛水之上遣巫宣言周公欲令僕射急討李密當有大功
不則兵皆疫死充兵多楚人俗信妖妄故出此言以惑之衆皆請戰充簡練精
勇得二萬餘人馬千餘還營於洛水南密軍偃師北山上時密新得志於化及

有輕充之心不設壁壘充夜遣二百餘騎潛入北山伏溪谷中令軍秣馬蓐食既而宵濟人奔馬馳遲明而薄密密出兵應之陣未成列而兩軍合戰其伏兵蔽山而上潛登北原乘高下馳壓密營營中亂無能拒者即入縱火密軍大驚而潰降其將張童兒陳智略進下偃師初充兄偉及子玄應隨化及至東郡密得而囚之於城中至是盡獲之又執密長史邴元真妻子司馬鄭虔象之母及諸將子弟皆撫慰之各令潛呼其父兄兵次洛口邴元真鄭虔象等舉倉城以應之密以數十騎遁逸充悉收其衆而東盡于海南至于江悉來歸附充又令韋節諷侗拜爲太尉署置官屬以尚書省爲其府尋自稱鄭王遣其將高略帥師攻壽安不利而旋又帥師攻圍穀州三日而退明年自稱相國受九錫備物是後不朝侗矣有道士桓法嗣者自言解圖讖充昵之法嗣乃以孔子閉房記畫作丈夫持一干以驅羊法嗣云楊隋姓也干一者王字也居羊後明相國代隋爲帝也又取莊子人間世德充符二篇上之法嗣釋曰上篇言世下篇言充此即相國名矣明當德被人間而應符命爲天子也充大悅曰此天命也再拜

受之即以法嗣爲諫議大夫充又羅取雜鳥書帛繫其頸自言符命而散放之或有彈射得鳥而來獻者亦拜官爵既而廢侗於別宮僭即皇帝位建元曰開明國號鄭大唐遣秦王率衆圍之充頻出兵戰輒不利都外諸城相繼降款充窘迫遣使請救於竇建德建德率精兵援之師至武牢爲秦王所破禽建德以詣城下充將潰圍而出諸將莫有應之者自知潛竄無所於是出降至長安爲讎人獨孤脩德所殺

段達武威姑臧人也父嚴周朔州刺史達在周年始三歲襲爵襄垣縣公及長身長八尺美鬚髯便弓馬高祖爲丞相以大都督領親信兵常置左右及踐阼爲左直齋累遷車騎將軍兼晉王參軍高智惠李積等之作亂也達率衆一萬擊定方滁二州賜縑千段遷進儀同又破汪文進等於宣州加開府賜奴婢五十口緜絹四千段仁壽初太子左衛副率大業初以藩邸之舊拜左翊衛將軍征吐谷渾進位金紫光祿大夫帝征遼東百姓苦役平原祁孝德清河張金稱等並聚衆爲羣盜攻陷城邑郡縣不能禦帝令達擊之數爲金稱等所挫亡失

甚多諸賊輕之號爲段姥後用鄃令楊善會之計更與賊戰方致尅捷還京師以公事坐免明年帝征遼東以達留守涿郡俄復拜左翊衛將軍高陽魏刀兒聚衆十餘萬自號歷山飛寇掠燕趙達率涿郡通守郭絢擊敗之于時盜賊既多官軍惡戰達不能因機決勝唯持重自守頓兵饋糧多無尅獲時皆謂之爲怯懦十二年帝幸江都宮詔達與太府卿元文都留守東都李密據洛口縱兵侵掠城下達與監門郎將龐玉武牙郎將霍舉率內兵出禦之頗有功遷左驍衛大將軍王充之敗也密復進據北芒來至上春門達與判左丞郭文懿尚書韋津出兵拒之達見賊盛不陣而走爲密所乘軍大潰津沒於陣由是賊勢日盛及帝崩於江都達與元文都等推越王侗爲主署開府儀同三司兼納言封陳國公元文都等謀誅王充也達陰告充爲之內應及事發越王侗執文都於充充甚德於達特見崇重既破李密達等勸越王加充九錫備物尋諷令禪讓充僭尊號以達爲司徒及東都平坐誅妻子籍沒

史臣曰化及庸懦下才負恩累葉王充斗筲小器遭逢時幸俱蒙獎擢禮越舊

臣既屬崩剝之期不能致身竭命乃因利乘便先圖干紀率羣不逞職爲亂階

拔本塞源裂冠毀冕或躬爲戎首或親行鴆毒釁深指鹿事切食蹯天地所不

容人神所同憤故梟獍凶魁相尋葅戮蛇豕醜類繼踵誅夷快忠義於當年垂

炯戒於來葉嗚呼爲人臣者可不殷鑒哉可不殷鑒哉

隋書卷八十五

隋書卷八十五考證

傳序昔孔子修春秋而亂臣賊子懼抑使之求名不得欲蓋而彰者也今故正其罪名以冠於篇首庶後之君子見作者之意焉○臣映斗按序此言則此傳當有標目如唐書叛臣傳逆臣傳之例而各本無之疑有脫落

隋書卷八十五考證

珍傲宋版玲

隋書自開皇仁壽時王劭纂書八十卷以類相從定爲篇次至於編年紀傳並
闕其序唐武德五年起居舍人令狐德棻奏請脩五代史五代謂梁陳齊周隋也十二月
詔中書令封德彝舍人顏師古脩隋史綿歷數載不就而罷正觀三年續詔祕
書監魏徵脩隋史左僕射房喬總監徵又奏於中書省置祕書內省令前中書
侍郎顏師古給事中孔穎達著作郎許恭宗撰隋史徵總知其務多所損益務
存簡正序論皆徵所作凡成帝紀五列傳五十十年正月壬子徵等詣闕上之
十五年又詔左僕射于志寧太史令李淳風著作郎韋安仁符璽郎李延壽同
脩五代史志凡勒成十志三十卷顯慶元年五月己卯太尉長孫無忌等詣朝
堂上進詔藏祕閣後又編第入隋書其實別行亦呼爲五代史志案魏徵本傳正觀七年爲
侍中十年五代史成加光祿大夫進封鄭國公俄請遜位拜特進今諸本並云
特進又經籍志四卷獨云侍中鄭國公魏徵撰無忌傳又云永徽三年始受詔
監脩疑當時先已刊脩無忌因成書而進今紀傳題以徵志以無忌從衆本所
載也紀傳亦有題太子少師許恭宗撰按恭宗傳正觀八年除著作郎脩國史
遷中書舍人十年左授洪州司馬龍朔三年始拜太子少師與今錄年月官位
不同疑後人所益房喬志寧初並受詔又李延壽傳云被詔與著作佐郎恭播
同脩五代史志按延壽正觀三年與顏師古同被敕脩隋史其年以內憂去職
今諸本並不載喬等名位天文律曆五行三志皆淳風獨作五行志序諸本云

褚遂良作案本傳未嘗受詔撰述疑秪爲一序今故略其名氏天聖二年五月十一日上御藥供奉藍元用奉傳聖旨齎禁中隋書一部付崇文院至六月五日勅差官校勘時命臣綬臣燁提點左正言直史館張觀等校勘觀尋爲度支判官續命黃鑑代之仍內出版式雕造

隋書宋本原跋

翰林院編修臣映斗謹言右隋書八十五卷奉
勅校刻者宋本殘缺乃以監本爲底本此外完善備校者有南監本汲古閣本
他本殘缺亦可參校者宋本外有兩舊本考隋書十志向稱五代史志有
單行本今已不可得見其帝紀列傳略見於北史南史及梁陳齊周本書
然各本皆年深漫漶並有淆譌臣等參互考据公同商榷譌者正之闕者
補之脫者增之衍者刪之文異則取其義長義通亦辨其文異又如志中
條目或異事而牽連或同條而割裂列傳次第亦有淩躐目錄本傳前後
牴牾或分傳而不標名或附傳而名複見皆乖體例不合本文再如所引
經史子集間與本書有異改之不可仍之實疏自非詳繹本文明徵往籍
沿譌襲謬長貽學者之疑卽此隋朝一代之書欲存善本愈仰
睿鑒精詳攷證不可不作也丹鉛既畢得如干條勒於各卷之後臣等職在編
摩匪有學問要自百十字之增補以至單辭隻字之改易並有依據無考
者仍闕之不敢稍憑臆見妄有損益於其間校讎之分云爾臣謹識

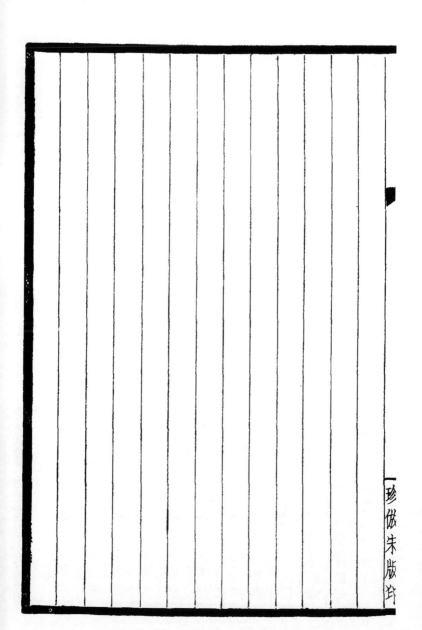

原任詹事臣陳浩侍講學士臣萬承蒼侍讀臣齊召南洗馬臣陸宗楷編
修臣孫人龍臣張映斗拔貢生臣郭世燦等奉
勅恭校刊

西元二〇二〇年十一月一日重製一版

隋書（附考證）冊四（唐魏徵撰）

平裝四冊基本定價參仟元正
（郵運匯費另加）

發行人　張敏君
發行處　中華書局
臺北市內湖區舊宗路二段一八一巷八號五樓（5FL., No. 8, Lane 181, JIOU-TZUNG Rd., Sec 2, NEI HU, TAIPEI, 11494, TAIWAN）
客服電話：886-2-8797-8396
公司傳真：886-2-8797-8909
匯款帳戶：華南商業銀行西湖分行
179100026931
印刷：維中科技有限公司
海瑞印刷品有限公司

No. N1050-4

國家圖書館出版品預行編目(CIP)資料

隋書/(唐)魏徵撰. -- 重製一版. -- 臺北市 : 中華書局, 2020.11
冊 ; 公分
ISBN 978-986-5512-30-9(全套 : 平裝)

1.隋史

623.701 109016718